LOCUS

LOCUS

LOCUS

LOCUS

from

vision

財富掠奪者

私募股權投資基金如何欺詐全球市井小民的錢

These Are the Plunderers

How Private Equity Runs—and Wrecks—America

著

葛雷琴·摩根森、約書亞·羅斯納

Gretchen Morgenson, Joshua Rosner

譯

吳書榆、廖綉玉

再一次感謝保羅（Paul）和康納（Conor）

——葛雷琴·摩根森

感謝一直支持我所做所為的家人、朋友和客戶。

——約書亞·羅斯納

目錄

緒論

「印鈔機」開始掠奪啦

一九八七年九月底，密西根州民主黨眾議員兼「眾議會能源與商務委員會（Committee on Energy and Commerce）」主席約翰．丁格爾（John Dingell），拿到他索取的重要報告。當時有一股很麻煩的收購潮，扭轉了美國企業界也傷害了勞工，丁格爾向設在國會圖書館（Library of Congress）下的無黨派智庫「國會研究服務處（Congressional Research Service）」提出要求，要他們分析進行中的各種併購交易。

企業收購讓投資人富了起來，跟奧利佛．史東（Oliver Stone）的電影《華爾街》（*Wall Street*）演的一樣，讓整個美國都深信戈登．蓋柯（Gordon Gekko）[1]的主張：「貪婪，是好事；抱歉，我找不到更好的用詞。」在好萊塢之外，更深入的政策問題糾纏著這些交易不放：收購真如支持者宣稱，藉由消除「冗員」提升了企業效率與生產力嗎？還是誠如批評者所述，收購方毀了工作，高階主管靠著短期調整營運手法拿到獎勵，卻未著眼於長期投資與整體繁榮？

國會研究服務處的報告題為「槓桿收購與藏金罐之夢（Leveraged Buyouts and the Pot of Gold）」，旨在協助國會議員理解從而限制愈發狂熱的槓桿收購潮，這種風氣是由新式高風險的垃圾債券（junk bond）所助長的。這類債券的發行機構是財務體質羸弱的企業，過去，他們根本沒辦法向投資人募到錢。研究指出，到了現在，某種程度上也正是因為有這類債券，導致美國某些大型企業在歷經多年的衰退、通膨以及更加激烈的海外企業競爭之後，正在經歷「痛苦調整期」。國會研究人員總結，債券投資人願意承擔虧損的風險來賭一把更高的利率，而金融家從這些人手上拿到資金之後，便開始動手收購，「忽然之間，企業成了搶手貨。」

這類交易對社會來說是好是壞？這份報告的作者群尚無定論。一方面，成功的收購案「大多缺乏證據」，另一方面，「對經濟的衝擊難以量化」。報告指出，經常在這些收購交易之後出現的工廠倒閉、企業裁員，是否即便沒有收購也會發生，「仍有待討論」。

但每個人應該都同意一件事。從事收購交易的企業是「印鈔機」。這些印鈔機大部分都是小型合夥事業，由出逃華爾街的難民組成；他們已經賺夠了錢，可以自立門戶了。先驅者包括一九七〇年代由前銀行家成立、總部設在波士頓的投資公司「湯瑪斯・李伊合夥事業（Thomas H. Lee Partners）」，以及一九七六年在紐約成立的「科爾伯格─克拉維斯─羅伯茲公司（Kohlberg Kravis Roberts，簡稱KKR）」。傑羅姆・科爾伯格（Jerome Kohlberg）、亨利・克拉維斯（Henry Kravis）和喬治・羅伯茲（George Roberts）在現已倒閉的券商「貝爾斯登（Bear Stearns & Co.）」表現出色，之後就自立門戶；他們再加上李伊，認為當時很多美國公司的資產價值遠高於股價，那為何不借錢收購這些遭到低估的公司，之後再轉手賣出去賺一筆？

國會研究服務處也找到了這條通往藏金罐的路。一九八〇年代的收購熱為金融家帶來了報酬，但也恰好開啟了其他的變化，在往後幾十年間懲罰了美國的老百姓。舉例來說，勞工開始因為企業收購而丟掉飯碗，與此同時，長久以來讓勞工退休後得以安穩富裕的公司退休金也開始消失。一九七八年的《營收法案》（*Revenue Act*）基本上禁止由雇主出資成立新的

---

1 譯註：電影《華爾街》裡的人物，第二章還會再提到。

退休金方案，把規劃與支應退休費用的重擔直接轉嫁給勞工。所謂的401(k)退休金方案，對華爾街和大企業來說都有好處，但讓金融新手暴露在金融世界充滿不確定的未來當中。

一九八〇年代末期，國會召開了多場聽證會，討論如何遏止舉債式的收購，並強調高額借貸及其涉及的金融工具所帶來的風險。經過私募股權業者幾年肆無忌憚的一番操作，KKR用高達二百五十億美元的資金槓桿收購「雷諾納貝斯克公司（RJR Nabisco）」，以及該公司在一九八八年的這筆交易中賺到了七千五百萬美元，終於引起了國會議員的注意。

華府認為槓桿收購大有風險，但在威脅成為扎實的危機之前，鮮少付諸行動。聽證會之後並沒有立新法，這也不讓人意外，因為國會議員隨後又去忙其他議題了。《紐約時報》（*New York Times*）報導，從事收購交易的人積極遊說以反對制定新規，有些國會議員也擔心如果他們採取行動反對槓桿收購，可能會害市場崩盤。沒有人想要看到一九八七年十月十九日的慘劇重演：那一天，道瓊工業指數（Dow Jones Industrial Average）單日跌幅達到五〇八點，超過二十二%，是指數史上最嚴重的單次下跌，至今仍讓這些立法者心有餘悸。

有些政府官員淡化槓桿收購的衝擊，預測「市場」終將自行修正過頭的操作。雷根總統（Ronald Reagan）的經濟團隊大力鼓吹的所謂自由市場意識形態，奠定了華府「高抬貴手」、不干預的文化。老布希（George H. W. Bush）的財政部長尼可拉斯・布拉迪

（Nicholas Brady）就信奉這種想法，一九八九年時他告訴國會，他預期有問題的收購交易很快就會成為「過去式」。布拉迪錯得離譜。事實上，這些交易將會成為「非常重要的未來式」。「藏金罐」還不足以形容那群金融菁英從中賺到的財富。

三十多年後，始於一九八〇年代末期的槓桿收購熱潮，再配上認為自由市場與法規鬆綁有利於整體社會的信念，這兩者聯手造成的惡果如今已昭然若揭，無可辯駁。收購大亨造成的經濟劫掠，真真確確且可以量化，只不過如今他們自稱私募股權業（private equity），這個名稱看上去溫文爾雅，但這一行實際上殘忍野蠻。管理這些印鈔機的人積累的財富（其中多數是白人男性）高得嚇人。

我們蒐集了幾十年的數據，得出的證據與研究讓人不安：這些收購案嚴重衝擊到勞工、顧客、退休金請領人；每個人都受害，只有做交易的那些人逃掉了。私募股權公司旗下安養院的住民，是整個國家最弱勢的族群之一，他們受害尤深。一項研究顯示，由於精簡人員、不遵循照護標準等理由，私募股權公司旗下安養院的住民死亡率，比起其他院所高了十％。另一項研究則指出，當安養院納入私募股權公司旗下，將提升住民送急診與住院的次數，也推高了聯邦醫療保險（Medicare）的支出成本。

研究顯示，除了醫療保健這個金融家主力投資且造成了巨大破壞的產業之外，私募股權的收購橫跨各行各業，被他們收購的公司，其破產申請案是一般公司十倍之多。企業破產造成一波一波的失業浪潮，毀掉了勞工的家庭與人生，也讓政府的稅收短少。這些投資活動的高昂成本，侵蝕了退休金請領人的福利，還加劇了政府赤字。就連地球都受到衝擊：近年來，上市公司迫於壓力放棄破壞生態系統或汙染地球的業務，私募股權公司反而搶著接手，讓本應被淘汰的高汙染產業得以存活。

現在才評估這種貪婪成性的資本主義對國家與人民造成的傷害，已經遲了。在本書中，我們會檢視造成這場大災難的方式、原因，還有，最重要的，人物，以便提供教育、資訊，甚或中止這場殺戮。

我們很容易就能找出誰是經濟體中的輸家：貧窮的勞動階級、企業基層勞工、退休金請領人和存錢的人、小企業和中產階級。本書的重點，是找出贏家，以及他們如何掠奪我們的經濟、剝削美國老百姓。

史丹利．史波金（Stanley Sporkin）是一位積極的檢察官、聯邦地方法院法官、中央情報局（ＣＩＡ）檢察長、保守派人士與一九七〇年代第一任證券交易委員會（Securities and Exchange Commission，簡稱ＳＥＣ）執法主管，他的結論是：「資本主義是最偉大的東西，」他說，「但如果不加以限制，它終將自我毀滅。」

✲ ✲ ✲

肯塔基州路易斯維爾（Louisville, Kentucky）一位筋疲力竭的護理師被指控不服管教，當場就被趕回家。那是二〇二〇年三月底的事，美國的疫情正漸趨緊繃。這位護理師做錯了什麼？她努力保護自己，以及讓同樣身在「諾頓婦幼醫院（Norton Women's and Children's Hospital）」的其他人不要感染新冠病毒（COVID-19）。由於該院無法提供N95口罩供她配戴，以阻隔病毒，她拒絕治療已經染疫的人。她說醫院因此停她的職，醫院則辯稱這種講法不正確。

幾個月後，在愛達荷州黎維斯頓（Lewiston, Idaho），「聖約瑟夫地區醫學中心（St. Joseph Regional Medical Center）」的護理師展開一場抗爭，在這家有五十張病床的醫院前面集結。疫情期間，這家天主教醫院威脅要將醫護人員的休息時間從十五分鐘縮短為十分鐘，而該院的薪資已經比當地其他醫院低上十二%了。這家過去曾是非營利性的醫院說，該院「持續耶穌的醫治事工」。

二〇二一年三月，抗疫之戰開打整整一年之後，「奧勒岡護理師協會（Oregon

Nurses Association）」發布了一份毫不留情的分析。一項以位在奧勒岡州麥克明維爾（McMinnville, Oregon）、有六十張病床的「威拉米特谷醫療中心（Willamette Valley Medical Center）」為對象的調查，發現八十%的護理師曾提報此地的人員配置不當。報告指出，由於人力短缺，病患的安全只能將就，甚至因此導致病患受傷。

在全美，新冠疫情把醫院和醫護人員逼到極限。病患的死亡人數節節上升，而耗盡心力的醫療保健業員工，也逐漸成了危機。前述這三家遭員工指控工作環境糟糕、病患安全堪慮的院所，還有另一個共同之處：都由一家全國性的連鎖醫院「生活要點健康公司（LifePoint Health）」管理，背後的業主是紐約一家富有又強大的投資公司「阿波羅全球管理公司（Apollo Global Management）」。阿波羅的負責人是奮勇向前的金融家萊昂．布萊克（Leon Black），以及他那些做收購交易的億萬富翁合夥人。阿波羅不直接管理生活要點健康旗下的八十四家醫療院所（多半都在郊區），但密切監督其營運，念茲在茲的目標只有一個：拉高醫院的獲利，以求盡速加價賣掉整個體系。有三個不同州的生活要點健康員工願意受訪，講了他們在公司旗下各醫院工作的經歷，故事都很相似：阿波羅買下這些醫院後，他們就看到護理服務嚴重惡化。

學術研究指出，像阿波羅這種斤斤計較的金融業者買下醫療系統，通常就會損害到病患照護的品質，比方說，私募股權公司擁有的醫院病患滿意度通常比較低，每張病床分配的醫護人員也較少。而當醫院被唯利是圖的金融業者收購之後，通常會提高服務的收費，和同業相比，利潤也較高。

二〇二〇年，生活要點健康的院所不僅辜負了他們的員工與病患，甚至還占了納稅義務人的便宜，拿走很多疫情紓困的錢。這家公司從政府手上拿了十四億美元，大部分都是永遠不用償還的貸款。即便拿到這麼多錢，生活要點健康還是大砍了一・六六億美元的員工薪水與福利，並減少二十一％的慈善照護，例如提供給窮人的免費治療。

納稅人幫忙紓了困，讓阿波羅、布萊克以及他的同事們賺了很多錢。二〇二一年，持有生活要點健康股份的阿波羅把股份賣掉了，利潤高達十六億美元，而這個金額非常接近政府在疫情紓困期間給他們的錢。

✵ ✵ ✵

二〇二〇年秋，新冠疫情肆虐全美，聯邦政府發出一道「禁止驅趕租客令（eviction moratorium）」，以避免人們進入收容所和群聚，因為這很可能加速病毒傳播。隨著疫情讓商業和職場都停了下來，美國人丟掉了工作和收入，而不准房東把房客趕走，變成了優先要務。

日後國會一項調查判定，有一群有錢的大房東不太在意政府的這項優先要務。其中四位房東在二〇二〇年三月到二〇二一年七月間提出了超過一．五萬次驅逐程序，當中有些甚至針對已經申請了房租補助方案（rental assistance program）的房客。

驅逐房客除了可能提高染疫率，也會毀掉房客的家庭、損害他們的信用分數，讓他們更難找到新的居住地。

國會提到的這四位有錢的房東，其中一位叫「博盛合夥事業（Pretium Partners）」，二〇二〇年秋天，這家投資公司和私募股權巨頭「戰神管理公司（Ares Management）」沆瀣一氣。一九九七年成立的戰神管理公司，創辦人之一是安東尼．雷斯勒（Antony Ressler），他是阿波羅公司之前的合夥人，也是萊昂．布萊克的姻親。

戰神管理公司的合夥人兼另類信貸部門共同主管喬爾．赫辛格（Joel Holsinger），宣布與博盛結盟時熱情地說：「能與我們的房地產業務同仁和博盛結盟，嘉惠所有利害關係人，讓我們備感振奮。」

但法院的紀錄顯示，不是這麼一回事。國會的報告發現，直到二〇二一年七月三十一日，博盛針對房客發起了六千二百六十四起驅逐行動，有些情況甚至是在房客只少交五百美元房租之下就提出申請。

克莉絲蒂娜・薇勒絲（Cristina Velez）和女兒親身經歷這種傷害。丟掉工作後，薇勒絲在二〇二〇年九月初去找了房東（博盛的某個部門）商量，問他們能不能給她一點時間補交房租。薇勒絲說：「我跟他們說疫情對我造成嚴重影響，但他們並不在乎。」兩個星期後，薇勒絲在門口看到一疊驅逐令的文件。她不知道政府頒布了禁令，博盛的人顯然也沒跟她說這事。薇勒絲對房東說：「一定有什麼方法，幫助那些受到疫情影響暫時被解雇的人吧？」薇勒斯說，她得到的答案是：「我們無能為力。」

薇勒絲急著保住她住的地方，她說她得把車賣掉拿來付房租。只有這麼做，她才得以不被博盛踢走。

至於博盛這邊，發言人說該公司「驅逐房客時遵循適用的法律，包括疾病管制中心（Centers for Disease Control，簡稱ＣＤＣ）的禁令。」公司還說他們「承諾會適時與房客合作，努力在這種非常時期提供協助。」

✵ ✵ ✵

世界衛生組織（World Health Organization）於二〇二〇年三月中宣布新冠病毒已經成為

全球疫情，兩個星期後，華盛頓州貝靈罕市（Bellingham, Washington）急診室一位資深醫師林明（Ming Lin）被解除職務。在事發前幾天，他公開發聲，指出他工作的院所根本沒有準備好因應新冠疫情，而這裡是當地唯一的急診部，要服務二十五萬人。

林醫師在「和平健康醫療中心（PeaceHealth Medical Center）」工作十七年，但後來他的雇主已經不再是醫院了，基本上換成了由私募股權公司擁有的「團隊健康公司（TeamHealth）」。和平健康醫療中心聘用了醫療保健人力公司團隊健康來經營重要的急診部、處理醫師的人事，以及管理病患的帳單。

醫生都要宣誓不造成傷害（do no harm），且要把病人的利益放在第一位，林醫師也一樣。團隊健康的優先要務則不同，他們的重點（以及成就）靠的是很簡單的數學：提高急診部來來去去的病患人數，為他們創造更高營收。

「這些醫院過去是修女經營的，」林醫師說的是他待的醫院，但現在改由金融家經營後，「衝擊到我們的主要目標：照料病患與不造成傷害。」

擁有團隊健康的是「黑石集團（Blackstone Group）」，這家強大的投資公司總部就在紐約公園道（Park Avenue）上一棟時尚高檔的大樓裡。管公司的人叫蘇世民（Stephen Schwarzman），這位億萬富翁是川普總統（President Donald Trump）的高階經濟顧問。

黑石集團的業務向來都著眼於蘇世民的利益。當年（二〇二一年）很多美國人都在擔心下一份薪水有沒有著落時，蘇世民拿的薪酬加股利有十一億美元。蘇世民的財富多數都是黑石集團的持股，根據《富比士》（*Forbes*）雜誌所說，他那一年的財富成長超過一倍，從一百六十億美元增為三百五十億美元。

至於林醫師，他的日子得繼續過下去。團隊健康的一位發言人說，該公司並未在林醫師公開批評之後開除他，而是給了他一個職位，讓他去「國內任何一家有簽約的醫院」。考量到林醫師已經在貝靈罕市安家落戶多年，這不算是什麼提案。他拒絕了對方的建議，開始擔任「印第安醫療服務（Indian Health Service）」的急診部主管，這是一家為美國原住民部落提供醫療保健的聯邦機構。

✵　✵　✵

二〇二〇年春，很多美國人看著凶險的病毒流竄全美時深感困惑。隨著疫情愈演愈烈，暴露出美國人民之間的深層分歧，這在全美各地成為政治上的觸發點，以及自由與權利之爭的源頭。這場疫情導致美國超過百萬人死亡，成千上萬的企業倒閉，幾百萬勞工被迫失業，但除此之外，新冠疫情也揭露了別的面向，顯現出美國金融體系脆弱到讓人震驚的一面。腐敗已經累積了幾十年。在投資人、聯邦政府與州政府的幫忙之下，華爾街一小群金融家、統合主義者和撈錢的人，偷偷摸摸但矢志不移地掏空了千百萬人的財富，而他們卻更加富有。

現在看得到的只剩下傷害。

有很多文章、書籍、研究與辯證聚焦在美國社會貧富差距愈來愈大，貧富日益不均帶來的惡性效應損害了國家的福祉，也讓美國式的資本主義無法為諸多美國人民提供可以好好活下去的薪資與繁榮富裕的未來。

但還是有些部分尚未充分探討，那就是過去三十年來一小群金融菁英在這場劫掠裡扮演的關鍵角色，這也是本書想要補足的部分。全球化與科技進步向來被視為是導致許多美國人落在後頭的原因，但一小群身處私募股權業核心的業者利用過度舉債和可疑操作損害國家經濟，他們的種種行為大致上被忽略了。更糟的是，這些人還因為他們的財經手腕受到盛讚。

這些靠著債務富起來的億萬富翁，近年來累積的財富與權勢可說是一飛沖天。牛津大學的經濟學教授盧多維克．法利波（Ludovic Phalippou）做的一項研究指出，這一群人裡面身價達到十億美元的人，從二〇〇五年的三人到二〇二〇年增為二十二人。在此同時，美國中產階級（這群人通常被當成國家的骨幹）的待遇則彷彿遭到五馬分屍。舉例來說，聯準會（Federal Reserve Board）二〇一九年做了一項研究，發現有整整二十六%的美國成年人完全沒有退休存款，也沒有退休金可依靠。

這些大亨自稱是私募股權業，但別被這個名稱愚弄了。他們這一行沒什麼公平公正的成分[2]。

私募股權是統稱，而我們要拿出來講的是當中做收購交易的金融家。他們在公司債市場裡向願意承擔更高風險的投資人籌得資金，用這些以高成本借來的錢收購公司。這些金融家不是創業者也不是傳統的商業家，並沒有在追求財富的同時，也為他人創造工作與機會。他們那一套是一種扭曲的資本主義，基本設定就是他們自己得利，讓其他人輸光。加州大學爾灣分校（University of California, Irvine）哲學教授亞倫．詹姆斯（Aaron James）發明了一個詞「混蛋資本主義（Asshole Capitalism）」，這些人可以說是精通其中的三昧。混蛋資本主

2 譯註：私募股權英語為「private equity」，其中的「equity」在此指股權，但另也有公平、平等之義。

義就是「人們認為自己有權讓個人富到無窮無盡，就算要整個社會付出代價也在所不惜。」

不管用什麼詞彙來描述，這些金融家就是用持續進行、啃咬蠶食而且難以察覺的手法來掌控國家經濟。他們在暗處運作，藏起自己和被掌控公司之間的關係，而他們留下的殘骸通常難以追溯到源頭。事實上，你很有可能每天都跟這些私募股權業者購買產品或服務卻不自知；畢竟，他們的名稱很少出現在你光顧的店面或你要支付的帳單上。舉例來說：研究人員追蹤了讓很多人火大的「意外急診帳單[3]」，源頭就是私募股權公司。

他們的魔掌從搖籃延伸到墳墓，比方說，你今天早上上班途中買的咖啡跟甜甜圈；你安置小孩的幼兒學習中心以及你帶媽媽入住的安養院；你去看診的牙科、皮膚科診所或急診室，還有載你過去的救護車；你最喜歡的網路廣播節目、分時度假方案[4]、線上博弈平台、寵物照護供應商、超市，甚至你租的房子或公寓。這些產品與服務背後的業主或監督人可能都是私募股權公司，他們在追求最大利潤的同時，縮減人力、砍掉必要成本。當公司要倒了，就傷害到在地、各州以及全國的納稅人。

最大型的私募股權公司包括阿波羅、黑石集團、「凱雷集團（Carlyle Group）」和KKR。他們買下公司並讓這些公司背債，同時還榨乾公司的資產與利潤。幾年後，他們通常會透過首次公開發行（initial public offering，簡稱IPO），把這些公司賣給新的業主，理想情況下能大幅獲利，替自己、同事和合夥人大賺一筆。這些金融家買進的公司，往往在他們疊加債務與榨取利潤之後就倒閉了。

私募股權公司會說他們是來拯救這些有麻煩的企業，強化營運並增進效率，讓這些企業更有能力服務客戶與保住員工。表面上看，發動債務驅動的收購活動聽起來很合理，甚至很務實。買進一家績效不彰的公司，好好整頓，然後用高於買進的價格賣掉。這是把美國夢灌進商業模式裡。

有些人確實替收購來的公司增添了價值。但很多所謂的「救世主」收購的是相對健全的企業，收購時靠著大量舉債作為融資手段，導致被收購的企業反而積重難返。為了支付債務的利息，收購方通常出售被收購公司的

---

3 譯註：美國醫療保險分級眾多，此處意指緊急狀況下去醫院就醫，即使該醫院涵蓋在你的保險範圍，但事後仍然收到昂貴的帳單，原因可能是某些科別保險不給付，或是緊急狀況下無從選擇保險範圍內的醫療服務。

4 譯註：分時度假方案（vacation time-share），將某個度假資產（如酒店、私人度假小屋等），按時間（一周到一季都有）區分賣給消費者的度假模式，從而讓不同的購買者能以比較低廉的消費成本，在每年的特定時段各自擁有專屬的使用權利。

資產或業務來掏空對方，接著解雇員工、減少醫療保健與退休福利，以降低勞動費用，號稱精簡成本。這些收購的藝術家也善用債務融資榨出錢來，轉個頭付錢給自己，拿回一開始進行收購時拿出來的小額現金，這種操作稱為股利資本重組（dividend recapitalization）。私募股權業的收購方會在收購後的一、兩年內就進行重組，快速嚐到甜頭，也讓被收購的公司難以好好生存。

很多被這些「混蛋資本家」收購的公司最後都倒了。加州州立理工科技大學（California Polytechnic State University）二〇一九年的一項研究發現，被私募股權收購的公司二十％會申請破產，比起其他類型的收購案，倒閉率要高了十倍。倒閉會導致這些公司之前的員工失業、失去醫療保險、被趕出住處與家庭破碎，但不見得會傷害到收購方。他們在法律上已經築好防火牆，不受被收購公司倒閉影響。這些收購掠奪者們買公司時拿出來的錢，通常只有收購價的零頭，就算公司倒了，他們也沒什麼風險。

從二〇〇三年到二〇二〇年二月間，這些金融家收購零售業後讓全美消失了超過五十萬份工作，現在已破產的「席爾斯百貨（Sears）」、「凱馬特（Kmart）」、「織品與小物（Linens'n Things）」、「克萊兒飾品（Claire's）」和「玩具反斗城（Toys "R" Us）」加起來，就不知少了多少職缺。

以上這些公司倒閉，有些可以歸因於線上購物興起，但只有一部分。畢竟，這些商店也可以接觸到網路購物者，而且也能輕易地在網路上布局，賺得利潤。這些倒閉事件背後更大的元兇，是收購方為了自肥，在這些公司身上加諸的沉重債務負擔。

就算私募股權擁有的企業可以經營下去、員工也兢兢業業保住工作，他們賺的錢可能都不足以溫飽。美國「政府問責署（Government Accountability Office）」二〇二〇年做了一項研究，調查九個州員工請領食物券人數最多的前幾家公司。「沃爾瑪超市（Wal-Mart）」和「麥當勞（McDonald's）」在很多州的列表上都高踞榜首，除此之外，還有幾家由同一私募股權擁有的連鎖速食餐廳，包括在四個州都有營運、屬於「羅雅客資本公司（Roark Capital）」關係企業的「唐金甜甜圈（Dunkin' Donuts）」和「音速得來速漢堡（Sonic Drive-in）」。當時由「博龍資本（Cerberus Capital）」掌控的連鎖超市「喜互惠（Safeway）」，也名列前茅。

以緬因州（Maine）為例，該州領取食物券的人有一．七％都在唐金甜甜圈工作；在麻州，這個數字則是一．五％。在阿肯色州（Arkansas），領取食物券的人有一．一％在音速得來速漢堡工作。在華盛頓州，有一．四％領取食物券的人在喜互惠工作；而喜互惠是領取州政府食物券員工人數最多的單一公司，共有一千一百六十三人。

員工不是唯一遭受私募股權業者影響的受害人；顧客也逃不了。「眾議院新型冠狀病毒危機特別小組委員會（House Select Subcommitee on the Coronavirus Crisis）」一份報告發現，在禁止驅逐租客令期間，某大型房東總共執行了幾千次的驅逐行動，視禁令為無物，幕後撐腰的，正是前述四家私募股權公司之一。南卡羅來納州民主黨的眾議員詹姆士・克萊本（James Clyburn）說，「與其和經濟壓力沉重的租客協商，受制於禁止驅逐租客令，然後接受聯邦政府的租金補貼，這些在二十八州都有房地產的公司，都是先把房客趕走了再說。」

退休人士以及其他請領公家退休金的人，也因為這些私募股權公司向投資人索取的高額費用而受害。二〇二〇年，哈佛大學和史丹佛大學的學者研究兩百檔公家退休基金手中的五千億美元資金；這些退休基金都投資私募股權公司發起的合夥事業。研究人員發現，從一九九〇年到二〇一八年，投資費用讓退休基金的報酬少了四百五十億美元，這大約是投資金額的十％。

退休金請領人支付的這些費用，有些是付給監督基金的私募股權公司，等於「花錢買了個寂寞」；這是因為退休基金通常會根據他們承諾投資的金額支付佣金給管理公司，不管錢是否已投入或已「到位」。舉例來說，加州大型公家退休基金「加州公務員退休基金（California Public Employees Retirement System，以下簡稱CalPERS）承諾要投資阿波羅某個案子四億美元，但初期只會投入部分資金，其餘的會在接下來幾年分次投入。但整個案子的佣金要在一開始就全數付清。

俄亥俄州的學校老師讓我們看到這種交易中誰贏誰輸。根據「俄亥俄州立老師退休金系統（State Teachers Retirement System of Ohio）」的相關紀錄，他們投資私募股權時，要支付的佣金（用來買寂寞的錢）達投資金額的二%，換算下來，就是一年會有約一・四三億美元的財富從這些退休金請領人手中移轉給私募股權業者，相當於截至二〇二一年，這十三萬四千名退休人士從退休金拿的福利每年都要少一千零六十七美元。

近年來，隨著這些費用落入富裕華爾街人士的口袋，俄亥俄州的退休老師完全拿不到隨生活成本調整的加給。二〇一七年，俄亥俄州主管退休基金的官員刪掉了退休人士應該多拿的這些錢，理由是基金負擔不起；他們說，退休基金的資產已經不足以支應未來的債務。但那一・四三億用來買寂寞的錢還是要付給金融家，而這些錢完全足以支付被刪掉的生活成本加給。

俄亥俄的老師不是這遊戲規則裡唯一的輸家。消防員、緊急救護技術員以及其他公家人員也蒙受損失。納稅人同樣難以倖免，當公家退休基金資金不足或公立學校預算告急，就得靠納稅人買單。

✵ ✵ ✵

林醫師丟掉了華盛頓州的工作，是因為他想要保護醫院的病患和同仁免受黑石集團只向錢看的經理人剝削。坐困愁城的租客，被億萬富翁擁有的房地產公司不當驅逐。生活要點健康的護理人員在沒有適當裝備下對抗疫情，拿自己的健康和生命去冒險。在此同時，黑石、阿波羅以及其他欣欣向榮的私募股權公司負責人則沉浸在自身的地位中，搜刮了幾個億。光二〇二〇年，蘇世民就賺了六・一億美元，萊昂・布萊克則賺了一・八五億美元。

這些完全不受限的資本家經常因交易行為被財經媒體吹捧，還因為他們的「慈善」捐贈舉動博得美譽。他們也展開了昂貴的遊說活動，確保維持有利的稅法，讓他們繼續富有下去。大手筆的捐款，讓他們在博物館與智庫機構的董事會裡占有一席之地。他們以領導力為題出書，在人前大讚「謙虛與人文的重要性」，背地裡卻吃乾抹淨底層的人。他們的公司都已經做好安排，他們的持股賺了幾十億也不用交稅。當然，他們也鮮少提到政府投資高速公路、鐵路與初等教育等，會讓他們旗下的公司大大受惠，因為他們可以從補貼中大撈一筆，而有利的稅賦政策還容許他們的所得適用極低的稅率。

這些人是美國現代的強盜大亨（robber baron）[5]。十九世紀的前輩富可敵國的方法，是壓榨美國這個年輕國家的天然資源；今天的強盜大亨不同，他們是透過複雜的金融交易從窮人與中產階級身上取財。他們的商業模式並沒有替社會創造出多少價值；事實上，他們減少職缺、用更高的成本提供商品和服務並剝削稅制，磨損了整個國家的社會結構。

勞工、顧客、退休金請領人和納稅義務人，都察覺自己被劫掠，只是不確定是誰下的手。因此，他們把自己悲慘的處境歸咎於意在剝削他們的「系統」上。

這種觀點也不無實情。但是，任何「系統」都不會自己動起來，控制系統的永遠是人。

控制系統的這些人，主導著一大部分的國家經濟。「美國投資委員會（American Investment Council，為私募股權產業服務的一個遊說團體）」說，約有一千兩百萬美國人任職於背後有私募股權的企業，占美國勞動力的約七％。該團體說，二〇二〇年，這些公司的

5 譯註：這個詞最早於一八七〇年八月出現在《大西洋月刊》（*Atlantic*），是十九世紀後半葉美國社會對一些有錢有勢商人的蔑稱。

產值在美國國內生產毛額中占六・五％。

在美國經濟產出占十八・三％的醫療保健，特別受到這些收購巨頭關注。回顧歷史，醫療保健業的營運焦點在於品質和病患療效，而不是利潤率。過去監督醫療保健機構的人通常是非營利機構，或和宗教團體有關，他們把效率、精簡與成本掌控當成次要事項。保護公眾利益與創造社會福祉，向來是醫療保健和教育等產業的主要目標。

二〇〇五年，撈錢的人開始從醫療保健業中找財富，花掉超過一兆美元買下醫院系統、醫師業務、安養院、醫療帳單服務以及這個領域內的其他公司。二〇一八年，當年度醫療保健業的收購案幾乎有一半都是由私募股權業推動。到了團隊健康開除林醫師、不讓他去急診部輪班之時，該公司背後的業主黑石與另一家私募股權公司KKR已經掌控美國三分之一的醫院急診室。這些收購活動的結果，是醫療價格上漲以及出現諸多可疑的操作，例如在列帳時故意用病患醫療保險範圍之外的項目收費，創造出意外醫療帳單（surprise medical bill）。這些傷害至為嚴重，連派系分明的國會都聯合起來，立法遏止這類操作。

美國本來是禁止把利潤放在照護病患之前的。禁止「企業行醫」的法律原則有著百年的悠久歷史，明確寫入許多州的法律中，嚴禁營利機構控制或干預醫師以病患利益為先的道德責任。一九三一年，一位法官針對牙醫為營利性公司工作的例子發表意見：「有某些職業領域普遍被認為是『學者的職業』（learned profession）[6]，法律將其視為公眾利益的一部分，保護這些產業免於降格，鼓勵他們在教育、道德與理想上維持高水準。企業就其特質來說，既無教育，也無技能，更無道德可言。」

在新冠疫情之前的幾十年，這些反對醫療企業化的法律很少執行。聯邦與各州的執法單位（司法部與州檢察長）站在一旁，任由投資公司買入醫療保健供應商，操作可以創造利潤但會傷害病患的手段。私募股權公司常用複雜的公司網絡隱藏自己的所有權，讓醫療供應商的業主與經營者看起來是醫師，因此符合禁止企業涉入醫療的法律。各州負責制定州內醫療保健政策的醫療委員會，也沒有採取任何行動來擋下這個問題。事實上，到了二〇二二年，私募股權在醫療保健產業已經隨處可見，和這個產業有關係的官員也開始出現在各州醫療委員會裡，放任私募股權業影響醫療保健業的重要實務運作。

私募股權公司收購醫療保健服務後，有一些常見的戰術，包括減少服務與病床、呼吸器、私人防護裝備以及服務病患的人員，其他賺錢的戰術包括替病患預約他們並不需要的治

6 譯註：西方一般認為神學、法律和醫學是「學者的職業」。

療、讓病患在不必要的情況下住院，或是開立醫囑安排比實際所需更為昂貴的檢查。

希波克拉底誓詞（Hippocratic Oath）中說到的不造成傷害和以病患利益為先，向來都面臨嚴峻威脅，過去是、現在同樣也是。

當醫療保健業的專業人士大聲講出金融業者對病患造成的傷害（比方說林醫師就這麼做了），他們馬上就遭受報復。

✵ ✵ ✵

這些掠奪者何以有這麼大的力量掌控美國的經濟？幾十年來，他們安安靜靜地（而且幾乎是祕密地）累積實力，一心向財。本書將會指出他們如何能鬼鬼祟祟的行動，不至於遭到太多反抗；如何在每一次勝利之後更加肆意妄為——不論受害者是誰。我們也會針對他們造成的問題提出解決方案，以及監理單位和決策者馬上就能採取的行動，以阻止他們的破壞，並讓美國資本主義得以掙脫他們的掌控。

有一個重點可能不會令你意外：這隊破壞大軍並非單獨行動。他們有來自高層的朋友幫忙，尤其是華府。一開始，這個忙指的是雷根、布希與柯林頓時代推動的法規鬆綁；之後，華府的協助改以無能或不作為的形式出現，監理機關選擇在這些掠奪者大開殺戒時別過頭去。同樣重要的是，每次聯準會調降利率並維持在低點（過去十幾年來他們多次這麼做），就給了他們更便宜的借貸資金，拉了這些收購大亨一把。

最近，華府的幫忙更明顯：舉例來說，為因應毀滅性的新冠疫情及醫療危機，美國政府拿出幾兆美元「挽救」經濟。華府很多支持這類企業福利政策的人，都是歷經過雷根、布希或柯林頓政府的過來人，或是其思想的繼承者。令人訝異的是，幾千億美元的錢撐住的是布萊克和阿波羅這些金融家與私募巨頭，而他們也正是削弱國家經濟的人。

公司債市場是公司把債券賣給投資人的地方，私募股權公司就在這裡籌資，拿錢去收購公司。公司債市場對這些巨頭來說就像是氧氣這麼必要，讓他們得以積蓄財富。二〇二〇年春天，公司債市場拿到美國央行聯準會給的七千五百億美元資金，規模前所未見。聯準會首次花大錢買公司債；在之前幾次金融危機當中，聯準會的購買證券方案僅限於風險比較低的美國公債與不動產抵押貸款憑證（mortgage-backed obligation）。但眼看著這些強盜身處危境，由傑洛米·鮑爾（Jerome Powell）主政（他過去在私募股權業擔任高階主管）的聯準會，承諾要拿出幾千億美元救活公司債市場，撐起阿波羅和黑石集團這些公司。

更糟的是，很多背後有這些私募股權的企業（比方說醫院），手拿幾十億政府的紓困金，卻以疫情為藉口減少職缺、調降薪資和福利，或要求員工領同樣的薪資但要延長工時。政府確實因為疫情替勞工與小企業提供了紓困和支援，比方說，保障薪資方案（Paycheck Protection Program）就發了將近一兆美元的可寬免低利貸款。但這些方案裡充斥著詐騙，拿到錢的人包括有錢的大企業，他們的業務實則在疫情期間蓬勃發展。

二〇二〇年，阿波羅是第一批推動華府遊說方案的公司之一，為的是避免他們的利益因為疫情大崩潰而受牽連。美國沒有幾家投資公司像阿波羅這樣，投資這麼多遭到疫情衝擊的產業：他們布局了旅遊、餐廳、賭場、零售。確實，疫情之初，投資人非常擔心新冠病毒會重挫經濟，他們的股票跌了三十％。

阿波羅急著止血並重整旗鼓。生命要點健康公司的護理師在染疫醫院遭受脅迫拚命苦幹時，阿波羅的高階主管急著利用華府的力量。他們主張，快速發展的疫情和正在陷落的金融市場讓他們的業務搖搖欲墜，從而威脅到很多公司，而政府該出手幫忙了。

二〇一四年到二〇一九年間，這家公司捐了七百萬美元給國會，現在也該拿一點回來了。阿波羅為了確保他們的訊息引起共鳴，二〇二〇年又花了四百七十三萬美元遊說國會議員。

這次又重演了二〇〇八年的金融危機：那時，大銀行從事高風險的操作，導致他們後來要向納稅義務人求救。這一次，有錢的金融界人士又再度玩起了資本主義版的「怎樣都我贏」。好光景時他們要求華府不要擋他們財路，等到市況艱難時，他們又很快向納稅人伸手。

阿波羅公司有一份本來是私下談話的備忘錄，二〇二〇年春天時被公開了，文件裡該公司的高階主管說，除非決策者拿出紓困方案扭轉乾坤，不然經濟將面臨災難式的衰退。這份備忘錄還說，新冠病毒的衝擊比二〇〇八年各種毀滅性的事件「嚴重多了」。還有，由於阿波羅宣稱自己並未助長這場醫療保健危機，因此替阿波羅紓困，不應該講成是政府幫助罪犯逃避懲罰（也就是所謂「道德危險」〔moral hazard〕）。

這不全是實話。我們之前提過，過去，醫療保健的運作目標是要能照顧好病患，而不是利潤或效率，但自從這些私募股權公司開始掌控醫療保健業，他們刪減了呼吸器、病床、超量備品以及人員。危機之前，在阿波羅掌控之下，生活要點健康旗下某些醫院的資源已經耗盡，他們自然不像有投入資源時那樣做足準備。路易斯維爾的護理師沒有N95的口罩可用，只是其中一例。

但不管怎麼說，阿波羅派出去要求政府施救的代表團，帶來豐厚的回報。不只生活要點健康從聯邦政府手上拿到十四億美元，阿波羅旗下另一家公司（一家叫YRC的卡車貨運相關公司），也領到了美國財政部七億美元的紓困金。這家YRC公司甚至還因為向政府溢收卡車貨運服務費用而遭到司法部調查，但還是拿到了錢。二〇二二年三月，YRC付了六百八十五萬美元跟檢察官達成和解，因為檢察官指控該公司有系統地溢收貨運服務費，並製作不實的對帳單以隱藏不當行為。達成和解時，政府說他們還沒有判定責任歸屬。

這筆政府援助的橫財，決不是聯邦與州的監理機關第一次幫阿波羅的忙。在一九九三年到二〇一八年間，阿波羅與其旗下的公司從聯邦與州政府手上拿到六·二一億美元的補貼與合約，還有四·三二億美元的聯邦貸款、貸款保證與紓困。多數大企業也會拿到一點這類補貼，比方說租稅抵減、政府獎助、財產稅抵減以及把營運移到創業特區可以拿到的獎勵金，但看著這些援助流進慣常剝削其他利害關係人的企業，真是讓人生氣。

阿波羅、布萊克以及他的同業從疫情中重生，而且多了好幾十億美元。以他們握有的權力來看，這樣的結果並不讓人意外。另一邊的老百姓（企業員工、顧客和納稅人）成為輸家，也沒什麼好震驚的。近四十年來，同樣的結果一而再、再而三出現，新冠疫情只是讓我們比較容易看出來罷了。

寫給讀者

在海盜橫行於海上的時代，他們的木板船載著的是短彎刀、毛瑟槍，以及他們想要帶的武器。現在名為私募股權業的掠奪者，劫掠時不會使用實體暴力，改用試算表、債務融資以及高價的律師強取企業。他們的運作（大致上）在合法範圍內，有些法律甚至還是他們幫忙制定的。這些現代強盜掠奪的戰利品豐富太多，他們搜刮受害者與社會所造成的損害，既廣且深。

據說，在華盛頓，真正的醜聞其實是那些合法的勾當。華爾街也一樣。

這是一本關於現代掠奪者的書，講述一群相對少數的金融家，他們汲汲營營追求利潤，從很多人身上榨取財富，讓少數人富上加富。這是一種有毒又會不斷壯大的商業模式，還會加劇國家的貧富差距。

有些人會說，資本主義目前的狀態（或其中的大部分）也是這樣：貪婪的執行長與他們經營的企業，同樣對員工、退休金請領人以及股東造成同樣重大的浩劫。這種講法某種程度上是對的。上市公司的操作展現不受控資本主義的範例確實存在，一旦浮出檯面也會引發群情激憤。當白領罪犯被抓到貪財自肥，就算真的受到懲罰，一般來說也是輕輕放下。

而我們挑出來講的這些強盜，他們在做交易時更是強取豪奪。上市公司某種程度上還要受制於股東，至少要假裝有考慮到股東的利益，而投資人、記者、學者以及決策者也可以研究他們公開揭露的內容。當這些利害關係人因為某些原因（比方說地球的健康）發了火，某些上市公司會做出改變以因應。速度可能不像我們希望的這麼快，可能也不那麼全面，但確實會有改變。

私募股權公司就不是這樣了。他們擁有的公司屬於私人資金，監理機關就算有要求揭露，規定也是少之又少。有很多私募股權公司的母公司雖然都是上市公司，但創辦人與高階主管控制了大量股份，根本不太需要聽外部股東怎麼說。如果偶爾有客戶（比方說公家的退休基金）試著要他們負起責任，他們就會威脅這些客戶以後別往來了。很神奇的是，軟弱的退休基金監督機構會屈服，他們認為應該要避免遭受這種「懲罰」。

這些掠奪者幾乎誰都不顧。數十億美元的身價替他們帶來阿諛奉承的媒體曝光，也幫他們避開批評，並讓他們得以花大錢進行遊說與操作其他戰術，好操弄結果和輿論。他們自恃所謂的正報酬率來合理化自己的行為。他們說：「我們幫助退休金請領人過著富足的退休生活。」雖然幾年前高報酬率可能確有其事，但近期的數據顯示，私募股權的報酬率不比成本更低且費用透明，專門投資上市公司的標普指數基金。

收購公司、堆疊負債、削減成本以償債、一路上順便榨取現金，然後五年內把公司賣掉，是一種吃了類固醇的資本主義，把短期主義發揮到極致。這是用美國的效率大旗包起來的貪婪，用穩健的投資報酬率當作掠奪的藉口。

這也是一種以保密為名包裹起來的商業模式，就連監理機構也難以參透私募股權公司錯縱的企業架構、複雜的資本堆疊與共同利益。希望讓私募股權公司負起責任的訴訟人，面對的是一場硬仗。

為了講述這個故事，我們重新細數一些案例：公司被洗劫、員工被開除、退休金被摧毀、顧客和納稅義務人權益受損。這些例子都替金融家賺進了大把大把的鈔票，有些還被私募股權公司挑出來當成典範，放在他們的官網上大肆宣揚。

雖然我們檢視的交易涉及了各大私募股權公司，但我們更密切關注阿波羅。阿波羅咸認是這些私募巨頭裡最為激進的一家，我們瞄準這家公司，也因為他們直接承襲了「德崇證券

（Drexel Burnham Lambert）」偏愛的利用垃圾債券驅動來做收購，而阿波羅的主要創辦人都來自這家公司與那個時代。

當然，並不是每一樁私募股權交易都有這些邪惡的元素，也不是只有讓收購方富起來而已，但許多收購案已對其他利害關係人造成嚴重傷害，因此，檢視這些私募股權公司的操作就成了一項頗為急迫的任務。

美國投資委員會是美國大力倡導私募股權業並為其遊說的主要團體，其官網上寫滿了浮誇的宣傳詞，誇讚私募股權業為整體經濟及其投資的產業帶來了多少好處。其中有一項是這麼說的：私募股權業正在強化醫療保健。然而，大量的公正學術研究與愈來愈多的實際業務執行人指出實際上並非如此。

我們請該委員會找出幾個例子，以證明私募股權業對所有利害關係人都帶來了正面影響。我們希望看到的是，交易不僅為收購公司帶來了好處，也讓其中的每一人雨露均霑。他們給的列表上第一名是「泰特烘焙坊（Tate's Bake Shop）」，這是一家專做餅乾的小型廠商，二〇一四年時被一家小型的私募股權業者「河畔公司（Riverside Company）」買了下來。泰特烘焙坊被收購前預估營收為一千兩百萬美元，員工不到一百人，但其私募股權業主河畔公司說，他們幫忙把營收和獲利擴大了四倍。二〇一八年，泰特烘焙坊以五億美元的價格賣給食品業大亨「億滋國際（Mondelēz International）」。

委員會舉的另一個例子，標的是賭城（Las Vegas）的「大都會賭場（Cosmopolitan Casino）」；黑石集團二〇一四年買了下來，二〇二一年又賣了出去，獲利四十一億美元，是該集團表現最好的單向投資。關於私募股權業如何分享財富，委員會說，二〇二二年這家賭場要易手之際，黑石集團發給每位員工五千美元獎金。

「希爾頓飯店（Hilton Hotels）」是另一樁有亮點的交易，也跟黑石集團有關。該集團二〇〇七年買下這家連鎖飯店，二〇一八年時出售，替自己賺進了原投資金額的三倍報酬。

最後，委員會講到了軟體公司「碧湧達（Blue Yonder）」，黑石集團和「新山資本公司（New Mountain Capital）」二〇一〇年聯手買下這家公司，二〇二一年賣出，獲利八十億美元。這家公司的持有期比一般的交易長，還有，新山資本公司說，雖然他們還收購了另一家大公司與碧湧達合併，但這八十億美元的獲利中有五十七億都是來自於碧湧達公司的內部成長。

投資委員會找到的多數交易，都替收購公司及其投資人賺了大錢，這是私募股權業最常用來自我評價的成功指標，這也回到了現代資本主義中最讓人感到懷疑的核心：投資人的利潤才重要，至於其他利害關係人要承擔什麼成本，無所謂。

在做研究與撰寫這本書時，我們採訪了幾十位相關人士，他們都對於私募股權的操作知之甚詳，或是曾經因為這些公司的操作而受到影響。我們查詢了幾千頁的監理規範文件、政府與私人訴狀、破產法庭程序、政府機關的研究、公家退休基金的報告以及公正的學術研究（我們排除了在私募股權業當顧問或與其有密切關係的學者）。我們也仰賴值得信任的媒體來源。有些為我們提供消息的人要求匿名，我們當然照辦，讓他們暢所欲言，不用擔心被報復。

我們也試著訪談各大私募股權公司的大老闆（亨利・克拉維斯、蘇世民、大衛・魯賓斯坦〔David Rubenstein〕和萊昂・布萊克）。在這當中只有（據他的發言人說）布萊克一開始有考慮我們的要求，但之後就沒下文了。

如果我們收到這些公司針對我們所檢視的交易有任何批評指教，我們也會納入。舉例來說，本書詳細講述了五樁阿波羅的交易。我們請該公司表示意見，他們只針對當中的兩件回覆相關資訊。該公司的女發言人說，我們提出的這些要求，「說明了對這些交易相關的事實有很多誤解」，並提到有些都是三十多年前的事情了。「我們強烈建議兩位自制，不要出版不實且造成誤導的資訊。」接著她補充道：「我所指的是關於阿波羅、阿波羅全球管理公司子公司管理的各基金及其個別交易。」

「對於未回應的事項，」這位女發言人說，「兩位不應認定為我們認可其內容。在若干案子中，我們並不清楚兩位要向我們索取哪些資訊，或者您們要索取的資訊對阿波羅、由阿波羅全球管理公司子公司管理的各基金及其個別投資人而言屬於機密隱私。」

我們和黑石集團交手的過程也值得一提。黑石集團可能是美國最頂級的私募股權公司，在投資委員會引用的四樁交易範例中就占了三樁。當我們請該公司提供意見時，我們說我們的書主題涉及私募股權業操作手法造成的廣泛傷害，該公司發言人回覆的聲明如下：「兩位書中的不實敘事，根據的是一九八〇年代一幅對本產業的諷刺漫畫，與事實不符。」

這聽起來很耳熟，我們用黑石集團給的「一九八〇年代的諷刺漫畫（a 1980s caricature）」當關鍵字上網查，找到了二〇二一年《華盛頓郵報》（*Washington Post*）一篇關於私募股權業強取豪奪的報導。

黑石集團的聲明接著提到該公司「對我們為投資人、旗下公司以及我們營運的社群帶來的正面影響感到自豪，包括過去超過十五年來我們旗下的公司實際新增了二十萬份工作。」發言人也說，該集團旗下近一千家公司少有倒閉；他表示，黑石集團下各公司的破產率是〇．二%。

黑石集團要求我們提供資料，以佐證我們對其營運發出的質疑（我們照辦了），我們也要求黑石集團提供數據，以證明他們講的破產率和實際新增二十萬份工作的數據，發言人「表示尊重」但拒絕提供。

黑石集團聘有律師事務所，該所曾代表賽勒克家族（Sackler）[7]（在鴉片藥物案中聲名狼藉），並以針對調查記者聞名。該所在二〇二二年秋天時就發了一封律師函給我們，信中，律師表達了顧慮，認為我們的書「會在非事實情境下以不實且造成誤導的說法描述我方客戶，具體來說是會抹黑他們，以及廣泛的私募股權公司。」

KKR女發言人的說法則比較簡潔有力，她說：「兩位應期待我們完全不認同這本書以偏概全的前提。」

美國資本主義應該要為多數人創造財富。企業與投資人在全美創造就業機會與繁榮時應該得到獎勵，這當然至關重要。但私募股權業者並不是創業家。他們借錢買下現有的公司，打亂所有權與義務，通常還吸光了現金，並為了自身的利益重整公司的資本結構。他們可能、而且確實也會毀了工作、弄垮保險金與耗盡稅基。

這些掠奪者的斂財行為或許正走向盡頭，但我們也能預見，他們與其幫兇將會努力加班，確保他們的權勢與操作得以穩固存續。至於這些掠奪者未來的命運如何，就要看國會、美國人民以及以下這個問題了：對於他們的行徑造成的困境與不公，社會的義憤填膺是否到了足以帶動改革的程度？

第一章

「Pizza the Hut」必勝客

萊昂．布萊克與掠奪的藝術

凱蒂．華森是亞利桑那州鳳凰城的幼童，她有著棕色眼眸，開朗隨和的性格深受家人喜愛。一九八二年，當時凱蒂未滿兩歲，由於當地一家醫院未能適當治療她的肺炎，導致其腦部受到永久損傷。她的父母文斯．華森與蘇．華森提告醫院，獲得醫療疏失賠償，並按照法院的指示，將其中一部分投入保證給付年金保險契約，這筆投資可望每月為凱蒂帶來一筆收入，支付她的護理費用。

---

7 譯註：賽勒克家族是美國的商業家族，擁有第十二章中講到的普渡製藥公司，販售成癮性藥物引發極大爭議。

審理華森家案件的法庭指導他們購買經理人壽保險公司（Executive Life）發行的保單，該保險公司的財務健全評等為A+，這是保險公司可獲得的最高評等。根據協議，只要凱蒂還活著，經理人壽這間加州最大的保險公司將依約每月支付九千美元，並根據生活成本加以調整，這些資金將用於支付凱蒂全天候的居家照護。經過審判並與醫院達成和解後，華森家於一九八六年開始收到保險公司的給付。

四年後，經理人壽搖搖欲墜，該公司的投資組合在債券市場崩盤時慘跌，並由加州保險監理官於一九九一年春天接管。該保險公司的投資組合被賤價出售給紐約一位金融家及其合夥人，聲稱這筆交易將讓投保人受益。根本不是如此：凱蒂與經理人壽簽訂的「保證給付」合約及其承諾的款項不再有效。由於新保單大幅削減款項，凱蒂的照護費用如今必須由他們自行支付，而她的父母無力負擔。由於付不出房貸，他們的房子遭到法拍，凱蒂於二〇一七年過世，最終收到的賠償金比經理人壽承諾支付的照護費及支持費少了數百萬美元。

經理人壽擁有超過三十萬名保戶，其中許多人依賴這家公司定期支付的款項。該公司被出售給那位紐約金融家後，許多人都像凱蒂一樣受到嚴重打擊。二〇〇八年，加州對這筆交易的審計結果顯示，投保人的損失超過三十億美元，而這個數字可能偏低。

多年前，是哪位紐約金融巨擘贏得經理人壽大幅折價資產的控制權？萊昂．布萊克。他是阿波羅全球管理公司共同創辦人，也是億萬富翁。他如今擁有豪華的藝術收藏品與多處富麗堂皇的住宅，而且直到最近，還在享有盛譽的現代藝術博物館董事會占重要地位。

「經理人壽」這筆價值數十億美元的意外之財是布萊克財富的起源，一九九一年，他獲得經理人壽時，他的新合夥公司阿波羅剛剛成立。布萊克的前雇主、犯罪的券商德崇證券經紀公司崩潰後，他設法以約五折的價格低價取得經理人壽的資產。

有些人稱之為「世紀交易」，後來該交易受到聯邦檢察官的審查，加州檢察長對此交易提起詐欺訴訟，布萊克被列為被告。然而，該案因細則遭到駁回，布萊克帶著利益脫身。

三十年後，經理人壽的交易早已被人們遺忘。二〇二一年，加州一家法院批准加州保險局[8]的請求，銷毀詳述這次失敗的全部文件，表示投保人最終收到最後一筆賠付金，此事就此結束。文件銷毀工作開始於二〇二二年的年初。

儘管如此，這筆交易仍有許多值得重新審查之處。為什麼？因為它是證據，證明過去

8 譯註：state insurance department，美國州級保險監理部門，負責監督保險相關法規，保護消費者權益並促進各州保險市場的穩定，並監管加州保險公司與相關業務與執照發放，功能近於金管會保險局，中文有州保險部門、州保險廳、州保險局等多種譯法，本書採保險局處理。

三十年的各種金融工程與剝削，導致富有的金融家節節高升，其他人落魄潦倒。事實上，布萊克接管經理人壽的資產就像是羅塞塔石碑，講述一九八〇年代末期以來，一小群侵略成性的金融家如何榨取美國中產階級、貧窮勞工、退休人士的財富。

另一方面，經理人壽交易預示著即將到來的毀滅。這些金融家近年開始直接收購保險公司，讓現有投保人蒙受可疑投資帶來的風險，同時為自己創造巨額酬金，許多投保人甚至不知道他們的未來掌握在這些掠奪者的手中，也不知道那些曾經保守穩健，用以支撐它們保險與退休計畫的資產，已被風險更高的資產取代。

然而，我們講得太快了。首先，讓我們思考一下很久以前那筆經理人壽交易中的贏家及輸家：這筆交易幾乎在一夜之間為布萊克及其夥伴賺取數十億美元，代價是損害退休人士、養老金領取者、身心障礙者的利益。他們全都是像凱蒂・華森這樣的經理人壽投保人，曾獲得承諾，每月收到賠償金或臨終救濟金。他們最終因布萊克及其合夥人一手策劃的交易而蒙受金錢損失。

其次，儘管布萊克帶頭收購該保險公司的案子，有受到加州一間法院監督，以確保公平，但該交易的許多方面都是祕密進行，並且充滿投保人不知道的利益衝突。這也是當今時代的前兆，即使在應該為了公眾利益而透明的司法系統中，利益衝突與祕密仍是掠奪者劇本的主要特點，讓他們得以將自己及其利益置於勞工、養老金領取者、投資者之上。

如果經理人壽的投保人及律師了解這些利益衝突及隱藏的關係，他們就可以積極爭取更好的交易籌碼。舉例來說，如果投保人知道布萊克及其合夥人在經理人壽收購案中，已是部分債券的投資者，他們就可以要求布萊克以更高的價格購買這些債券。

然而，在這筆交易中，代表經理人壽的投保人、理應為他們爭取最佳結果的人，不是典型賣家，而是加州保險監理官、一位雄心勃勃的政治家，名叫約翰・加拉門迪（John Garamendi）。他將極具價值的經理人壽給了布萊克，從那時起便聲稱這項交易使投保人獲益良好。加拉門迪多次競選加州州長失敗後，於二〇〇九年當選為聯邦眾議員，他是民主黨人，目前仍代表該州舊金山東北部的第八選區。

類似經理人壽這般的財富轉移使普通美國人的資產最終落入狡猾的金融家手中，這種轉移往往受到政府官員的庇護。事實上，數十年來，監管機關的共謀對於這些菁英的成功至關重要。

該交易發生十多年後，聯邦檢察官仍認為這是詐欺，收購該保險公司的布萊克集團旗下一家外國公司非法隱瞞其股權。儘管美國司法部追查布萊克在該交易的一些合夥人，加州檢察長也將他列為詐欺案的被告，但主謀布萊克始終未被定罪。

這是掠奪年代反覆出現的另一個現象。

✵ ✵ ✵

凱蒂．華森的父母曾極力阻止將該保險公司的資產出售給布萊克的新合夥公司，他們前往洛杉磯參加法庭聽證會，並在法院台階上與保險監理官爭論這筆出售事宜。這一切都無濟於事。

時至今日，文斯．華森及蘇．華森仍然感到憤怒，那些承諾用於女兒照護的錢最終落入了萊昂．布萊克的口袋。

「萊昂．布萊克利用身心障礙者與腦損傷患者，獲得二十世紀最大的合約，」蘇．華森告訴我們，「多年來，我們一直追蹤他，看著他如何利用我們的錢發家致富。我只能說『哇』。」

蘇．華森回憶，一九九〇年代初期，他們看到布萊克將經理人壽殘餘資產吃乾抹淨，那只是個開始。隨後數年，她與丈夫看著他在紐約市崛起，累積讓人眼花撩亂的財富及地位，積聚了所有成功應有的排場。他擁有私人飛機與遊艇，還有位於漢普頓、洛杉磯、倫敦、

「馬兒之鄉」西徹斯特郡、曼哈頓上東城的房地產。

還有藝術品！布萊克的收藏十分豐富，包括一幅拉斐爾的作品、一座著名的畢卡索雕塑、愛德華・孟克《吶喊》唯一的私人收藏版。《吶喊》是極具代表性的肖像畫，布萊克於二〇一二年以一・二億美元的價格購得。

六年後，布萊克擔任洛克菲勒家族建立的現代藝術博物館的董事長，他與妻子黛博拉捐贈四千萬美元給該博物館，博物館以這對夫婦的名字命名其電影中心。根據《富比士》雜誌報導，布萊克的財富在二〇一八年達到七十億美元。

布萊克躋身紐約上流社會頂端並非命中注定。沒錯，他是伊萊・布萊克（Eli Black）的兒子，伊萊是企業前執行長，因其對紐約市藝術的貢獻而聞名。然而，一九七五年二月，悲劇降臨於這個家庭，「聯合品牌（United Brands）」集團執行長伊萊在涉入一樁重大國際企業賄賂醜聞且即將曝光時自盡，他用公文包砸碎位於曼哈頓中城四十四樓的辦公室窗戶並跳樓身亡。數周後，聯邦調查局展開調查，結論是伊萊批准向宏都拉斯官員行賄以減少其公司的稅金，這起詐欺行為不僅導致宏都拉斯總統下台，還催生了禁止此類賄賂的新法律，亦即一九七七年的《海外反貪腐法》（*Foreign Corrupt Practices Act of 1977*）。

伊萊自殺時，萊昂．布萊克即將從哈佛商學院畢業。他獲得達特茅斯學院哲學及歷史學士學位後，決定像父親一樣從事金融業。儘管他獲得哈佛大學工商管理碩士學位，向「雷曼兄弟公司（Lehman Brothers）」求職卻遭到拒絕，當時雷曼兄弟是著名的投資銀行，他父親曾在該銀行工作。布萊克轉而在一家普通的會計師事務所工作，一年後辭職，並加入名不見經傳的財經出版商「董事會報告（Boardroom Reports）」。

這不是吉利的開始。然而，很快地，布萊克就進入德崇證券任職，這是以旺盛鬥志與魯莽著稱的華爾街二流公司，他汲汲營營在截止日期前努力完成併購交易，因此贏得「必勝客」的綽號。

布萊克將在德崇證券崛起，這家公司將讓他變得富有。然而，一九九〇年，該公司因大規模內線交易及市場操縱醜聞而倒閉，這也讓他留下心理創傷。但除此之外，布萊克離開德崇證券而未蒙受損失，就像他後來卷入爭議卻全身而退一樣。

直到二〇一九年，他與臭名昭著的戀童癖者傑佛瑞．艾普斯坦來往的驚人細節開始浮出水面。

艾普斯坦是曼哈頓的暴發戶及花花公子，自稱是財務顧問。他不具任何資歷，一九七〇年代在貝爾斯登擔任交易員的五年，就是他在華爾街的全部信譽。布萊克在一九九〇年代認識了他，他們的關係涉及許多互惠互利的顯赫職位及報酬；一九九七年，布萊克邀請艾普斯坦擔任布萊克家族基金會董事；兩年後，阿波羅全球管理公司的一名高層捐贈十六萬七千美元給艾普斯坦相關的基金會。

二〇〇八年六月，艾普斯坦承認誘騙兒童賣淫。此後數年，兩人之間的關係愈發密切：二〇一一年，艾普斯坦的一個投資部門收購「全球環境解決方案（Environmental Solutions Worldwide）」的大量股份，這是布萊克資助的小公司，他的兩個兒子擔任該公司董事。二〇一一年，阿波羅首次公開發行其股票時，位於美屬維京群島的艾普斯坦相關機構購買該公司價值五百萬美元的股票。

接下來，二〇一五年，布萊克捐贈一千萬美元給艾普斯坦的「感恩美國（Gratitude America）」基金會。《華爾街日報》（*Wall Street Journal*）報導，這一次，布萊克謹慎地透過由他控股但不以他命名的有限責任公司捐款。

然而，直到二〇一九年，艾普斯坦被指控性販運並在曼哈頓監獄死亡後，布萊克與這名戀童癖者長達數十年關係中的驚人真相，才真正開始曝光。二〇二一年春天，阿波羅全球管理重磅的內部調查發現，即使在二〇〇八年艾普斯坦遭起訴後，布萊克仍持續支付上億美元給艾普斯坦以獲得財務建議；五年間，布萊克支付了驚人的一億五千八百萬美元給艾普斯坦，艾普斯坦提供的其中一項建議是幫助布萊克減稅。

有鑑於艾普斯坦不是知名的稅務專家，因此布萊克支付鉅款讓人費解。這些事最終也毀了阿波羅全球管理，因為它們危及阿波羅從公共退休基金及其他大投資者籌集資金的能力。這些買家是阿波羅最大且最賺錢的客戶，如果他們因為艾普斯坦的汙名而放棄該公司，其商業模式就會崩潰。

二〇二一年一月，六十九歲的布萊克最終失去一手創立的阿波羅的控制權，布萊克聲稱自己因健康因素將從阿波羅退休。然而，艾普斯坦的汙名也導致他在兩個月後辭去現代藝術博物館董事長一職。更糟的是，一位曾是他情婦的前時尚模特兒，不久就揭露布萊克自二〇〇八年起，開始對她性侵、性騷擾、性虐待。很快地，第二位指控者對布萊克提起訴訟，聲稱遭其強暴。

這位巨擘予以反擊，否認了這兩項指控，並聲稱他與這位小了不只三十歲的俄羅斯女子的關係是「合意」，還說她曾試圖敲詐他，而他已支付九百萬美元的遮口費給她。她聲稱布萊克帶她飛到棕櫚灘，試圖讓她同時與艾普斯坦及布萊克上床，而布萊克辯稱這是虛構故事。在本書付梓之時，這兩樁案件仍在審理當中。[9]

這些醜惡的故事讓紐約的八卦專欄津津樂道，這讓布萊克震驚不已，也讓他的妻子及家人羞愧難當。

然而，在華爾街這個混亂的世界，布萊克離開阿波羅只會讓他的財富增加。他離開後，該公司的股價上漲（他仍持有數百萬股），投資人似乎鬆了一口氣，他離開後，公司名聲不再受損。

布萊克離開阿波羅與現代藝術博物館董事會時，空氣中瀰漫著恥辱的氣息。他退出頂流圈時，同儕鮮少稱讚他。如今，布萊克的訃告將不只簡單敘述他非凡的崛起、累積的巨額財富、讓人驚嘆的藝術品，還將記錄他的衰落。

對蘇・華森來說，布萊克的痛苦不過是剛好而已，正所謂「善有善報，惡有惡報」，人們常說，「因果報應，掌握著每個人的命運」。

眾所周知，華爾街的記性不好。然而，對於一些記性好的人來說，布萊克為了稅務建議而付款給傑佛瑞・艾普斯坦，以及遭到阿波羅驅逐，有著吸引人的相似之處。

---

9 譯註：本書原文於二〇二三年四月出版，此處提及的兩件指控，布萊克的俄羅斯情婦古澤爾・加尼耶娃（Guzel Ganieva）一案於二〇二三年五月遭法院駁回；另一位原告切莉・皮爾森（Cheri Pierson）則於二〇二二年二月主動撤告。

四十五年前，布萊克的父親伊萊因旨在減少公司稅金的祕密計畫而完蛋。老布萊克是企業收購高手，也是大企業集團聯合品牌的執行長，他曾二度策劃賄賂，目的是減少該公司所欠的香蕉出口稅。他於一九七五年二月，醜聞即將曝光前自殺。

萊昂．布萊克絕不是父親的翻版（也幾乎沒人是如此）。然而，兩人的商業手段有著驚人的相似之處：他們都利用巨額債務收購公司，都偏愛激烈的手段，都認為公司只是一堆數字，都被描述為「掠奪者」。伊萊自殺身亡數十年後，萊昂．布萊克正處於事業巔峰，一位採訪者詢問他關於那場災難的事，他的回答流露感情：「我花了多年接受治療，才走出那件事，才了解他的終點與我的起點。」

伊萊胡．梅納許．布拉喬維奇（Elihu Menasche Blachowitz）是受任命的拉比（rabbi），具有敏銳的金融頭腦。他出生於波蘭，兒時隨家人移民到紐約，一九四〇年畢業於葉史瓦大學（Yeshiva University）。身為拉比的他領導長島一個猶太會堂，然而，他看見了華爾街的機遇，成為雷曼兄弟的投資銀行家，後來又在現已不復存在的「美國證券（American Securities）」任職。

兒子萊昂出生於一九五一年，三年後，伊萊成為瓶蓋製造商「美國封蓋公司（American Seal-Kap）」執行長。伊萊在美國證券擔任銀行家期間，一直為該公司提供財務建議，然而，美國封蓋公司希望他能到該公司發揮專長。

執行長伊萊很快就開始收購其他公司，將其納入美國封蓋公司旗下，並為此舉債累累。他最重要的收購案是「聯合果品公司（United Fruit Company）」，這是歷史悠久且聲名狼藉的香蕉進口商，成立於一八九九年，總部位於波士頓。

聯合果品公司曾是奴隸販子創立的新殖民主義大企業，控制中美洲的大片土地、龐大船隊、鐵路營運。作為美國最大的香蕉進口商，該公司與政府關係密切，它在一九六一年豬玀灣事件（Bay of Pigs Invasion）發揮作用，當時中央情報局試圖入侵古巴，但行動失敗了。根據聯合果品前副總裁湯瑪斯・麥肯（Thomas P. McCann）所著的《一間美國公司：聯合果品公司的悲劇》（*The Tragedy of United Fruit*）一書，聯合果品公司從所謂的「大白艦隊（Great White Fleet）」抽調兩艘船，參與這場不幸的入侵行動。

一九六八年，聯合果品公司面臨種植及出口香蕉的成本上升問題，由於該公司沒經營其他業務，因此這是嚴重的問題。伊萊執掌美國封蓋公司期間，在聯合證券公司的協助下，開始在公開市場默默收購聯合果品公司的股票，累積了七十三萬三千股的控股權。麥肯表示，伊萊湊齊這些股票的方式可能違反證券法規，並引發聯合果品其他股東及聯邦貿易委員會（Federal Trade Commission，簡稱ＦＴＣ）的質疑。

然而，伊萊向該公司董事會提議收購時，這些問題變得毫無意義。大家最初持懷疑態度，但由於沒有其他適合的收購者出現，除了一位董事以外，其他董事都同意了這筆交易。華爾街予以贊同，聯合果品的股價飆升。根據記者彼得・查普曼（Peter Chapman）撰寫的聯合果品重要傳記《香蕉》（*Bananas*），投資者相信伊萊將「為老牌聯合果品注入新活力」，查普曼談到投資者對此次收購的反應時寫道，伊萊是「強勢的『資產管理者』，將接管一間多年來資產管理不善的公司」。這位出身紐約下東城貧困家庭的男人將解決該公司的問題。

一九七〇年，美國封蓋公司更名為聯合品牌公司，在伊萊的領導下，該公司採取當時流行的企業集團策略，收購一系列業務迥異的公司。企業集團背後的理念是，將多個不同的商業實體聚集在一個屋簷下，其價值可以大於各自的總和。

到了一九六〇年代末期，市場上發生的大多數併購都是由企業集團收購更多公司，聯合品牌的旗下企業包括香蕉進口商、肉品加工商、石化產品製造商、電信公司、速食連鎖餐廳「艾恩堡（A&W Root Beer）」、墨鏡品牌「佛斯特・葛蘭特（Foster Grant）」。一段時間內，企業集團發揮效果。

執行長伊萊精於數字及交易，但他不是出色的執行長。「伊萊無法經營公司，他證明了這一點，」麥肯寫道，「伊萊發現身邊越來越多與他一樣無能的管理人員」。

根據麥肯的說法，伊萊還缺乏「道德準則」，《紐約時報》的人物側寫指出，他的手段很激烈，一些人視他為「掠奪者」，文中講述伊萊警告對手：「如果你來硬的，我們會非常非常強硬。」

聯合品牌為伊萊的收購提供資金，很快就因此陷入債務困境，它每天必須賺四萬美元才能償還債務。該公司一直處於虧損狀態，直到一九七三年才終於開始好轉。然而，第二年，一些中美洲政府提高香蕉出口稅，災難來臨了。由於關稅上調，聯合品牌公司在短短三個月內就不得不支付一千一百萬美元的關稅，導致一九七四年全公司虧損四千萬美元，宏都拉斯一場破壞甚鉅的颶風與下跌的肉價更是讓該公司的處境雪上加霜。

伊萊急切想減少聯合品牌的高昂香蕉稅，一九七四年九月批准祕密賄賂宏都拉斯經濟部長亞伯拉罕．班納頓．拉莫斯（Abraham Bennaton Ramos）一百五十萬美元，隔年支付另一筆一百萬美元的賄款。這項投資的報酬率將十分可觀，聯合果品公司所欠稅款將減少七百五十萬美元。

然而，這筆祕密賄賂很快就見了光。

根據新聞報導，一九七五年二月三日清晨，伊萊的司機像往常一樣將他送到聯合品牌辦公室。它位於當時的泛美航空大廈四十四樓，就在中央車站上方。

《紐約時報》的人物側寫指出，當時伊萊的同事都還沒上班，他門上通往接待區域的門，從裡面鎖上辦公室，接著用超大的公事包將其中一扇窗戶砸出一個九十一公分（三英尺）乘一百二十二公分（四英尺）的洞，跳樓自殺。他公事包裡的文件飄落到地上，伊萊在一張紙片上寫著：「五十五歲，提前退休。」伊萊享年五十三歲。

最初的報導指出，伊萊「因業務而承受巨大壓力」，每天工作十八個小時。一些業內人士表示，聯合品牌的現金已經不足以償還債務，伊萊必須出售一些資產。儘管如此，伊萊的同事及家人並不認為他的死亡背後隱藏了「祕密動機」，舉例來說，他沒有涉及欺詐，或有沉重的個人債務。

伊萊的葬禮在曼哈頓舉行，超過五百人參加，人們稱讚他是藝術贊助人，品格優秀。一位講者說，伊萊「試圖融合學術、道德與實務的世界」，一位從前的老師將伊萊描述為「總是微笑但從不大笑的男孩」。

數周後，華爾街最高監管機構美國證券交易委員會對聯合品牌展開調查，該公司含糊其辭地聲稱已解決香蕉稅問題，而這對美國證券交易委員會新成立的執法部門調查人員來說，是個危險訊號。不久後，兩百五十萬美元賄賂的細節就曝光了。

這個被揭開的真相影響深遠，宏都拉斯總統奧斯瓦爾多・羅培茲・阿雷利亞諾將軍（Oswaldo López Arellano）在一場不流血的政變中被迫下台，美國聯邦大陪審團對聯合品牌公司提起刑事訴訟，檢察官認定伊萊是這起賄賂案的主要參與者及共謀者。三年後，該公司承認犯下共謀罪及電信詐騙罪，支付一萬五千美元的罰款，這是該訴訟規定的最高罰鍰。

美國國會召開關於美國企業賄賂問題的聽證會，廣泛討論伊萊在宏都拉斯行賄的事件，當時美國證券交易委員會主席雷蒙德・加勒特（Raymond Garrett）證稱，海外不當支付是「企業行為中最劣等的表現」。

最終，國會議員於一九七七年通過了《海外反貪腐法案》，禁止類似伊萊授權及安排的那些賄賂行為。聯合品牌的醜聞只是企業不誠實支付的一個例子，然而，它確實促成了該法的誕生。

麥肯在法案通過前一年出版的書中回憶道，伊萊・布萊克在生命盡頭彷彿陷於流沙之中。聯合品牌「在債務泥潭中苦苦掙扎，」他寫道，「（伊萊的）董事會倒戈，管理階層不再尊重他，朋友拋棄他，他個人的財務狀況起碼與公司的財務狀況一樣糟糕，他失去了贏得人們信任的能力，他已走投無路。」

然後，麥肯對伊萊的事蹟發表看法，「要消滅一家公司，其中一個好辦法就是將它視為沒有生命、沒有年齡、沒有靈魂、沒有重要顧客。」他寫道，「換句話說，像伊萊・布萊克那樣對待它，彷彿它只是數字而已。」

酷似如今的掠奪者。

第二章

貪婪是好事

掠奪者襲擊美國中產階級

一九九〇年初，萊昂．布萊克正逃離遭受重創的德崇證券，而他身為德崇證券企業融資部門的共同主管，一直是該公司臭名昭著的債券銷售機器的核心人物。

持續多年的內線交易及市場操縱醜聞最終吞噬該公司，一九八九年九月，德崇證券承認六項詐欺罪名，支付了六．五億美元的罰款。隨著客戶及員工流失，德崇證券母公司未能償還部分債務，它於一九九〇年二月申請破產。

德崇公司著名的垃圾債券交易部門主管、布萊克的親近同事麥可．米爾肯（Michael Milken）也於四月承認與公司工作相關的六項重罪，支付六億美元的罰款並入獄。

（米爾肯入獄後，向癌症研究及其他慈善機構慷慨解囊，並創辦一個智庫，旨在運用自由市場原則及金融創新解決社會問題，因而重獲新生。儘管米爾肯認罪，但支持者聲稱他被一些野心勃勃的檢察官陷害，例如當時的紐約南區聯邦檢察官魯迪・朱利安尼〔Rudy Giuliani〕，他也許不懂金融，但卻懂得報紙上刊登戴著手銬的華爾街人士所能帶來的效果。二〇二〇年，唐納德・川普〔Donald Trump〕赦免了米爾肯。）

證券監管機構調查德崇證券醜聞中的布萊克，但沒有起訴他。布萊克繼續追尋下一個成功機會，而他並沒有等得太久。

一九七七年，布萊克加入德崇證券後，專門利用高成本債券為企業收購籌集資金，這些交易被稱為槓桿收購，是狂熱追求利潤的早期形式，後來被稱為私募股權。這些交易曾在一九八〇年代引起國會擔憂，最終卻沒採取任何措施加以控制。

德崇證券不是一流公司，它兜售其他證券公司不願接觸的不知名或風險較高的公司債，藉此賺錢。這些公司必須支付更高的利率吸引投資者，而且由於品質較差，其債券被稱為「垃圾」債券。德崇證券很快就成為華爾街的垃圾債券巨擘。

德崇證券旗下的許多公司，最終承擔了遠超其營運所能負擔或償還的的債務，一九八〇年代末期，經濟發展放緩，這些公司債開始暴跌，首當其衝的主要是機構投資者，例如共同基金及銀行，因購買德崇證券發行的垃圾債券而受創最深的投資者包括儲蓄貸款機構

（Savings and Loan Associations, S&Ls），這些債券加上有問題的房地產投資導致許多儲蓄貸款機構倒閉，加劇一九八九年籠罩全國的經濟困境。垃圾債券的另一家大投資者是加州最大的保險公司「經理人壽」。

隨著德崇證券風波展開，布萊克繼續前進，試圖自我改造。他在該公司任職期間，曾與許多企業狙擊手合作，然而，在當前的經濟低迷時期，收購交易不可能達成，重要的債券投資者不是罷工就是停業。

布萊克在收購巨擘貝內特・勒博（Bennett LeBow）的曼哈頓中城辦公室工作，開始招募投資者支持他的新公司。一九九〇年三月，一個誘人的前景出現了，當時法國大型國營銀行「里昂信貸銀行（Credit Lyonnais）」正尋求在美國組成一支併購團隊，並認為布萊克可能有興趣，布萊克前往法國與該大銀行旗下的「奧特斯金融（Altus Finance）」總裁尚・方索瓦・赫寧（Jean-François Hénin）會談。

布萊克告訴赫寧，唉，併購市場已死。它終有一天會反彈，然而，目前來說，收購德崇證券支持、但目前陷入困境的公司獲利機會更好。儘管這些公司陷入困境，一些甚至破產了，但布萊克意識到透過重整財務，許多公司都能獲救，而這些財務壓力，正是德崇證券一手鼓勵它們背負的。他知道哪些公司能復甦，是因為他曾為許多公司融資，在垃圾債券市場為它們籌集資金。

誠然，他也是問題的一環，他建議他們背負過多的債務，這樣一來，他可以在德崇證券賺取酬金。然而，這不重要，從自己製造的問題中獲利是華爾街的悠久傳統，舉例來說，投資銀行家向來以此聞名：建議企業客戶在收購案不如預期時，出售他們曾建議購買的公司。最棒的是，這兩筆交易他們都可以賺取酬金。

儘管布萊克在德崇證券賺了很多錢，但他沒有控制這些公司所需的資本，也沒有投資記錄，這讓他無法從外部投資者籌集資金。他在德崇證券擔任企業融資主管，而不是投資奇才。因此，布萊克認為與奧特斯金融達成交易將解決他的兩個問題，有了里昂信貸銀行的資金，獲利的前景將不可限量。

布萊克與赫寧會面順利，為這位交易推手的成功奠定基礎。他說服這位法國人相信，真正的錢來自困境投資，而不是併購，並且他知道如何辨別那些陷入困境但可能復甦的公司。就在米爾肯認罪六天後，布萊克及德崇證券一些前同事達成合夥協議，該合夥企業名為「獅子顧問（Lion Advisors）」，以這家法國銀行為主要客戶。布萊克的個人生財機器（後來更名為阿波羅全球管理公司）開始運作。

獅子顧問的首要任務，是取得經理人壽持有的大量卻問題重重的垃圾債券投資組合，這是前德崇證券團隊非常熟悉且有利可圖的目標。

合夥關係有兩方人馬，一方是該法國銀行，另一方由布萊克、合夥人、朋友、外部投資者組成，兩方投入相同的金額，兩個基金都投資那些陷入困境的公司所發行的債券，其中許多公司都是德崇證券的前客戶。

與該法國銀行合夥讓布萊克及其團隊變得富有。身為顧問的他們每年獲得投資組合一．五％的管理費，然後根據資產表現獲得額外分紅。（這種按資產百分比收取管理費，並根據基金表現賺取分紅的作法，可能起源於一九四九年，當時紐約基金經理艾佛瑞德．溫斯洛．瓊斯〔Alfred Winslow Jones〕成立第一支『對沖基金』，透過有限合夥公司，買入他認為會上漲的股票，同時做空那些看起來溢價的股票，並抽取兩成的基金利潤作為報酬。）

該協議規定，阿波羅新合夥公司每一年年底都會核算其營運情況，每年扣除開支後的半數利潤歸布萊克及合夥人所有。如果淨利潤超過某些預設限制，布萊克等人將獲得其中六成收益，外部投資者獲得四成。這些條款很複雜，但歸結如下：扣除管理費後，阿波羅根據持有這些資產的基金而定，收取二二．五％、十一．二五％或五．六二五％的分潤。換句話說，這是讓人羨慕的發薪日。

阿波羅的外部投資者貢獻這個合夥企業的大部分資本（八十八％），布萊克及夥伴提供其餘資本。儘管如此，對於布萊克及合夥人來說，該協議仍然帶來巨大利潤，並預示未來三十年私募股權產業強加於投資者的條款。管理者每年自動從資產中提取比例可觀的管理費，然後侵吞更大比例的利潤。

由於阿波羅是私人合夥企業，因此它無需揭露其外部投資者，但其中一個是「西聯匯款（Western Union）」，當時的控制者是貝內特・勒博，他是傳奇的交易者，曾是德崇證券的客戶，德崇證券倒閉後，他為布萊克提供辦公室。布萊克曾在德崇證券擔任勒博的包銷商，幫助勒博在一九八七年利用該公司籌集的五億美元債券收購西聯匯款。勒博的投資公司名為「布魯克集團（Brooke Group Ltd）」，布魯克集團旗下的其中一間大公司是菸草巨擘「利吉特集團（Liggett Group）」。

布萊克與西聯匯款還有進一步的關係，當時勒博的得力助手是理查・雷斯勒（Richard S. Ressler），他是黛博拉・雷斯勒的弟弟，黛博拉後來成為布萊克的妻子。黛博拉的另一位弟弟安東尼曾與布萊克在德崇證券共事，後來在獅子顧問／阿波羅全球管理公司任職。（一九九六年，勒博及布萊克陪同唐納德・川普前往莫斯科，當時川普有興趣在莫斯科開發一間飯店，勒博在莫斯科擁有一些房地產，他希望將其賣給川普用於開發。他們最終沒達成交易，但此次莫斯科之行成為美國政府調查俄羅斯操縱二〇一六年總統大選的一部分。）

阿波羅合夥公司在一九九〇年四月的一封信制定了條款，指出該條款將在六月底前執行。信中包括以下附帶條件：「假設已獲得聯準會的必要授權。」由於有外國投資者參與該合夥企業，因此它必須通過美國中央銀行聯準會的審核。

最後，這封概述合夥關係的信提到關鍵的保密問題。它寫道，「在管理合約有效期間內」，提供大部分資本的投資者「將盡可能限制知道合夥公司活動的人數」。

布萊克喜愛希臘神話，他將公司命名為阿波羅，那是光明之神、音樂之神、舞蹈之神。然而，對這位金融家來說，這個名字有另一個更深層的意義：阿波羅也是療癒之神，布萊克告訴人們，他在德崇證券崩潰後尋求療癒。

無論是何名稱，未來的阿波羅有兩個核心要素，幾乎保證能在金融史的破碎時刻，為布萊克及其同夥創造利潤。首先是布萊克了解他們購買的債券內幕，德崇證券出售的許多垃圾債券都是垃圾，但也有些不是。憑藉布萊克對債券情況的第一手消息，阿波羅可以利用德崇證券破產造成的暫時市場混亂，購買那些受到不公平打擊的債券。果然，合夥關係建立僅數個月後，垃圾債券市場就開始復甦，這意味著那些敢於重返該市場的人將獲得利潤。

布萊克深刻了解德崇證券兜售債券的內部消息，這為他提供其他投資者沒有的線索。目前陷入困境的一些公司若能進行債務重組，例如債權人同意減少其債務，這些公司可能復甦，而累積這樣的資產可能為阿波羅團隊帶來巨大利潤。儘管美國債券市場的資金規模遠遠超過股票市場，但監管官員監管不法股票交易的力道遠遠大於債券交易，舉例來說，你幾乎從未聽說債券相關的內線交易案。

布萊克在經理人壽交易案之初就取得成功，第二個關鍵因素甚至更隱祕，至少對公眾而言是如此。那是一個由未公開的交易與人脈構成的網絡，布萊克及合夥人從中致富，而保險公司的投保人卻不知情，蒙受了損失。

布萊克及其雇主德崇證券曾出售大量高風險投資給經理人壽，而如今他能以極低的價格買入這些投資，他的收益將來自經理人壽投保人的口袋。

與華爾街的許多交易一樣，經理人壽的交易極複雜，但它也是布萊克及其金融同行自那時起，透過類似操作創造驚人財富的典範。

✲ ✲ ✲

一九九〇年，美國陷入經濟衰退：就業機會稀缺，房地產價值下跌，石油危機推高物價。儲蓄及貸款危機的餘波更讓情況雪上加霜，放鬆管制引發不顧後果的放款，導致逾一千家金融機構倒閉。

一九八〇年代大量舉債的許多公司都經歷了相當於經濟宿醉的現象，大家痛快享受了太多好東西後，出現頭痛及其他不良影響。

當然，那場派對由華爾街主辦，當時正值所謂的「貪婪是好事」時代。奧利佛．史東一九八七年執導的電影《華爾街》中，冷酷奸詐的股票交易員戈登．蓋柯是這個時期的象徵。事實上，蓋柯的座右銘最早由伊凡．博斯基（Ivan Boesky）提出，他是股票交易員，透過非法獲取未經宣布的收購消息，獲得巨大的成功。「順便說一下，貪婪沒關係，我想讓你們明白那一點，」一九八六年春天，博斯基在加州大學柏克萊分校的畢業典禮對畢業生說道，「我認為貪婪很健康，你可以貪婪，而且仍自我感覺良好」。

最推崇貪婪信條的地方莫過於萊昂．布萊克的前公司德崇證券，但博斯基忘記提及貪婪會導致麻煩。博斯基的貪婪不僅毀掉自己，還毀掉給他機會的德崇證券與垃圾債券天才米爾肯。

✵ ✵ ✵

隨著企業收購推動一九八〇年代活躍的股票市場，它們為投資者帶來的收益或多或少地抵消股票投資人前十年承受的巨額損失。一九七〇年代，在經濟衰退、嚴重能源短缺、通貨膨脹的影響下，股價重挫。

正是在這段不愉快的時期，掠奪者開始行動。華爾街金融家聯手成立槓桿收購公司，其中KKR公司是其中的領頭羊，而這些公司成為史上極強大的財富機器之一。當股價低迷且受到低估時，企業收購的獲利潛力巨大，更棒的是，這些公司收購其他公司時，他們總是先付錢給自己。

一九七〇年代是收購潮的輝煌開端，也標誌著一般美國人長期財富累積及工作保障的結束，這可能並非巧合。一九七〇年代，驚人的通膨率急劇上升，商品成本開始暴漲，利率隨之飆升，與此同時，美國人的收入不再成長。這種雙重打擊導致家庭更難量入為出，他們開始透過循環信貸及信用卡（相對較新的產品）借款。

金融機構急於滿足大眾的借貸需求，提供高利率的循環信貸。經過數十年的量入為出（經濟大蕭條的教訓），當時美國消費者享受花費自己不存在的錢的「自由」，他們開始抵押未來收入，背負債務，只為了繼續購買那些來自低成本製造國的新商品。

與此同時，工會的力量正在衰退，降低了勞工向雇主爭取薪資與福利的影響力。不知不覺地，勞資雙方的天秤開始朝不利於勞工的方向傾斜。一九八一年八月，親商的雷根總統解雇逾一萬一千名為爭取更高薪資及更短工時而罷工的航空管制員，標誌著權力平衡的轉變。罷工者輕易就被替換，這表明可透過管理來威嚇勞工，因此，一場巨大的變革開始，削弱了勞工維持生活薪資的能力。

最後，長期以來一直是中產階級穩定及繁榮力量的勞工退休金，開始被自主退休帳戶（即401〔k〕計畫）取代。企業更喜歡這些帳戶而不是退休金的原因不足為奇，它們要求公司繳納的金額較少，要求勞工繳納的金額較多。

舉例來說，一九七〇年，社會安全局的數據顯示，私人雇主為員工繳納的退休金遠高於員工繳納的金額，幾乎是員工繳納金額的九倍。到了二〇二〇年，情況發生翻天覆地的變化，退休金消失了，根據替代的401(k)計畫，雇主通常只繳納員工繳納金額的一半。

另一個問題是，當勞工有退休金時，專業經理人所做的投資決策將為數百萬勞工帶來舒適的退休生活。401(k)計畫施行後，那些對投資技巧與陷阱知之甚少的個人就必須自行管理畢生積蓄。隨著這些變化發生，美國聯邦最高法院一九七八年的一項裁決再次打擊了消費者，有利於金融家。該裁決廢除了保護借款人免受高利貸侵害的州法律，允許大多數銀行收取該州准許的任意利率，並鼓勵渴望稅收的地區，引進那些以掠奪借款人為商業模式的銀行。

同年，美國政府修改了聯邦法規，允許企業退休基金投入高風險的私募股權交易，大力推動新興收購公司的發展。

這些轉變都有利於金融家，而不是勞工及消費者。

✵ ✵ ✵

經過多年的股市低迷，一九八二年初，股價開始回升，史上最大的多頭市場在那個夏天正式開始。儘管如此，道瓊工業平均指數仍遠低於一九七三年的高點：一千零五十二點，公司股價仍然相對低迷。這導致它們很容易被德崇債券機器資助的企業掠奪者收購。

這些交易引發人們質疑潛在的壟斷傾向，但在親商的雷根總統領導下，反壟斷監管機構並未阻礙這些收購案。儘管聯邦政府的聯邦貿易委員會及司法部反壟斷部門負責審查併購交易的反競爭行為，但正如提交給國會的年度報告所述，監管機構根本無力招架。

根據一九七六年的《哈特—史考特—羅迪諾法》（*Hart-Scott-Rodino Act of 1976*），公司必須在計劃合併或收購發生之前通知政府，以便審查是否遵守反壟斷法。審查完成前，合併無法進行。每年國會都收到一份併購交易的報告，其中詳細列出監管機構及執法部門審查的交易。多年來，政府否決的交易相對較少，一九八七年正值併購狂潮的高峰，根據當年的報告，共有兩千五百三十三件併購交易，司法部僅對其中六件提起訴訟，其中四間公司透過處分資產以確保交易能獲得批准，另外兩件交易則遭到放棄。當年聯邦貿易委員會也僅針對七起案件申請了禁制令。

政府監管併購案的另一項衡量標準，是監管機構要求計劃併購的公司提供補充資訊的頻率。數據顯示，這種要求——往往可能是展開調查的第一步——在一九八〇年代大幅減少，從一九七九年占交易的十二．六%，下降到一九八九年的略高於一%。（到了二〇二〇年，美國政府要求二．九%的併購案提供補充資訊。然而，二〇二一年在拜登政府領導下，聯邦貿易委員會改變了一項政策，以因應交易激增：委員會告誡企業，針對在規定時間內無法完成評估的併購案，如果日後被判定違法，委員會仍可在截止日期後提出異議。）

一九八〇年代，證券監管機構不太可能質疑收購者。一九八一年，雷根提名華爾街「英富赫頓公司（E.F. Hutton）」前副董事長約翰．沙德（John Shad）擔任美國證券交易委員會主席。根據證券交易委員會前職員喬爾．戈柏（Joel Goldberg）的說法，雖然沙德沒有任何政府工作經驗，卻「非常非常聰明」，「然而，他確實堅信雷根哲學，亦即我們必須縮小政府規模，規則越少越好」。

為了支持雷根總統的「解除管制工作小組（Task Force on Regulatory Relief）[10]」，身為

10 譯註：解除管制工作小組（Task Force on Regulatory Relief），雷根總統於一九八一年上任後的首批舉措之一，該小組由時任副總統的老布希主導，旨在減少聯邦政府的監管負擔帶來的負擔與繁文縟節，藉此提高公部門工作效率。

國家最高證券監管機構主席的沙德，迅速發出文化變革的訊號：證券交易委員會將從監管華爾街的關鍵角色，轉變為美國企業的合作夥伴，致力減少資本形成的障礙。

「約翰·沙德的理念是，敵意收購是市場的良好紀律，同時也對目標公司的投資者非常有利，」戈柏在美國證券交易委員會贊助的口述歷史計畫中回憶，「所以我們應該盡可能減少干預」。

眾所周知，槓桿收購已經存在一段時間，但真正開始興起是在一九八〇年代，伴隨著新的多頭市場。一九八四年，KKR公司斥資十一億美元收購老牌連鎖電影院及媒體公司「沃美科企業（Wometco Enterprises）」，這是史上第一筆逾十億美元的收購案，讓該公司從此馳名。同年，索爾·史坦伯格（Saul Phillip Steinberg）也對華特迪士尼公司發起二十五億美元的敵意收購，史坦伯格是耀眼的保險業主管，也是米爾肯及德崇證券支持的企業掠奪者，迪士尼最終向史坦伯格支付三億美元，讓他放棄收購，而這種具有疑慮且損害股東利益的作法，被稱為「溢價回購[11]」。

這些債務驅動的交易之所以奏效，在於一個關鍵因素，至少對這些從事收購的男人來說是如此（是的，他們都是男性）：公司可扣除與債務相關的利息成本。一九八六年的稅務變革限制甚至取消了其他先前可用的企業所得稅減免措施，從本質上鼓勵企業在收購時使用債務。

例如，公司不再能利用慷慨的投資稅收抵免或折舊扣除額（即逐年遞減的資產價值）減稅。

透過這些舉措，美國實質上促進了負債累累的收購交易，儘管這些交易往往為勞工帶來失業及退休金減少的沉重打擊。有趣的是，同一部新稅法保留了公司債的利息扣除額，卻取消了個人利息成本的扣除額。對消費者來說，只剩下房貸利息扣除額。

然而，對這些交易來說，更重要的是德崇證券的融資。德崇證券一直是華爾街的二流公司，但它在激進的槓桿收購及激烈的收購領域找到優勢，當時該公司的高層正在美國企業界掀起投機狂潮，並使華爾街取代銀行成為美國企業的主要資助者。這種變化促使人們轉而關注企業的短期收益，而非長期投資與成長，但這能讓玩家變得富裕。

一九八〇年代，債務推動的收購狂潮導致近一．五兆美元的併購交易，這對華爾街公司及其律師來說是一筆意外之財，創造超過六百億美元的酬金。此外，各公司為防止敵意收購，亦花費了數十億美元。

11 譯註：溢價回購（greenmail），為了促使股票升值，或者迫使有意收購某公司股票以進行其搶奪經營權利的人付出更大代價，而預行購入該公司一大批股票之行為，也稱綠票訛詐、綠色贖金等。

甚至在米爾肯的「垃圾債券」機器在德崇證券全速運轉之前，他就已建立起聲譽：只要是他想做的債券融資，他就有能力掌控全局。他的同夥是德崇證券野心勃勃的投資銀行家布萊克，他將史坦伯格及卡爾·伊坎（Carl Icahn）等趾高氣揚的新時代掠奪者吸引到德崇證券。一九八三年，布萊克為試圖接管「菲利普斯石油公司（Phillips Petroleum）」的伊坎發明一種新策略，而事實證明，這對德崇證券利潤豐厚卻短暫的輝煌時期十分關鍵。

德崇證券尚未籌集到伊坎收購菲利普斯石油公司所需的八十一億美元融資，這是一項巨額收購，即使米爾肯的影響力越來越大，籌集這麼多資金仍非常困難。因此，布萊克決定虛張聲勢，他寫了一封信給銀行，請求銀行為這筆交易提供資金，聲稱德崇證券「充滿信心」能籌集到資金完成這項交易。這不是事實，但在華爾街，銀行家說話算話，沒人質疑這個說法。

儘管伊坎沒贏得菲利普斯石油公司，但這封「充滿信心的信」成為德崇證券收購的關鍵手段，並用於未來的許多收購案中。一封充滿信心的信，就像銀行裡的錢一樣可靠。

這些收購讓金融家獲得巨額財富。一九八四年，米爾肯的薪資及獎金總計為四千五百七十萬美元，相當於今日的近一·二億美元。他在德崇證券輝煌生涯的尾聲，年度薪酬達到五·五億美元。《富比士》雜誌稱，到了一九八九年，傑羅姆·科爾伯格、亨利·克拉維斯、喬治·羅伯茲的財富總和達到十一億美元，他們的財產及萊昂·布萊克等同行的資產只會變得更豐厚。

這些收購案讓德崇證券及其他華爾街人士致富，與此同時，美國中產階級卻開始面臨長期的金融衰退。一九八〇年代的掠奪者開始行動時，中產階級正處於繁榮巔峰，不久後就持續衰敗至今。

一份密西根大學的報告指出，一九八五年，美國收入位居後九成的家庭掌握著全國三十五%的財富，那看起來可能不多，但一九一三年時，該群體僅擁有全國十五%的財富，兩者相較，進步極大且得之不易。研究人員表示，勞工住宅及退休金的增值，使「非富人階層」日益富裕。

然而，研究發現接下來的數十年，由於勞工退休金縮水，家庭為維持生計而背負的債務加重，「非富人」眼睜睜看著自己的財富減少。到了二〇一六年，美國收入位居後九成的家庭持有的財富減少逾三分之一，僅占全國的二十二%。

同時期最富有的前〇．一%人口——約十六萬個家庭，每個家庭控制逾兩千萬美元的資產。一九一三年，這個最富有的群體掌握全國約二十三%的財富，但一九二九年股市崩盤後，他們的財產縮水，一九七九年跌至七%的低點。然而，從一九八〇年代開始，富人成功翻身；到了二〇一二年，他們控制全國近二十二%的財富。

聯準會記錄的第二個指標，凸顯一九八九年以來美國中產階級失去大量財富。當時，以收入計算（通常用來定義中產階級的指標），美國六成的中產家庭掌握著全國三十六％的財富，是前一％的超級富豪掌握（十七％）的兩倍多。然而，到了二〇二一年六月，前一％的超級富豪已經領先，他們的財富占全國的二十七％，而中產階級的財富占二十六．六％。不過，一九八〇年代企業收購數量激增時，距離這種巨大的財富轉移還很遙遠。

然而，一些市場參與者、監管者、國會議員開始擔心其影響。一九八五年至一九八七年，國會提出數十項法案，旨在終止或遏制以垃圾債券支持對美國企業的掠奪，但均未能通過。正如德崇證券投資銀行主管克里斯．安德森（G. Chris Andersen）後來告訴《彭博新聞》（*Bloomberg News*）的：「美國國會當時提出了二十五項立法，試圖禁止出售垃圾債券。所以一九八五年春夏，我帶著一些人去了華府，最終成功撤回這二十五項立法。」

米爾肯及其律師克雷格．科古特（Craig Cogut）成立的遊說團體「資本准入聯盟（Alliance for Capital Access）」也強烈反對加強監管，並且成功了，科古特很快就在經理人壽收購案占據重要地位。

一九八七年初，國會召開聽證會探討這個狂熱現象，舉例來說，著名經濟學家約翰．肯尼斯．高伯瑞（John Kenneth Galbraith）表示，併購活動「沒有任何經濟用途」，「它既不會生產商品，也不會提高效率」。備受尊敬的華爾街經濟學家亨利・考夫曼（Henry Kaufman）也持相同的觀點，他告訴國會，槓桿收購「對這個國家的經濟及金融健全構成重大危險」。

然而，這些警告未獲重視。KKR公司向國會提供的數據表明槓桿收購創造了就業機會與創新，這個論點在未來數十年變得無所不在。加州州立理工科技大學金融學教授布萊恩・阿亞什（Brian Ayash）多年後判定，KKR公司的樂觀數據是假的，該公司在計算中忽略那些已破產公司的收購交易（KKR公司拒絕回應阿亞什的結論）。

一九八八年，史上規模最大且最大膽的企業大戰吸引華爾街與全美的注意力——價值兩百五十億美元的雷諾納貝斯克公司爭奪戰。KKR公司再次領導，米爾肯及德崇證券提供融資。調查記者兼共同作者布萊恩・伯瑞（Bryan Burrough）與約翰・赫萊爾（John Helyar）在其暢銷書《門口的野蠻人》（*Barbarians at the Gate: The Fall of RJR Nabisco*）中，以妙趣橫生的方式敘述雷諾納貝斯克公司的收購故事，「在場的每個人都知道槓桿收購，通常稱為LBO，」伯瑞與赫萊爾寫道，「人人皆知槓桿收購意味著大幅削減研究經費及其他所有想得到的預算，犧牲這些都是為了償還債務。支持者堅稱，被迫償還巨額債務的公司變得精簡而有競爭力，但他們一致認同一點：發起槓桿收購的主管變得富得流油」。

當然，企業收購也讓交易者致富，而且被收購公司的股東往往變得富有。然而，眾所周知，收購會損害其他利害關係人的利益，更不用說公司本身。收購公司「希克斯—繆斯—塔特—福斯特（Hicks, Muse, Tate & Furst）」的創辦人查爾斯·塔特（Charles Tate）明確指出：「公司背負過多債務時，就變得功能失調；當公司把全部時間花在努力支付下一筆利息，就無法將焦點放在業務。」

數據證實了塔特的評論，一九七〇年代，在債務引發的收購狂潮發生前，垃圾債券的違約率約二%；到了一九九〇年，違約率已上升至近九%。

至少有一個州不願坐等國會有所作為，決定率先行動。印第安納州迫切想遏制州內併購的惡性影響，一九八九年通過了一項法律，要求當地公司的董事會須考慮公司收購對**全部利害關係人**（不僅是公司股東）的影響。根據該法規，董事會必須權衡收購對「公司員工、供應商、客戶、公司辦公室或其他設施所在的社區」造成的後果，這是對美國企業的開明觀點，但對當時而言顯得過於前衛。美國證券交易委員會新主席大衛·魯德（David Ruder）嘲諷印第安納州的措施，稱其為州政府對收購的「誤導性干預」，並表示必須動用聯邦法律使這些愚昧的州法規失效[12]。

美國國會曾表示有興趣監管收購及其背後的垃圾債券，但很快就失去了興趣。一九八七年股市崩盤後，國會議員不想被貼上任何可能減緩股市動力的標籤。收購至少在初期能讓股價保持上升，這讓每個人都很高興。（學術研究後來證明，大多數收購最終都將損害股東的利益，但當時投資者尚未獲得這些資訊。）

儘管如此，一九八〇年代後期，收購行為的批評者依然堅定不移，從前的一些支持者也已改變觀點。雷根時期的美國證券交易委員會主席約翰·沙德曾是敵意收購的忠實信徒，後來改變了想法。一九八〇年代中期，他向白宮提交對收購的反思，指出：「槓桿越大，公司、股東、債權人、主管、員工、供應商、客戶等面臨的風險就越大。今天有越多的槓桿收購及一般收購，明天就有越多的破產案。」他的說法正確極了。

其中一起因果報應的案例，就是一九九〇年二月德崇證券破產。該公司董事總經理丹尼斯·勒溫（Dennis Levine）多年來一直祕密作證，揭露其客戶之間的內線交易，其中包括「貪婪的代言人」博斯基，他於一九八六年秋天被捕。

---

12 譯註：preempt，在美國法律體系中，指「聯邦法律優先於州法律」的原則，稱為「聯邦優先權」（Federal Preemption），意即聯邦法「排除」或「取代」州法，當兩者衝突時，州法無效。

兩年後，一顆重磅炸彈落下，美國證券交易委員會提出一份長達一百八十四頁的民事起訴狀，概述德崇證券、麥可．米爾肯、他的弟弟羅威爾（Lowell，德崇證券垃圾債券部門律師），以及兩名德崇證券交易員的一系列違規行為，企業掠奪者兼德崇證券大客戶維克多．波斯納（Victor Posner）及史蒂文．波斯納（Steven Posner）也被點名。

該起訴狀列出華爾街史上數一數二長的罪行清單，包括內線交易、欺詐、股票操縱、非法隱瞞所有權、偽造帳簿與記錄、違反保證金要求等。美國證券交易委員會提出民事訴訟後，紐約南區聯邦檢察官、態度強硬且渴望出名的魯迪．朱利安尼很快也提出刑事起訴。

德崇證券完了。

第三章

「救星計畫」

讓萊昂・布萊克占盡先機的政客

到了一九九〇年，經濟衰退及德崇證券驚人的崩潰導致整個企業債務市場陷入蕭條。然而，對於擁有現金並能分析公司資產負債表的投資者來說，這意味著機會，包括圈內人萊昂・布萊克。憑藉對德崇證券前客戶的了解，布萊克將目標鎖定在總部位於洛杉磯的大型人壽保險控股公司「第一經理人壽（First Executive Corp）」。第一經理人壽是德崇證券垃圾債券的大買家，布萊克知道該公司的子公司加州經理人壽及紐約經理人壽正陷入困境，該保險公司持有價值六十億美元的垃圾債券，生存受到威脅。如果監管機構停止協助，布萊克想帶走殘骸。

保險公司收取投保人的款項並拿去投資，這樣一來，理賠時就有需要的資金。那意味著保險公司通常將投資限制在穩定資產，例如高評級債券、房貸證券（mortgage securities）、政府債券。對保險業來說，沉悶及可預測是好事，華而不實與野心勃勃是壞事。經理人壽已經華而不實到了極致，一九九〇年將其推向災難邊緣。在野心勃勃的基金經理佛瑞德．卡爾（Fred Carr）[13]領導下，經理人壽一直是德崇證券的大客戶，購買德崇證券承銷的高風險債券，並將高利息賺的錢存在銀行。由於利息高，經理人壽得以向投保人支付比競爭對手更高的賠償金。

這項策略在整個一九八〇年代都發揮作用，經理人壽的高報酬產品吸引大批客戶，到了一九九〇年，超過三十萬名投保人依靠這家美國保險巨擘履約，它被信用評等機構評為安全等級A^{+}。（與大多數產業一樣，過去三十年，保險業務顯著成長，二〇二一年，美國最大保險公司「西北互助人壽〔Northwestern Mutual〕」統計，有效保單數達六百五十萬份。）

德崇證券破產時，垃圾債券已占經理人壽投資組合的六成，其他大型保險公司的平均比例為二十四%。隨著德崇證券的處境越來越糟，市場經理米爾肯退出舞台，卡爾的強力策略突然變得過於冒險，關於該保險公司能否履約的流言越來越多，導致越來越多的投保人感到焦慮，要求提前兌現保單。

經理人壽也面臨政治問題，亦即它與德崇證券的密切關係。負責審查政府儲蓄貸款失敗案例的聯邦調查員比爾．萊德（Bill Rider）指出，這兩個實體緊密相連，萊德曾在「美國清理信託公司（Resolution Trust Corporation）」工作，這個政府機構是為了解決儲蓄貸款機構倒閉的問題而設立的。他在一九九二年六月的宣誓書，將卡爾及其保險公司列為與米爾肯及德崇證券一起操縱公司債市場的共謀：「經理人壽協助德崇證券及米爾肯，無論在垃圾債券首次發行時還是在次級市場上，都普遍且無差別地吸收大量難以銷售的垃圾債券。」

萊德繼續指出，像經理人壽這種垃圾債券的狂熱買家協助創造了假象，亦即這些證券的交易市場真實存在，且需求龐大。結果，其他垃圾債券買家因為「米爾肯、經理人壽及其共謀的不實陳述而受到損害，他們聲稱垃圾債券流動性良好，而且垃圾債券的風險低於實際情況，」萊德寫道。

一九九〇年初，經理人壽的許多資產（用於支付投保人的理賠）陷入困境，交易價格遠低於當初購買的價格。會計規則要求該保險公司及其母公司記錄那些價值下跌的情況，即使

---

13 譯註：佛瑞德．卡爾（Fred Carr），曾是一九六〇年代華爾街知名的共同基金管理人，後於一九七四年投身保險業為經理人壽操盤資金投資與管理，當德崇破產時，卡爾已是經理人壽的執行長。因此人與米爾肯關係良好，加上卡爾在華爾街操盤基金時亦有爭議，所以作者提及卡爾時會有意無意稱他是「野心勃勃的基金經理」，去強調他過去的背景。

債券仍在帳上而且尚未出售。該保險公司正經歷流動性危機，它需要現金。

布萊克認識卡爾，他推銷德崇證券的交易時經常遇到這位保險業高層，但布萊克更了解卡爾購買的證券。由於布萊克深入研究了這些債券的承銷情況，他敏銳地了解這些公司的財務狀況，並知道哪些公司可能在經濟反彈時復甦，哪些公司不會。如果他能得到經理人壽的垃圾債券投資組合，那麼它就可能是一座金礦。

到了一九九〇年，布萊克已經在經理人壽的投資組合中發現數十種問題證券，這些證券可以重組並在未來數年產生巨額利潤。趁著其他人都在拋售時買入（即所謂的禿鷹投資）是一條經過時間考驗的致富之路。布萊克曾向卡爾提議購買他的一些問題證券，但卡爾沒興趣將自己的垃圾債券賣給布萊克。這位保險業高層估計，經濟復甦後，大部分持有的債券都會有不錯的報酬。卡爾不是笨蛋，他知道不能最低價賣出，也不能賣給布萊克這樣的抄底投機分子。

一九九〇年八月，布萊克的合夥公司已有四億美元的資金。儘管阿波羅全球管理公司仍在等待聯準會的批准，但即將成立。布萊克的主要合夥人都是前德崇證券菁英，約翰・漢南（John Hannan）曾任該公司的國際金融共同主管，亞瑟・比爾格（Arthur Bilger）曾任該公司的企業財務主管。同樣受到關注的人還有喬許・哈里斯（Josh Harris）、馬克・羅恩（Marc Rowan）、克雷格・科古特，科古特是律師，曾在德崇證券的垃圾債券部門與麥可・

米爾肯及其弟弟羅威爾密切合作。

合夥人已盡力尋找過度槓桿公司的不良債券，但零散購買十分費力，一舉收購大量投資組合會容易得多。這一點，布萊克早已告訴法國投資者，甚至指出經理人壽的投資組合已經成熟，值得挑選。另一個好處是，比起由政府接管的、倒閉的儲蓄貸款機構持有的投資組合，保險公司持有的資產將更容易購買。前者涉及太多的政治干預及審查。

然而，布萊克知道，德崇證券是他的難題，因為他與這間承銷第一經理人壽大部分垃圾債券的犯罪企業有著深厚關係。這一批人讓該保險公司背負了招致毀滅的證券，而允許同一批人於數年後，以低價購買這些證券並從中獲利，將會很困難。

換句話說，布萊克購買債券是內線交易，訣竅是確保它看起來不像。

阿波羅公司致力收購經理人壽時，合夥人為它取了一個代號。指定代號有助於保密涉及交易的公司身分，並為整個過程增添一絲密謀色彩，這是華爾街交易的特點。

經理人壽交易的內部名稱？「救星計畫」。

✲ ✲ ✲

與此同時，經理人壽在六十億美元垃圾債券投資組合的重壓下苦苦掙扎，一九九〇年，其上市母公司前年虧損近八億美元，股價暴跌。

而最大的子公司加州經理人壽的財務狀況無疑不容樂觀，該公司向州監管機構表示，其資產價值已從一年前的一百三十二億美元降至一百零二億美元，投資收益從十二億美元降至九．七七億美元。該保險公司龐大的債券投資組合以高風險垃圾債券為主，當時估值五十五億美元，比經理人壽當初購買的價格少了約二十二億美元。

經營這家保險公司、野心勃勃的基金經理卡爾知道自己已岌岌可危，加州保險局也是如此，其金融監控單位負責人諾里斯．克拉克（Norris Clark）已被派去分析該公司，判定必要措施以保護投保人。卡爾的業務是否需借助外部合夥者以維持營運，或者情況已糟糕到必須由該部門（負責監管所有在該州營業的保險公司的州機構）接管？一九九〇年下半年，克拉克一直努力尋找答案。

與此同時，加州保險局正舉行首次選舉，該州的保險監理官以前由州長任命，如今將由民選官員擔任。長期擔任州議員的約翰．加拉門迪正競選該職位，他利用經理人壽的混亂局面作為競選議題，認定是前任保險監理官允許這家保險公司肆意妄為。

加拉門迪忙於政治活動時，加州保險局正試圖釐清一個對所有投保人都至關重要的問題：經理人壽是否能履行對投保人的承諾？答案撲朔迷離。

保險公司的會計與多數公司的會計不同，後者受一般公認會計原則管轄，一家公司根據一般公認會計原則得出的業績結果，必須向美國證券交易委員會報告，經理人壽的母公司第一經理人壽，便向聯邦監管機構提交了此類報告。

然而，該公司的保險子公司受營運所在地的州監管機構審查，並且必須根據法定會計規則，向這些州提交更詳細的財務報告。這些規則關注保險公司支付理賠的能力，及其資產是否足以履行保單責任。

加州保險局開始調查經理人壽時，由「美國保險監理官協會（National Association of Insurance Commissioners，簡稱ＮＡＩＣ）」召集的全國性州保險監管小組也開始調查。該組織成立的目的是協助州保險監理官規範保險業，並於一九九〇年十二月二十七日公布調查結果。該小組表示經理人壽確實有問題，但加州與紐約州的子公司並未面臨迫在眉睫的財務危機。

它們持有二十一億美元現金及政府證券，以投資資產計算，超過同業的兩倍，而且平均而言，投資組合中的債券預計在四年多內到期並全額償還。這是好消息，因為該公司的保單還有平均近七年才到期。最後，投保人爭相兌現保單（俗稱擠兌）的現象放緩，急著退保的客人逐漸減少。

基於這些情況，美國保險監理官協會得出結論：加州及紐約州的監管機構沒必要接管經理人壽的部門來保護投保人。「這些公司有能力履行所有當前及預計的義務，」該備忘錄指出，「不必要且草率的監管行動可能引發意想不到的後果，從而提高長期財務困境發生的風險」。

這項警告未獲理睬，它沒考慮到新當選的保險監理官加拉門迪似乎堅決透過接管經理人壽並「拯救」其投保人來證明自己的能力。加州的保險市場為全美最大，這導致其保險監理機構擁有重大權力。

隨著新年將至，即將離任的加州保險監理官羅珊妮·吉勒絲比（Roxani Gillespie）準備將權力移交給加拉門迪。加拉門迪已經表達對經理人壽的看法，他在一九九〇年秋季的競選演講抨擊該公司及其投資策略。那年十月，他向一群人表示：「第一經理人壽靠著用近六成的資產購買垃圾債券維持生存」，並補充說，他希望該公司不必申請破產，因為那會損失數億美元。

數個月後，新當選的加拉門迪將接手經理人壽，他決定將公司出售給萊昂·布萊克及其集團，最終導致投保人損失**數十億**美元。

✵ ✵ ✵

約翰·加拉門迪獲得州保險監理官的職位前，已經擔任民主黨加州參議員達十二年。

這是加拉門迪競選兩次失敗後的一場勝利：一九八二年他競選州長，一九八六年競選州審計長，但都敗選。

加拉門迪畢業於加州大學柏克萊分校，獲得商學學位，他也是哈佛商學院的畢業生。他與妻子帕蒂曾在衣索比亞的和平工作團服務，帕蒂的父親在加州北部擁有一家生意興隆的建築公司。回國後，他們定居在加州沙加緬度郡的核桃林鎮（Walnut Grove, California），組建家庭。

加拉門迪成為加州保險監理官，意味著他監督在該州開展業務的所有保險公司，這是重大的職責。他以消費者權益倡導者的身分參選，他的舊金山辦公室裡掛著一副拳擊手套，他說他會用這副手套監督保險公司。

然而，加拉門迪擔任州議員期間，也並不排斥幫助富有投資者。一九八八年，他倡議修改州稅法，讓德克薩斯州的巴斯兄弟（Bass brothers）受益，巴斯兄弟是著名的投資家族，收購陷入困境的加州儲蓄貸款機構「美國儲蓄（American Savings）」。聯邦政府提供財政援助給巴斯家族，以促成美國儲蓄的交易，巴斯家族因這項援助而必須繳納州稅，但加拉門迪的立法確保了巴斯家族不必繳稅。

加拉門迪幾乎從擔任保險監理官的第一天起，就開始處理經理人壽案。一九九一年一月七日，他請副保險監理官理查・鮑姆（Richard Baum）協助評估這間保險公司的狀況。然而，鮑姆的經歷是房地產開發，不是保險，他曾在「美國代理（Amfac）」工作，這是一間房地產開發公司，持有夏威夷的土地，經營加州的旅館與其他業務。

與此同時，布萊克正忙著制定收購經理人壽的計畫。一九九一年三月初，布萊克的合夥人羅恩寫了一封信給奧特斯金融總裁赫寧，詳細介紹這筆潛在交易。奧特斯金融隸屬里昂信貸銀行，也是阿波羅公司一九九〇年合作協議的匿名投資客。羅恩描述交易結構時寫道，奧特斯金融與阿波羅公司將對「從經理人壽轉移的高收益債券之選擇及定價擁有重要控制權」，他們的目標是與加拉門迪達成所謂的私下重組協議，不與其他出價者競爭。

從一開始，加拉門迪似乎就傾向由加州保險局接管，而不是讓經理人壽勉強維持營運並透過出售資產籌集資金。

加拉門迪擔任保險監理官的最初數個月裡，與第一經理人壽執行長卡爾多次會面。一九九一年一月底的第一次會議上，卡爾向加拉門迪表示，他計劃創立兩間公司，一間持有該保險公司的不良資產，另一間持有優良資產。這種常見的計畫被稱為「好銀行／壞銀行」解決方案，多年來已成功解決許多銀行倒閉事件。加拉門迪否決了這個想法。

二月二十日，加拉門迪與卡爾的第二次會面似乎充滿更多希望，卡爾向這位保險監理官及其團隊介紹里昂信貸銀行可能提供的支援。

曾任德崇證券的律師科古特也出席了二月的會議，加拉門迪曾公開痛斥德崇證券、米爾肯、科古特與他們推動的「垃圾債券機器」，但他似乎不討厭科古特出席這場會議。這場會議的相關文件僅將科古特稱為里昂信貸的「財務顧問」，而不是德崇證券的關鍵人物。

那些助長、甚至製造經理人壽混亂的前德崇證券菁英，已經邁出成功的第一步。

✵ ✵ ✵

一九九一年四月四日，紐約州保險局勒令紐約經理人壽停止簽發新保單，這對第一經理人壽是重大打擊。它還必須增加一．二五億美元的儲備金，即保險公司為支應未來理賠而預留的資金。

阿波羅團隊將此視為訊號，四月將是個忙碌的月分，在經理人壽因債務負擔而更加搖搖欲墜之際，阿波羅公司正試圖大撈一筆。每個人都吉星高照，除了經理人壽的投保人及員工。

六天後，一手讓經理人壽高速成長而如今走向衰落的卡爾，發了一封嚴肅的信給加拉門迪，「我有責任通知您，」他寫道，根據該州的保險法規，「我認為經理人壽可能在一九九一年三月三十一日出現償付能力不足的情況。」第二天，加拉門迪接管該公司。

加拉門迪在四月十一日的記者會表示，他接管經理人壽是因為該公司不穩定的財務狀況威脅了投保人的權益。即使加拉門迪在幕後與前德崇證券律師科古特合作，他仍公開譴責該公司及「現今困擾我們的貪婪道德觀」。他表示經理人壽的投保人陷入危機，加州保險局正盡力拯救他們。

加拉門迪說：「許多人透過垃圾債券融資的槓桿收購致富，我們都熟悉其結果——儲蓄貸款機構倒閉，其他大型公司破產，麥可．米爾肯及其他金融醜聞策劃者被判罪。」

加拉門迪為投保人帶來一項正面消息：有潛在買家正在洽談收購該保險公司。「過去數周，我和我的團隊與一個由歐洲公司及投資者組成的聯盟進行了廣泛討論，他們提出重振該公司的明確計畫，並且有能力為該計畫提供資金。」他說，該聯盟由奧特斯金融領導，「這是一家與里昂信貸銀行相關的法國大型金融服務公司」。

加拉門迪補充道：「我們將竭盡全力振興該公司，保護對這間公司充滿信心的那些人。」

加拉門迪沒提到科古特或布萊克，這兩個人操作「救星計畫」，並且一定有「透過垃圾債券融資的槓桿收購致富」。由於加拉門迪時機不當的收購計畫，他們憑藉當初擊垮這間保險公司的相同證券再次致富。就在這項交易敲定之際，垃圾債券開始反彈，一九九一年上半年，垃圾債券的投報表現比美國公債高出了十九％。

第四章

「我眞的必須了解妳在做的事」

一位對抗機器的女子

加拉門迪接管經理人壽四天後，布萊克在曼哈頓中城召集一場會議——關於他提議成立的合夥公司「阿波羅」。會議記錄指出，該團隊「正全心投入第一經理人壽的交易，成功機會很大，那樣的話，將獲得一大筆顧問費」。

巨額的顧問費只是個開始，數十億美元將從「救星計畫」、從該保險公司投保人的口袋流出。

早在加拉門迪接掌經理人壽之前，就曾與布萊克的團隊開會，討論如何處理該保險公司。從一開始，這位保險監理官就堅持要「全方位解決」這間保險公司的問題，這意味著買家必須同時收購經理人壽的保險業務及其龐大的投資組合。加拉門迪的這項要求將確保布萊克及其合夥人獲得最大的利潤，犧牲了投保人的權益。

當然，布萊克對經營保險公司不感興趣。布萊克與父親一樣是金融家，而不是實業家，他垂涎的是債券投資組合、真正的財富所在，而不是向小人物收取小錢，並在他們去世或退休時理賠的沉悶保險公司。

一大問題在於布萊克的資金來源。奧特斯金融是法國大型銀行里昂信貸集團的子公司，加州法規禁止外國公司收購美國保險公司，聯邦法規也禁止銀行持有一間非銀行企業超過二十五%的股份。因為里昂信貸銀行的美國子公司受聯準會監管，因此董事會必須確定奧特斯金融及阿波羅收購該保險公司的債券不違反其規定。

後來曝光的事實顯示，里昂信貸透過隱藏的安排，非法取得了重組後的經理人壽。司法部檢察官認為，隱瞞這家法國銀行的多數股權，讓經理人壽收購案從一開始就染上詐欺的色彩。

一九九一年初，加拉門迪尋求徹底解決經理人壽問題的方法時，布萊克多次與奧特斯金融的法國總裁赫寧會面，討論經理人壽的事。

然而，他們仍有所顧慮。聯準會一直遲遲未批准約一年前成立的阿波羅合夥公司。

一九九一年四月中旬，當加拉門迪接手該保險公司時，合夥公司仍未獲得批准。癥結似乎在於法國公司是否參與這項交易，但結果是合夥公司的審核遭到擱置。

布萊克合夥公司的會議記錄顯示，一九九一年四月十五日，會議討論了聯準會的擱置情形。代表這家合夥公司的律師正盡其所能爭取批准，並已拜會了聯準會銀行事務最高監管者威廉・泰勒（William Taylor）。據布萊克稱，為阿波羅公司處理此案的正是「聯準會先生」羅金・科恩（H. Rodgin Cohen），他是美國首屈一指的金融機構律師，總是能出神入化地化解監管難題。科恩身高不高，他的舉止與身材掩飾了他實際擁有的力量。多年後，美國金融體系因房貸崩盤而岌岌可危時，科恩為那些製造危機的大銀行辯護，成功讓它們免於承擔巨大的聯邦責任。

會議紀錄提到柯恩時指出：「目前為止，他還沒聽到任何禁止我們設立公司的消息。」然而，隨著談判延宕，為了保險起見，布萊克建議將與法國人的合約延長一年。

科恩無疑是為布萊克處理聯準會事務的最佳人選，但即使是「聯準會先生」也無法解決布萊克及其同夥面臨的更大問題：傳言聲稱麥可・米爾肯可能以某種方式參與經理人壽的收購，當然是偷偷來。這是一場災難，米爾肯是公認的重罪犯，他只要參與就會破壞這筆交易。如果布萊克的合夥公司想帶走這間保險公司的財富，就必須平息關於米爾肯的謠言。

關於米爾肯的閒言碎語聽起來似乎是真的，原因有數個。首先，幕後參與正是米爾肯的一貫手法，他在德崇證券就擅長利用別人來達成預期結果。舉例來說，正如調查員萊德指出的那樣，米爾肯說服佛瑞德．卡爾及儲蓄貸款機構的許多高層購買數十億美元的垃圾債券，目的是讓市場看起來實際且真實。

「德崇證券透過代理人行事，」儲貸危機（S&L crisis）的政府首席調查員、《搶銀行的最佳方式就是開銀行》（*The Best Way to Rob a Bank Is to Own One*）作者比爾．布萊克（Bill Black）指出，「這是一場透過關係網絡設計的騙局，整個過程就是讓那些看似沒參與的人參與其中」。

米爾肯的相關傳聞看起來可信的另一個原因是布萊克參與了這項收購案，他是米爾肯的親密盟友，也是多起德崇證券訴訟案的共同被告。布萊克意識到自己與米爾肯的關係會成為問題，因此他在一九九一年初就一直謹慎避免出席與加拉門迪的會議。

事實證明，布萊克沒必要擔心。加州保險局對交易人的盡職調查（due diligence）簡直就是笑話。加拉門迪的副手後來告訴調查人員，他們只是在「律商聯訊（LexisNexis）」的資料庫搜索一下，就找到關於布萊克的大量新聞報導。

有人問這位副手，這些資料有交給加拉門迪嗎？「我不知道，」他回答，「沒有理由僅僅因為萊昂・布萊克是他們的顧問團隊負責人，就不繼續與奧特斯金融交易，」該副手表示。

布萊克派科古特擔任代理人與加拉門迪合作，以免引起這位保險監理官的警覺，也能掩飾買家與德崇證券的深厚關係。然而，科古特與德崇證券及米爾肯之間有著廣泛且公開的關係，而且一直是相關醜聞報導的對象。因此，即便加拉門迪下令對科古特與德崇證券的關係展開盡職調查，也不會引起額外懷疑。

除了擔任羅威爾・米爾肯及麥可・米爾肯的律師之外，科古特還成立了「資本准入聯盟」，這是米爾肯資助的遊說團體，旨在阻止國會採取可能損害垃圾債券市場的行動。一九八八年，科古特在國會作證，代表該聯盟盛讚垃圾債券的優點。

他說：「沒有證據表明在收購及槓桿收購使用高收益債券會損害經濟，事實上，證據表明高收益債券多年來已資助數百項富有成效的收購，挽救工作並創造就業機會。」

當然，科古特的故事只講了一半。同年，「德州聯合儲蓄協會（United Savings Association of Texas）」倒閉，納稅人損失十六億美元，而這只是許多儲蓄貸款機構倒閉事件的其中一例。聯合儲蓄曾是德崇證券垃圾債券的大買家，由深受德崇青睞的客戶查爾斯・赫維茲（Charles Hurwitz）經營。德崇破產時，該協會持有的債券價值高達十八億美元。

然而，科古特為米爾肯兄弟及德崇公司所做的其中一項重要任務，涉及建立一系列祕密且利潤豐厚的合夥公司，讓該公司的高層與優選客戶受益。科古特親自打造並參與這些合夥公司，這些公司在政府調查人員偵辦德崇證券刑事案件遭到揭露，而關於這些祕密合夥公司的新聞報導，於一九九〇年開始出現。與布萊克一樣，科古特也沒有因其在德崇證券的行為遭到起訴。（後來，他作證指稱羅威爾・米爾肯對他隱瞞合夥公司非法性質的關鍵資訊。）

調查人員發現，合夥公司的幸運參與者會獲得認股權證，這是德崇的企業客戶在發行垃圾債券時一併發行的類股票證券。這些權證本應和債券綑綁，一起出售給共同基金、保險公司和其他買家，為他們提供額外的獲利機會。如果發行債券的公司茁壯發展，權證的價值就會上升；這誘使人們購買風險較高的債券，華爾街稱之為「甜頭」。

然而，許多權證並未流向垃圾債券的買家，而是流向米爾肯及科古特在內的德崇證券高層。根據政府訴訟，布萊克是其中一些合夥公司的普通合夥人，調查人員後來得出結論，這些權證極具轉讓價值，高達數億美元。因為權證允許持有者購買發行公司的普通股，因此如果發行公司必須重組，這些權證將賦予這些投資者更多股份與更大的控制權。

舉例來說，政府表示米爾肯兄弟光是從其中一家合夥公司就獲得約一・七二億美元的收益。經理人壽持有許多附權證的債券，因此只要米爾肯或布萊克持有這些特定公司的認股權證，也意味著他們對這些公司的未來有著未揭露的利益。此外，布萊克的合夥公司收購經理人壽投資組合後，也取得了那些公司的控制權，這意味著任何權證持有者都對經理人壽收購案的結果有直接的利害關係。

（我們透過電子郵件詢問米爾肯的發言人，他的老闆是不是萊昂．布萊克合夥公司的早期投資者，或是否持有一批公司的權證，而這些公司的債券在經理人壽手上。他沒回覆。）

無論如何，隨著米爾肯可能參與經理人壽交易的流言蜚語流傳，科古特變得忙碌。一九九一年四月十六日，他從阿波羅洛杉磯總部向法國奧特斯金融的赫寧發送緊急傳真，「鑑於目前流傳的一些古怪謠言，」該傳真寫道，「我們有必要按照附件內容寫信給保險監理官（加拉門迪），我們將致電與您討論」。

傳真封面下方是布萊克團隊代筆的兩頁紙，讓赫寧簽名並寄給加拉門迪。這不是渴望交易的前德崇證券菁英們，為這位法國人寫給該保險監理官的第一封信。

「我理解您對我們都在金融圈聽到的傳言感到擔憂，這些傳言聲稱麥可．米爾肯在奧特斯金融、里昂信貸或我們提議的交易中，扮演某種未公開的角色或擁有某種未公開的利益。」信的開頭寫道，「這些謠言毫無根據且荒謬」。

這封信的作者承認，「這可能是因為我們其中一間財務顧問公司獅子顧問的負責人曾與德崇證券有關聯」。信中沒點名布萊克，聲稱其中沒有任何不尋常，德崇公司倒閉後，德崇證券的「難民」湧入了許多華爾街公司。（這並非完全是同類的比較，其他公司可能也有一些前德崇證券菁英，但後來阿波羅合夥企業徹頭徹尾由前德崇證券員工組成。）

該作者開門見山地寫道：「我可以進一步告知您，據我了解，這些人與米爾肯先生之間不僅沒有業務關係，米爾肯先生與這些人私下不過是泛泛之交，在很多情況下更可說是緊繃甚至敵對。」德崇證券的前員工危言聳聽地寫道，也許其中有一場陰謀。該傳真寫道：「我無法判斷散播這種錯誤謠言的人動機何在，但我可以推測，散播這些謠言的人是希望阻止你提議的快速交易。」

讓阿波羅公司成員高興的是，科古特的信似乎產生期望的效果，關於米爾肯參與經理人壽收購案的傳聞開始逐漸消失。

很快地，關於米爾肯的閒言碎語就被這件案子更可怕的消息取代。傳真發出後的第二天，紐約保險局接管了紐約的經理人壽。

數周後，該保險公司的母公司第一經理人壽聲請破產。

投保人陷入困境。

✲ ✲ ✲

莫琳．瑪爾（Maureen Marr）很擔心，她認為經理人壽的崩潰似乎將讓許多心懷信任的投保人陷入困境。

四十歲的瑪爾不是律師，但她知道因應財務困境的方法。瑪爾曾擔任兩項加州提案的媒體總監，這兩項提案分別是提高香菸稅與改革競選財務。她能抓住議題的核心，並提出具有說服力的闡述。她也富有同理心，善於傾聽別人的煩惱。

約一年前，她成立組織，支持因為亞利桑那州儲蓄貸款機構大規模倒閉事件而蒙受損失的投資者。「林肯儲蓄貸款機構（Lincoln Savings and Loan）」是美國第四十二大互助儲蓄銀行，於一九八九年倒閉，這場詐欺案也涉及德崇證券與垃圾債券，看起來經理人壽可能重演當時的情況。林肯儲貸曾由查爾斯．基廷（Charles Keating）負責監管，他是雄心勃勃的金融家，一九八四年在德崇證券及米爾肯的協助下，接管這間原本保守的金融機構。德崇證券出售六億美元高風險垃圾債券給林肯儲貸後，該機構倒閉了，由聯邦政府接管，吸收近三十億美元的損失。與米爾肯一樣，基廷也因詐欺罪入獄。

在林肯儲貸的事件中，瑪爾為該公司的債券持有人組成支持小組，與他們的律師合作並出版通信刊物，讓投資者跟上案件進展。

瑪爾開始閱讀關於經理人壽及陷於危險的投保人的報導時，她已經完成了林肯儲貸的案子。該保險公司的總部位於洛杉磯，就在她的地盤。與林肯儲貸一樣，都是德崇證券兜售的垃圾債券的主要投資者。

一間保險公司倒閉時，監管機關應該視投保人為首要援助對象。大型銀行倒閉必須有聯邦政府的紓困，保險公司則不同，它們受到州監管機構的監控，當情況惡化，監管機構就會介入，就像加拉門迪所做的那樣。處理此類問題時，州資源比聯邦資金限制更多，而且州保險監理官處理倒閉的經驗少於聯邦監管機構。

瑪爾讀完經理人壽一敗塗地的報導並聯繫上一位投保人後，她聯絡了加拉門迪的媒體小組，詢問這位保險監理官是否願意參加與經理人壽投保人的會議。她認為投保人需要有關監管過程的詳細資訊。

該公司被接管後數日，第一場會議就在該保險公司總部舉行。加拉門迪無法出席（他的辦公室位在舊金山）。然而，瑪爾當場發言，並提供一個電話號碼，投保人可以透過該號碼獲取最新資訊。

反應非常熱烈。瑪爾告訴我們：「數百名投保人留下聯絡地址，我很快就用壞了兩台電話答錄機，我之前沒意識到保險公司的接管極其重大。」

於是，「經理人壽受害者行動網絡（Action Network of Victims of Executive Life，簡稱ANVEL）」開始運作。一個月內，瑪爾聯繫了全國兩千名投保人，該團體的人數最終增加到該數字的兩倍。

約一個月後，另一場投保人會議在市中心舉行，地點是洛杉磯參事委員會大廳，數百人參加，其中一位是文斯．華森，也就是凱蒂的父親，他從亞利桑那州開車過來。

加拉門迪出席了這場會議，兩名投保人在會上發言。當這名保險監理官起身向群眾致詞時，瑪爾簡單介紹了他。瑪爾注意到，當她讚揚經理人壽投保人團結一致，確保能得到公平對待時，加拉門迪顯得不悅，他那一瞬間的怒氣讓她第一次隱約意識到這位保險監理官可能不支持該團體。

「焦慮的投保人排隊向他提問，」瑪爾多年後回憶道，《洛杉磯時報》（*Los Angeles Times*）一名攝影師拍攝了這一幕，並於第二天刊登在該報頭版。有人問加拉門迪如何最適當地選擇一間安全的保險公司。「他回答，『看看評等』。」瑪爾回憶道。聽眾發牢騷，經理人壽的產品評等直到最後都是A^+。

這不是吉利的開始。

加拉門迪當著眾人的面，再次將這間保險公司與米爾肯的「貪婪是好事」精神扯上關係，稱其投資組合包含「糟到極點」的垃圾債券，接著他說自己正與一個有意拯救該保險公司及其投保人的團體會談。瑪爾說：「他沒提到萊昂．布萊克。」她後來才知道這個名字。

瑪爾記得自己看了加拉門迪首次對投保人的演說後，感到很不安，她覺得他沒做足充分的準備。「我不認識保險監理官加拉門迪，但我知道，他必須非常有能力才能處理這場危機，這點至關重要，」瑪爾告訴我們。

瑪爾與數千名經理人壽投保人取得聯繫，很快就掌握了該公司在全國銷售的大量保單內容，以及承諾支付的金額。漫長的託管法庭過程中，她成為投保人的擁護者及發言人，也是他們的耳目。她出席了每一場聽證會，通常還有一名投保人陪同。她定期透過經理人壽受害者行動網絡的通信刊物，通知投保人案件進度。瑪爾也促成焦急的客戶與有興趣報導這個經歷的記者彼此聯繫。

「這些報導總是關於他們對這種事情竟然會發生在自己身上感到震驚，」瑪爾談到投保人時表示，「他們是保守投資者，將錢投入看似穩健的投資，他們以為自己已為自身及家人的未來做出負責任的規畫。」

瑪爾在借來的公寓裡無償工作，偶爾有投保人會寄給她一張小額支票，支付她的一些費用。她欣然接受這項任務，這是確保經理人壽投保人在整個紓困過程都有發言權的一種方式。處理這起案件也分散她面對真實個人威脅的注意力。她的前夫有虐待傾向，控制欲極強，曾在某次爭吵時拿槍指著她的頭，即使在兩人離婚後，他仍然繼續威脅她。經理人壽的倡議活動讓她不再想起他。

然而，這位倡議人士知道，如果加拉門迪不站在她這邊，如果他不為投保人努力抗爭，她就無能為力。畢竟，保險監理官辦公室是唯一可以代表他們提起訴訟的單位，投保人被禁止對經理人壽提起私人法律行動，這迫使他們只能依靠加拉門迪獲得賠償。事實證明，這項禁令會讓他們付出巨大代價。

瑪爾最初接觸加拉門迪時就對他心存疑慮，他似乎易怒，並且討厭她領導投保人。七月中旬，另一場投保人會議在舊金山舉行，會議廳裡擠滿了人。美國公共廣播電視公司《新聞時段》（*NewsHour*）的〈麥克尼爾／萊勒報導〉（MacNeil/Lehrer）也到場錄製。

「保險監理官加拉門迪到達時，我第一次當面與他交談，」瑪爾說。開場白結束後，他回答了提問。瑪爾記得他很快就變得緊繃，並憤怒地結束會談。

「我不記得具體是哪些問題讓他感到不快了，」她說，「我只知道，我一直很後悔當時沒批評他，至少在投保人面前告訴他，我們希望他能回應所有專程來這裡向他提出擔憂及問題的人。」

✵ ✵ ✵

莫琳．瑪爾獨自坐在洛杉磯一家律師事務所高雅的會議室裡。加拉門迪告訴阿波羅公司，他們必須與瑪爾合作，讓她及投保人團體支持他們規劃的收購案。因此，她於一九九一年深秋被請到律師事務所的會議室，與阿波羅公司會面。

瑪爾曾邀請當地投保人華萊士．阿爾伯森（Wallace Albertson）陪同。她想向阿波羅公司傳達這樣的訊息：真實的人們正因破產而受傷，因此任何交易都應該首先考量人們的利益。然而，阿爾伯森在最後一刻放棄了，因此瑪爾獨自在那個玻璃屋裡等待，很確定有人監視著她。

最後，四名男子大步走了進來，領頭的人是米爾肯的律師科古特，萊昂．布萊克不在其中。

「他們想知道我的身分，」瑪爾回憶道，「他們想知道我處理查爾斯．基廷及林肯儲貸的方式。他們開著玩笑，那真的很無禮。」

德崇證券曾為基廷提供資金，基廷當時上了新聞，他在洛杉磯因證券欺詐罪受審，被指控向投資者出售他公司高風險的垃圾債券，並聲稱這些債券獲得聯邦政府的保險。那次州審判已成為一場奇觀，許多年邁的債券持有者因該場詭計損失金錢，每天基廷來往法庭時，他們都朝著他大吼。有一次，一位老婦人走近他，出拳毆打他好幾下，而這起事件的照片登上全國各地報紙的頭版。基廷被判十年有期徒刑，最終只服刑四年多。

科古特及阿波羅公司的團隊希望確保經理人壽的聽證會不會變成像基廷那樣的鬧劇，他們不允許瑪爾及憤怒的投保人搞砸利潤豐厚的交易。

瑪爾看得出來，科古特是負責人，有意評估她。「妳在做什麼？」他問她，「我真的必須了解妳在做的事。」然而，他解釋說他目前沒有太多時間。

這場會議接近尾聲時，瑪爾得知阿波羅公司已指派一名外部律師與她合作，那就是約翰·哈蒂根（John F. Hartigan），他是紐約大型律師事務所「摩根路易斯律師事務所（Morgan, Lewis & Bockius）」的合夥人。哈蒂根笑著告訴瑪爾，他被要求「管好」她，或說是「顧好」她。

瑪爾當時不知道哈蒂根與布萊克之間有著微妙的關係。這位律師曾在美國證券交易委員會執法部門工作八年半，他於一九七五年一月開始在證券交易委員會擔任專職律師。證券交易委員會著手處理伊萊的賄賂醜聞時，他是該委員會其中一名執法人員。

哈蒂根於一九八一年五月升任證券交易委員會執法助理主任，並於一九八四年年底離職，當時該委員會正在審查德崇證券。一九八九年，當德崇證券被證券交易委員會及聯邦檢察官追究時，他們採取典型的旋轉門策略，向哈蒂根求助。哈蒂根被要求深入審查德崇證券的合規程序，並為該公司設計新的合規手冊。可惜的是，哈蒂根還沒完成這項工作，德崇證券就聲請破產了。

哈蒂根與瑪爾會面時，提議協助經理人壽受害者行動網絡。他陪她走到電梯時，順口提了一句，那句話讓瑪爾感到困惑。他談到了權證，德崇證券的每一筆交易中，這些「誘惑」或「甜頭」本應流向垃圾債券買家。哈蒂根告訴瑪爾，經理人壽的投資組合本該包含大量權證，因為該保險公司是垃圾債券的大買家，但四處都找不到權證。

當時，瑪爾不知道權證是什麼。她後來得知，一些遺失的經理人壽權證最終被交給了阿波羅公司。

第五章

賤賣策略

大放送事件如何發生

一九九一年春夏之交，垃圾債券市場出現反彈跡象。的確，經理人壽持有的許多債券仍在苦苦掙扎，但也有些債券正在上漲。毫無疑問，此次復甦將有益於正經歷紓困的投保人。

加拉門迪在一份詳述經理人壽接管案要旨的備忘錄中概述這個目標，並表示該交易的結構將確保投保人「在經理人壽資產價值高於當前預期的情況下，得到公平對待」。

這是加拉門迪另一個無法兌現的承諾。

事實上，收購後，該保險公司的債券產生的每一分錢都進入了幸運買家布萊克及其合夥人的口袋，投保人未獲得任何收益。

當然，在經理人壽這種規模的複雜交易中，針對其眾多資產估值是確保投保人獲得最佳結果的關鍵。舉例來說，該保險公司持有超過七百種不同的公司債，以及直接投資「柴克計程車公司（Checker Cab）」、紐約市數千套公寓、馬里布（Malibu）牧場和其他房地產。

然而，這些債券無疑是該保險公司迄今為止最大的資產類別，加拉門迪五月向國會作證時表示，他的辦公室已託人「立即且徹底評估該公司垃圾債券投資組合的當前市價」。

任何想盡可能以最高價出售商品的賣家，都必須先了解該商品的價值，即使是第一次使用eBay的新手也知道這是首要規則。

然而，資產的市場價值未必等於其內在價值，尤其是在資產市場一片混亂的情況下，就像一九九一年初的垃圾債券一樣。此外，讓人痛苦的是，加拉門迪的加州保險局從未執行銷售流程中的一項基本步驟：分析公司在市場動盪一旦結束後，可能產生的現金流，及投資者通常願意為這些現金流支付的估值，藉此獨立評估債券的長期價值。相反地，加拉門迪的團隊似乎認為，拍賣整個投資組合將為投保人帶來最佳價格，儘管他們尚未評估其總價值。目前尚不清楚這位保險監理官是如何得出這個判斷錯誤的觀點。

「我們在出售該投資組合時，並未對其定價，」加拉門迪的助手喬治・布爾表示，「我們拍賣這個投資組合，所以沒為投資組合的每一個項目標價，未表明這個值多少錢，你就付多少錢。」

加拉門迪也沒執行重組分析以確定如果公司重組並消除部分債務，投資組合中有哪些問題債券可能產生高於當前市價的回收價值。布萊克很清楚對任何債券買家來說，重組的潛力意味著好處。

多年後，該單位的金融監理主管諾里斯．克拉克告訴調查人員，監理機關對經理人壽持有的債券了解甚少。「我們就是不知道它們多優秀，」克拉克表示，「你看，問題是，每個人都以為它們是債務。天哪，它們是股權。」克拉克繼續說，如果加州保險局認識到這些債券的股權價值，那麼更好的辦法就是重振經理人壽，讓投保人利用隨後增加的資產價值獲利。

該單位的每個人可能都認為該保險公司的垃圾債券是債務，但熱切的阿波羅公司合夥人知道事實並非如此。一九九四年，《富比士》雜誌關於這筆交易的封面故事簡明扼要地總結了萊昂．布萊克及約翰．加拉門迪之間的知識差距，標題直接寫道：「聰明的買家、愚蠢的賣家。」根據加拉門迪二〇〇五年有關經理人壽事件的證詞，十多年過去了，這個故事仍然讓他耿耿於懷。

另一個嚴重的監管失誤，是加拉門迪決定將債券投資組合的估值日期設定在他接管該保險公司的當天、一九九一年四月十一日，這個失誤導致一些投保人損失近三十億美元。

然而，正如兩位學者後來得出的結論，該保險監理官應該在一九九二年中期交易最終完成時再設定估值日期，因為這些資產的價值已經確定，可惠及投保人，這項錯誤實際上將原應歸於投保人的二十六億美元利潤轉移到新的保險公司。一九九九年，哈佛大學法學院教授哈威爾・傑克森（Howell E. Jackson）與匹茲堡大學法學院教授小愛德華・西蒙斯（Edward L. Symons, Jr.）在一篇文章分析加拉門迪的估值日決策。他們表示該保險監理官不僅錯誤地將四月十一日設定為估值日期，而且可能違反加州的保險法規。這兩名學者認為，估值日期應該定在一九九二年七月三十一日，亦即主管此事的法官最終批准經理人壽復興計畫的那一天。這兩位教授寫道，如果該保險公司的資產在清算前增值，「以接管日估值將無法反映可分配給債權人的資產總淨值」。

回想一下，加拉門迪曾承諾垃圾債券市場的任何復甦都將惠及投保人。從他們的角度來看，設定較晚的估值日期完全合理，四月十一日的扣押日期接近垃圾債券價格的最低點，到了隔年七月，該保險公司持有的許多債券已經反彈。事實上，這兩位教授估計，從一九九一年四月到一九九二年七月，經理人壽的資產價值增加了二十六億美元。如果加拉門迪將估值日期設定在一九九二年七月，這些增益將會進入投保人的帳戶，而不是華爾街騙子創立的新保險公司。

這兩位教授認為，同樣值得懷疑的是，加拉門迪聲稱他有權選擇四月這個日期，因為他負責重振經理人壽。傑克森及西蒙斯寫道：「我們得出結論，他選的估值日期缺乏依據。」

✵ ✵ ✵

加拉門迪接管這家保險公司時，當然已經大肆宣揚經理人壽投資組合中的有毒債券，畢竟這有助於證明收購是合理的。

然而，針對該投資組合的深入分析表明，即使是在一九九〇年底垃圾債券市場陷入困境時，經理人壽持有的約半數債券仍表現良好。再一次，這個關鍵事實從未向投保人揭露。

一九九一年十一月，當時華爾街首屈一指的債券公司「所羅門兄弟（Salomon Brothers）」對經理人壽約八十億美元的投資組合做了逐項證券分析，其調查結果指出，該保險公司五十七%的債券均履行合約並支付利息給債券持有人。該結果聲稱，約五十五%的債券投資於健全的產業，四十五%的債券投資於十四個不景氣的產業。

所羅門兄弟判定，該保險公司持有的約三十八億美元資產（幾乎占其投資組合的一半）風險極小。用華爾街的話來說，發行這些證券的公司資金充裕，不必重整，它們很健全。

其餘四十二億美元則陷入困境。然而，呼應美國保險監理官協會一九九〇年十二月的評估，所羅門兄弟指出經理人壽持有的八成問題債券，要到一九九六年至二〇〇〇年之間才會陸續到期，這意味著這些發債公司有五至十年的時間去鞏固不穩定的財務狀況，然後再向債券持有人全額償款。

所羅門兄弟保守估計，整個投資組合的價值約在五十二億至五十五億美元之間。這份報告表明，經理人壽的情況並非一片黯淡，也指出一個更為關鍵的事實，要嘛是加拉門迪視而不見，要嘛是沒法理解：經理人壽的投資組合極多元，包括許多優良債券，也有很多不良債券。因此，按照加拉門迪堅持的「全面解決方案」，將這組多元化資產出售給單一買家，不是獲得最高收益的最佳方式。

更好的計畫是根據債券的品質及風險水準分成不同部分，這項舉措可能吸引更多的競標者。競標者對某項資產的競爭越激烈，對投保人來說，整體交易價格可能越高。

如果目標是讓投保人的收益最大化，那麼堅持由單一買家購買全部資產就是錯誤的做法，但這正是加拉門迪從一開始就要求的協議。正如參與分析經理人壽投資組合的某位人士數十年後告訴我們的那樣：「確保收益**最小化**的方法是將整個投資組合投入公開市場，要求買家全包，沒得挑。」

加拉門迪解釋自己的做法，他說他不希望買家從投資組合挑選出最好的債券，留下有毒債券。然而，他似乎沒有意識到如果價格合適，這些真正有問題的債券會引起某些特定的困境資產投資人的興趣。
加拉門迪堅持將該債券組合出售給單一方，並將該組合的估值日設定為一九九一年四月十一日，這確保了布萊克一夥人獲得二十世紀極重大的一筆交易。
可以確定的是，加拉門迪沒有管理投資組合的經驗，人們也無法期待他了解錯綜複雜的垃圾債券市場。然而，他聘請了多位華爾街顧問為他提供複雜的指引，協助投保人獲得最佳交易，可其中一人告訴我們，他就是對他們所說的話不感興趣。
一九九一年夏天，一位參與經理人壽投資組合案的人士表示：「數周內，事態變得非常明顯，奧特斯金融掌握了內部消息，而且可能已經達成了交易。」科古特及其他德崇證券菁英每天都待在經理人壽辦公室，密切監視相關活動，這項事實支持了這個論點。「這是一個陷阱，無論我們推薦什麼，都無足輕重，即使我們稍有異議，該投資組合還是會被賣給奧特斯金融，」該人士補充道。
另一個跡象表明，吸引更多競標者似乎不是加拉門迪五月的優先任務，當時加州保險局要求其他公司對經理人壽提出競標。然而，加拉門迪辦公室表達這項請求的措辭展現了實情：首先，保險局強調已經與奧特斯金融展開廣泛的會談，隨後表示如果談判沒有進展，加拉門迪將考慮其他競標者。

賦予奧特斯金融這個優先地位，似乎是鼓勵其他金融機構競標的奇怪方式，但這與加拉門迪從交易第一天起就採取的策略一致：布萊克一夥人在加州保險局處於有利地位，原因不明，而且很可能贏得這筆交易。

無論如何，加拉門迪給予布萊克一夥人的優勢為經理人壽的投保人帶來可怕的後果。此外，一九九四年《金融經濟學期刊》（*Journal of Financial Economics*）發表的一篇文章，質疑這家保險公司是否有必要被收購，該文章的結論是，由於垃圾債券市場反彈，經理人壽在被收購後的一年內就恢復了償付能力。

加拉門迪在市場最低潮時出售，這幾乎就是前德崇證券菁英希望收購的時機，從而推動了阿波羅公司的起步。

✵ ✵ ✵

截至一九九一年七月，聯準會仍未批准布萊克合夥公司，這種拖延的情況已經夠讓掠奪者們擔憂，但一個新障礙又出現了，那就是「聯邦存款保險公司（Federal Deposit Insurance Corporation，簡稱ＦＤＩＣ）」，它是起訴米爾肯、布萊克等人的其中一個政府機構，指控他們透過出售大量垃圾債券，讓國營銀行陷入不穩。

根據在紐約舉行的合夥會議記錄，布萊克苦惱地說：「聯邦存款保險公司必定是我們合夥公司審核流程中的一大阻力。」

該會議紀錄並未具體說明聯邦存款保險公司具體關注的問題，甚至沒說明布萊克的推測依據。然而，眾所周知的是，聯邦存款保險公司因涉及五十五家儲蓄貸款機構破產的米爾肯大案而起訴了布萊克。毫不奇怪的是，經理人壽垃圾債券投資組合持有該訴訟暗中三家核心儲貸機構的股份，包括價值四千兩百三十萬美元的「克羅斯蘭儲蓄（Crossland Savings）」、價值一千四百四十萬美元的「大美國第一儲蓄（Great American First Savings）」及價值一百三十萬美元的「守護者儲貸（Guardian S&L）」。

儘管布萊克因在儲貸機構破產案扮演的角色而遭到起訴，但他仍從經理人壽投資組合中收購這些失敗的儲貸機構債券，這再次觸發了此類交易中的危險信號。最終，這些價值五千八百萬美元的債券，布萊克一夥人只需要支付六．五萬美元就能到手。

儘管可能面臨聯邦存款保險公司的阻礙，經理人壽的提案仍然在加拉門迪的協助下順利推動。來自競爭買家的威脅並不是問題，「雙方本星期應該會達成握手協議[14]，本月底會公布結果。」

那次握手協議發生在八月。按照典型的華爾街風格，該團隊於一九九一年八月六日在所謂的交易晚宴上，慶祝奧特斯金融及阿波羅公司收購經理人壽。慶祝活動在雀森（Chasen's）餐廳舉行，當時那裡是好萊塢的熱門場所，深受電影明星、政治人物及其他名人青睞。赫寧與科古特代表奧特斯金融出席（布萊克再次缺席），加拉門迪在一份菜單上簽名，紀念這項交易。「尚．方索瓦，願我們的協議對各方都有利，」這位保險監理官寫道。

第二天，加拉門迪辦公室和法國人一起宣布了這項交易。每個人都在等待的關鍵數字出爐：經理人壽的投保人每投保一美元，至少可獲得八十一美分的收益。加拉門迪表示，有鑑於經理人壽的糟糕狀況，這是很大的賠付金額，他說投保人應該感到高興。

這是加拉門迪在該案關於投保人賠償的問題中，諸多誇張錯誤說法的第一個。

根據交易條款，經理人壽的資產將轉移到三個商業實體。首先是奧特斯金融創立的一間公司，旨在為現有投保人提供服務並繼續其保險業務，該公司以羅馬黎明女神命名為「奧羅拉國家人壽保險公司（Aurora National Life Assurance Company，以下簡稱奧羅拉）」，奧特斯金融向其投資三億美元。

第二個商業實體將持有大量垃圾債券投資組合，第三個商業實體是一個信託機構，用於清算經理人壽擁有的、價值約七億美元的房地產及其他長期資產，這些銷售的收益會分配給投保人。

關於奧特斯金融與阿波羅公司收購案鮮為人知的事實是，其中包含一項條款，規定如果債券的總清算價值超過每美元面值五十五美分的金額，買家可以放棄交易，這是一個巨大的折價，其他參與這項交易的人員曾證實，該債券投資組合的價值應該高達每美元面值七十五美分。然而，奇蹟般地，最終清算價值恰好是五十五美分。

一九九一年九月二十六日，加州保險局的律師卡爾．魯賓斯坦（Karl Rubinstein）撰寫的一份備忘錄概述如何確定清算價值。他寫道，負責評估的人員「將假設所有債券必須在六個月內全部清算」，六個月內要賣掉超過七百種債券，這個時間真是太短了。不僅如此，該備忘錄繼續寫道，「一旦他們根據這種『賤賣策略』向我提供公平市場價值的估價」，該部門就可以定價了。

賤賣策略。即使傻子也知道，賤賣是賣東西時最不可能拿到最高價格的方法，但加拉門迪的團隊下令賤賣。

這讓人不禁好奇：這些人到底站在哪一邊？

14 譯註：非正式、非書面，而是基於共識與互信的有限協議。

隨著垃圾債券市場復甦，金融界一些人開始批評加拉門迪的經理人壽交易，認為這是一種大放送。終於，阿波羅遇到了一些競爭對手。

九月，「國家人壽與健保擔保協會（National Organization of Life and Health Insurance Guaranty Associations，以下簡稱 NOLHGA）」宣布提議接管該保險公司，該協會是代表各州設立的擔保基金，旨在確保當保險公司倒閉時，投保人受到保護及賠付。請回想一下，保險業只受州監管，沒有聯邦監管。

NOLHGA對收購結果非常感興趣，因為當保險公司倒閉時，州擔保基金必須彌補投保人的損失。在經理人壽這樣重大的破產案中，一些州級基金可能面臨巨額的投保人賠付，需要彌補客戶在清算時獲得的賠償及他們根據合約應得的賠償之間的差額。每個州對其擔保基金在保險公司破產時向投保人支付的金額都有不同的規定及限制。因而如果保險公司倒閉，絕不保證投保人會獲得全額賠償。

NOLHGA 宣布與經理人壽達成交易時表示，投保人付出的成本將遠低於奧特斯金融協議收取的成本。這讓它成為深具吸引力的選擇。

接下來的一個月，阿波羅公司與奧特斯金融面臨更嚴峻的競爭，加拉門迪收到洛杉磯受人敬重的保險業主管伊萊．布羅德（Eli Broad）的信件。布羅德經營「美國永明人壽（Sun Life America）」，深諳金融市場之道，他批評奧特斯金融的這項交易，並建議加拉門迪重啟經理人壽的競標案，確保為投保人提供更有利的交易。

布羅德談到經理人壽持股時寫道：「自五月以來，債券市場出現了近代歷史上最大的反彈，大幅增加了垃圾債券投資組合的需求及價值。」布羅德勸告加拉門迪，這次反彈讓他比今年早些時候擁有更多的選擇，並繼續表示，他已經與多家華爾街公司討論了該投資組合，所有公司的結論都是這些債券的出售價格可以比奧特斯金融支付的價格高出十％，加拉門迪應該允許三至四項提案「公開並深入討論」。

最後，布羅德譴責了奧特斯金融的這項交易，並暗示前德崇證券菁英參與該交易。他寫道，這次競標「體現一九八〇年代那種當初導致經理人壽違約的招數」。

這封信對加拉門迪造成的影響尚不清楚，但一天後，即一九九一年十月二十四日，加拉門迪宣布經理人壽將出售給NOLHGA，此舉讓阿波羅團隊感到震驚。加拉門迪表示，該協會的出價為投保人提供了最高的利潤，資金回收率為九十％，奧特斯金融的資金回收率為八十一％。

然而，在這項交易最終敲定前，NOLHGA 必須達到加拉門迪提出的九項條件，證明其擁有實踐出價的財力。

加拉門迪宣布這個變動前，致電瑪爾告知這項消息。「那位法國人知道你選了NOLHGA嗎？」她回憶起自己詢問他，「沒有，」他笑著說，「然而，他很快就會知道了」。

瑪爾掛斷電話幾秒鐘後，又接到另一通電話，對方是阿波羅公司的律師哈蒂根，他憤怒地告訴瑪爾，他聽說加拉門迪選擇NOLHGA，希望得到確認。「顯然他偷聽了加拉門迪的簡短通話，」瑪爾多年後說道，「我的電話一定遭到竊聽了」。

科古特及阿波羅一夥人因這個轉變而心煩意亂，並立即採取行動，將承諾的回收率提高到相當於 NOLHGA 提供的九十%。接著，阿波羅公司開始直接與 NOLHGA 談判，監督這項交易的一個組織於十一月九日撰寫的備忘錄顯示，阿波羅團隊承諾讓 NOLHGA 持有新保險公司奧羅拉的股份及由此產生的未來利潤。此外，奧羅拉保險復甦計畫還讓 NOLHGA 享有從房地產信託收回的資金，而該信託的設立原是為了清算資產並將收益交給投保人。最終的復甦計畫還同意向 NOLHGA 支付在經理人壽交易中產生的各種費用。

對瑪爾來說，這些讓利似乎旨在削弱 NOLHGA 作為競爭者的威脅，或避免其日後可能對奧羅拉交易提出異議。無論如何，流向 NOLHGA 的錢原本可以進入投保人的口袋，這對他們來說又是一次打擊。

然而，讓布萊克及其夥伴高興的是，加拉門迪很快又徹底改變計畫，宣布他終究支持奧特斯金融與阿波羅公司競標，布萊克重回正軌。

加拉門迪表示：「我很高興地宣布，我們避免了嚴重的損失。」他補充道，「大多數投保人將拿回全部的資金。」

兩者都是錯誤的描述，但投保人直到數年後才發現這一點，那時加拉門迪可能已經離開了。儘管如此，該保險監理官仍向《洛杉磯時報》誇耀，投保人「應該感到高興」。

✲ ✲ ✲

阿波羅的合夥人欣喜若狂。根據銷售的條款，奧特斯金融最終將支付三十二億美元購買不久前價值近六十億美元的債券。合夥文件顯示，根據阿波羅公司與奧特斯金融的協議，利潤豐厚的經理人壽債券投資組合，將根據品質分為三個不同類別：A類、B類、C類。

阿波羅公司備忘錄指出，合夥企業支付八．一八億美元購買的「A」類債券品質較差，「持有部位較大、具有戰略性地位及重組機會的債券，可能隨著時間過去而產生讓人滿意的投資報酬」。

「B」類債券（約十六．七億美元）品質較高，並且由於其貨幣價值較高，因此將持有至到期，這些債券都留在法國合夥人手中。

最後該備忘錄指出，「C」類債券「幾乎沒有或根本沒有戰略潛力」，該團體為這個投資組合支付四．二億美元。

這項交易中，阿波羅公司將因監管整個投資組合而獲得豐厚的管理費。然而，它也拿走約半數的「A」類債券，支付了四億美元；並拿走另外一億美元（四分之一）的「C」類債券。

當時沒有注意到一個有趣的事實：阿波羅公司收到的「A」類債券中，其中三種是由西聯匯款（阿波羅公司的其中一個投資者，這是貝內特．勒博的公司）發行。當時也沒公開指出「A」類債券包括布萊克合夥公司已持有的三家公司股份，分別是「CNC控股公司（NC Holding Corp）」、「法雷公司（Farley Inc.）」及「梅莫勒斯德力斯公司（Memorex Telex Corp.）」。從經理人壽交易獲得的額外債券，讓阿波羅在掌控這些公司的前途時，擁有更大的優勢。

至於「C」類債券，阿波羅公司的備忘錄將其描述為幾乎沒有或根本沒有戰略潛力，這在某些情況下是錯誤的。舉例來說，「C」類債券包括「吉列控股公司（Gillett Holdings）」發行的債券，該公司擁有時髦的「韋爾滑雪場（Vail ski resort）」，其重整將在十年後為阿波羅帶來豐厚的回報。C類還包含「特萊蒙多集團（Telemundo Group）」發行的債券，特萊蒙多集團是一家西班牙語電視台，目前為「康卡斯特公司（Comcast）」所有，觀眾包括九成的美國西語裔家庭。此外，C類也包括「瑞福科藥局（Revco Drug Stores）」，五年後以二十八億美元的價格賣給CVS藥局。

「C」類還包含其他優秀公司的債券，包括價值一千九百萬美元的「薩蘭特公司（Salant Corp.）」股份，布萊克及合夥人以九十五萬美元（即每美元面值五美分）的價格購得。薩蘭特公司是男女服裝製造商，曾是德崇證券的客戶，目前由於負債過多而陷入困境。薩蘭特於一九九〇年中期申請破產，這是熟悉的德崇證券故事，但接下來的八年，當薩蘭特公司恢復獲利，阿波羅公司將其重組並加以控制。那些年，阿波羅公司藉由重組獲得薩蘭特持股，並從中獲利，再向薩蘭特收取費用，並解僱勞工。這些是掠奪者在接下來的三十年反覆上演的劇本。

✵ ✵ ✵

儘管經理人壽的交易現已簽署並蓋章，但該保險公司向布萊克合夥公司交付垃圾債券的事宜仍持續擱置，因為加拉門迪的「全面解決方案」意味著將保險業務及債券投資組合合併出售給同一個買家。比起將超過三十萬名投保人轉移到一家新的保險公司，轉移四百家公司發行的七百多種證券相對容易，新保險公司奧羅拉要順利起步還需要時間。

阿波羅公司很擔心，在合夥人拿到債券前，該交易可能會被監督此過程的法院撤銷。時間是他們的敵人，但不斷上漲的垃圾債券市場也是他們的敵人，它每一次的價格上漲，都增加了人們發現這個債券投資組合對布萊克來說其實是禮物的風險，該交易不是不可能被推翻。

加拉門迪再次伸出援手。十二月底，他請求負責監督經理人壽復甦計畫的加州最高法院法官柯特．勒溫（Kurt Lewin）加快這個過程。奧羅拉成立的繁重工作完成前，勒溫應該立即批准轉移經理人壽的垃圾債券。突然間，加拉門迪將他重視的一體化交易一分為二。

加拉門迪在法庭上辯稱，如果在保單轉移至奧羅拉期間，他的辦公室繼續持有債券，投保人權益將受到損害。這說法顯然很荒謬，因為垃圾債券價格上漲，而收購交易反彈復甦。儘管如此，加州保險局仍建議法官將垃圾債券的出售與保險交接分開，將債券移交給布萊克的合夥公司。

這是咄咄逼人的請求。儘管加拉門迪的部門尚未完成對整個交易的監管審查，但他仍企圖批准將債券出售給阿波羅公司與奧特斯金融。勒溫法官同意了，整個過程中，他很少推翻加拉門迪的決定。勒溫裁定，在必要的監管證書簽署之前，布萊克合夥公司將收到債券。

菲爾．沃登（Phil Warden）是律師，代表一群銀行就它們購買的經理人壽合約提起訴訟，他在法庭上代表客戶，反對將這些垃圾債券出售給阿波羅公司與奧特斯金融。「我反對那次愚蠢的銷售，它的價格偏低，那不公平，」沃登多年後告訴我們，「我們的經濟學家做了合理的分析，表明付出的代價極不公平。」

為了回應沃登的異議，勒溫法官提出折衷方案。他指示加州保險局最後一次嘗試為這些債券徵求更高的出價。這位法官表示，該部門應該發布公告，重新徵求競標，如果沒人願意為整個投資組合開出支票，法官將允許按照現有條款出售。

理論上，這似乎很公平，但實際上，根據勒溫的條款，新的競標者極不可能出現。這位法官不僅只給新競標者數星期的時間對龐大的投資組合做盡職調查，還要求買家全數購買。透過裁決，這位法官基本上確保阿波羅公司與奧特斯金融的交易能通過。

「世界上可能除了高盛（Goldman Sachs）集團之外，沒人能做到這一點。」沃登說，「我們說的是，如果你將投資組合拆分為可負擔的部位，那麼有人可能以更高的價格購買它。」

其他顧問也告訴加拉門迪同樣的事，但事與願違。一九九二年二月，勒溫法官批准將這些垃圾債券出售給奧特斯金融與阿波羅公司，價值三十二億美元的投資組合於三月三日轉移至新的所有者。

數十年後，當阿波羅公司的女發言人被問及這筆利潤豐厚的交易，以及它如何讓阿波羅公司致富卻讓投保人蒙受損失，她如此說道：「由於阿波羅公司並未購買經理人壽公司的保單，因此它也沒為這些保單提供擔保，也沒參與任何可能發生的保單變更。」她提到交易的進展時表示：「高收益債券及其他資產的出售過程積極、競爭激烈、透明，最終，經過漫長的過程，阿波羅公司成為整個高收益債券投資組合的最高出價者。與其他競標者一樣，阿波羅公司必須出價購買整個投資組合，競標者不得挑三揀四。」

✵ ✵ ✵

直到後來，人們才清楚意識到這筆交易對投保人來說充滿災難，至少兩個州（伊利諾州及賓夕法尼亞州）的法院後來裁定，加拉門迪推動的收購安排違法。結果，這兩個州的擔保基金必須彌補經理人壽投保人的損失。

其他大多數投保人都沒獲得補償。二〇〇一年，一間鑑識審計公司得出結論，投保人的損失為三十九億美元。

甚至在轉讓僅僅一年後，人們就開始質疑匆忙出售垃圾債券的行為。一九九三年，《彭博新聞社》一篇報導稱：「經理人壽的傳奇最值得注意但又遭到忽視的是，布萊克及其管理公司獅子顧問能如此深度介入援救過程，有時他們處理事態發展的速度，似乎比加拉門迪來得敏捷。」

該報導接著指出，透過布萊克巧妙的操縱，他與合夥人囊括了十億美元的巨額財富。《彭博新聞社》表示，僅僅兩年，經理人壽垃圾債券投資組合的價值就從三十二億美元達到五十二億美元。

阿波羅公司的收益就是投保人的損失。

第六章

絕非童子軍

掠奪者的戰利品們

萊昂．布萊克及合夥人很快就開始從成功的經理人壽行動賺取收益，但救星計畫將為阿波羅公司創造更多財富。

布萊克在德崇證券時就擅長向客戶收取費用，當阿波羅控制了那些債券被經理人壽投資組合持有的公司後，他繼續這樣做。舉例來說，吉列控股旗下的韋爾度假村（編按：原韋爾滑雪場更名）每年都需要阿波羅一家附屬公司支付管理費，以二〇〇四年為例，相關費用總額達五十萬美元。

阿波羅公司控制一家企業後，布萊克及合夥人還可以透過加入董事會為自己創造額外收入。一九九四年，《富比士》雜誌估計，布萊克及合夥人至少擔任六十家公司的董事，其中大部分是經理人壽收購案的結果。根據該雜誌報導，這些職位每年為合夥人帶來超過一百萬美元的收入。布萊克的合夥人兼小舅子安東尼．雷斯勒（Antony Ressler）當時三十二歲，他是其中一名受惠者。《富比士》稱，阿波羅公司成立初期，安東尼曾至少擔任阿波羅公司控制的六家公司董事，年薪至少十二萬美元。一九九三年至一九九七年，阿波羅公司合夥人、前米爾肯律師科古特擔任薩蘭特公司的董事會成員，阿波羅公司收購經理人壽後，控制了這家服裝製造商並從中榨取利潤。

然而，布萊克在他與加拉門迪的交易中挖到的真正金礦是輝煌的投資戰果。他以前沒有實績，但這是他需要的東西。布萊克曾在德崇證券擔任銀行家，協助公司籌集垃圾債券以資助收購，儘管他的許多客戶在財務狀況惡化時不堪債務重負，遭到重挫。然而，現在憑藉經理人壽交易的強勁表現及其豐厚的年報酬率，布萊克有了可吹噓的亮眼投資成果。阿波羅公司的債券投資組合（在市場反彈前以賤價購買）每年可帶來四十%的報酬率，這成為該公司可用來吸引新投資者的東西。每位客戶都會支付高額費用，例如資產的二%或利潤的二十%，獲得加入阿波羅基金的特權。

因此，救星計畫成為阿波羅公司的基礎，收購經理人壽後賺取的資金宛如這家已倒閉保險公司的年金，多年來持續為阿波羅公司帶來收入。

然而，這些收益不是憑空出現，而是來自經理人壽投保人的口袋。舉例來說，奧羅拉國家人壽的文件顯示，一九九一年到二〇〇四年，凱蒂．華森最終收到的金額比她的保險合約最初承諾的金額少了兩百三十萬美元。

以犧牲他人利益為代價來獲利，將成為阿波羅公司商業模式的一部分，因此，這項保險公司交易就預示阿波羅及其虛張聲勢的同業未來的發展方向。阿波羅公司每次收購一個商業實體，無論是哪個產業，它都會從其他利害關係人身上榨取利潤及資產，就像它對經理人壽債券投資組合做的那樣。有時該公司向其收購的公司收取大量「管理」費，從而減少這些公司的收益，有時阿波羅公司削減這些公司勞工的薪資或福利。

布萊克及合夥人立即利用了經理人壽的戰果。在獲得那些垃圾債券投資組合後不久，他們就開始為新的投資工具「阿波羅投資基金III」籌集資金（阿波羅的前兩隻基金主要持有經理人壽的資產）。到了一九九五年，第三隻基金已向渴望與阿波羅公司做生意的投資者籌集了十五億美元。

其中一個早期投資者是「加州公務員退休基金（CalPERS）」，這是美國最大的公務員退休基金，是領導者，其投資決策受到同業的密切關注及模仿，無論CalPERS青睞什麼投資，其他退休基金也會迅速購買。傳統上，CalPERS投資股票、高品質債券、房地產，但一九九〇年，這個巨型基金表明對布萊克基金這樣的「另類」投資興趣日益濃厚，並向該投資策略配置十億美元，其他退休基金很快也效法。

對於布萊克及逃離德崇證券的其他人而言，CalPERS的投資為他們的公司帶來亟須的合法性。畢竟，在第三隻基金開募的一九九五年，德崇證券的汙點對阿波羅公司來說仍是可怕的現實。當然，它的報酬誘人，但布萊克涉入德崇證券的狡猾交易、儲貸機構及企業的破產、米爾肯的牢獄之災，這又會如何呢？

如果前德崇證券菁英想吸引其他機構投資者，那麼洗清這個汙點至關重要。公務員退休基金是大額費用的來源。

CalPERS考慮阿波羅的投資案時，一位前董事會成員回憶起一件不尋常的事。會議召開前，董事會通常會收到由CalPERS投資長提供的、關於討論議題的資料，而在這份特定的資料裡，董事會成員發現了《賊巢》（*Den of Thieves*）部分內容的影本，這是詹姆斯．史都華（James B. Stewart）對德崇證券破產及麥可．米爾肯罪行的精彩記述。該董事會成員表示，摘錄的焦點在於布萊克及其事蹟，包括經理人壽的一些細節。

投資長傳達的訊息很明確：如果我們要投資阿波羅公司，就必須認識到它的創辦人絕非童子軍。

最終，阿波羅基金將帶來豐厚收益的前景，凌駕了投資布萊克後可能遭受的聲譽損害。阿波羅公司得到了CalPERS的錢，雙方跨出了漫長而坎坷的合作之路的第一步。

事實證明，新阿波羅基金在同類型基金中表現平平。

✲ ✲ ✲

加拉門迪說服託管法庭將債券單獨出售給奧特斯金融與阿波羅公司後，經理人壽業務的移交一拖再拖。一年多後、一九九三年中，里昂信貸銀行旗下的法國公司奧羅拉負責的收購仍未完成，經理人壽投保人還在等。

在此期間，阿波羅公司一直忙於管理經理人壽的垃圾債券投資組合，合夥人的一個關鍵策略是推動其持有債券所屬的、財務困難的公司重組，這樣一來，阿波羅公司就能用這些債券交換該公司的大量股份。這類重組讓公司擺脫沉重的債務負擔，重新開始，然後一旦公司復甦，阿波羅公司就可在首次公開發行出售其股權，獲得讓人羨慕的利潤。

「佩里．艾利斯襯衫（Perry Ellis shirts）」及其他服裝的製造商薩蘭特公司就是很好的例子。阿波羅公司藉由經理人壽的投資組合獲得價值一千九百萬美元的薩蘭特公司債券，但只支付了九十五萬美元。根據《富比士》報導，阿波羅公司增持了股份，到了一九九四年已控制該公司四十一%的股份。這個過程中，其投資價值增加四倍，阿波羅公司的一些利潤來自投保人的口袋。

同時，阿波羅公司也控制了接管經理人壽保單的新保險公司奧羅拉。一九九三年六月，隨著奧羅拉收購案逐漸接近尾聲，阿波羅公司通知這家法國公司，該保險公司的所有權將發生變更。根據奧特斯金融總裁赫寧二〇〇七年的證詞，突然有個新投資者收購原經理人壽業務三分之一的股份。

這個新投資者是洛杉磯伊萊．布羅德經營的保險公司美國永明人壽，布羅德是主管，一九九一年底曾警告加拉門迪將垃圾債券投資組合以過低的價格賣給奧特斯金融與阿波羅公司。布羅德也曾嘗試競標該債券投資組合，但輸給了奧特斯金融與阿波羅公司。根據《彭博社》報導，布羅德早在一九九三年六月初就通知加拉門迪，他計劃出價競購這家保險公司。

這樣的出價直接威脅了阿波羅公司的獲利計畫，而削弱布羅德的最佳方法就是讓他加入奧羅拉國家人壽的投資者行列，並持有大量股份。

為此，赫寧回想起一九九三年六月初他接到阿波羅合夥人的電話，那次通話不僅顯示阿波羅公司與加拉門迪主導的加州保險局的祕密交易性質，也顯示阿波羅公司對救星計畫各方面的控制程度。

根據赫寧回憶，阿波羅合夥人解釋，「永明人壽是加拉門迪先生競選活動的主要捐款者，批准或促成永明人壽與其他投資者一起投資奧羅拉可能是明智之舉，甚至有利於政治」。赫寧表示他之前沒與永明人壽討論過入股奧羅拉的事，實際上，在接到這通電話之前，他根本就不知道這件事。這是阿波羅公司的主意，而且木已成舟。

「這場談判直接在美國永明人壽、阿波羅公司及保險監理官辦公室之間進行，我們被迫接受這些談判的結果。」赫寧作證稱，「我們從未向阿波羅公司發出任何這類的指示，阿波羅公司直接與保險監理官辦公室及其顧問討論事情。當他們心情好時，換句話說，願意告訴我們時，他們才會告知我們結果。」

目前尚不清楚是什麼談判讓布羅德在那項保險交易獲得這麼大的份額，億萬富翁布羅德於二〇二一年去世，享年八十七歲。然而，讓布羅德成為奧羅拉投資者的協議，將讓阿波羅公司免於這位高管可能帶來的另一個威脅，那就是推翻一九九二年三月的垃圾債券銷售。布羅德早已向加拉門迪告知售價太低了，如今，一年多過去了，隨著垃圾債券市場持續復甦，要求撤銷該交易的呼聲越來越高。

莫琳・瑪爾的經理人壽受害者行動網絡及其他投保人很清楚，一九九二年匆忙出售的債券現在的價值遠比當時高多了，他們開始互相討論要求法庭撤銷這筆交易。阿波羅公司必須擊退這個危險，科古特後來作證說，解決方案是讓阿波羅公司合夥人與加拉門迪密切合作，「讓他反對這些聲請」，而阿波羅公司的努力成功了，勒溫法官最終裁定不撤銷該項債券銷售。

同時，阿波羅公司的垃圾債券投資組合不是經理人壽唯一價值飆升的部分，保險業務的價值也飆升了。交易初期，奧羅拉就取得讓人印象深刻的收益，這為買家帶來非常現實的問題。多年後，科古特解釋當時的情況時回憶道，奧羅拉「從一開始就盈利，而且利潤豐厚」，這清楚地表明加拉門迪以極低的價格賣掉了這家公司。然而，即使奧羅拉獲得這些收益，但經理人壽投保人根據該交易獲得的利益卻大幅減少。他們根據交易規定而必須接受的「減記」最終為奧羅拉創造了超出預期的利潤。

科古特作證表示，如果投保人發現奧羅拉利用他們的損失發了財，他們就得付出慘痛代價。他說自己曾建議奧羅拉將一些利潤以特別股息的形式還給投保人，但這並未發生。

就像「救星計畫」的許多其他祕密一樣，奧羅拉立即獲利的這個驚人祕密多年後才被揭露，屆時投保人才明白自己被耍了。然而，由於加州禁止投保人在保險公司破產時自行提起訴訟，因此他們無能為力。加州保險局、也就是拍板定案這起可疑交易的機構，是唯一可以代表投保人提起訴訟的實體單位。

✲ ✲ ✲

經理人壽的投保人不知道奧羅拉的巨額收益，也不知道阿波羅公司與該保險公司投資組合中的債券公司有著諸多聯繫，其中一個隱藏的關係是西聯匯款，這是受人敬重的電報及匯款企業，由布萊克的朋友貝內特・勒博經營。西聯匯款陷入困境，因為它承擔太多債券，其中一些債券由經理人壽持有。由於西聯匯款也是阿波羅公司的出資者，因此該合夥公司的首要職責就是盡可能讓西聯匯款受益。破產案件中，像阿波羅這樣的顧問公司必須揭露所有潛在的利益衝突，這樣一來，參與者才能了解其他人的利益所在。舉例來說，如果西聯匯款對阿波羅公司的投資發生在破產的情況下，那麼阿波羅公司可能就沒資格在收購經理人壽的過程中購買西聯匯款的債券。然而，即使不是破產，此類利益衝突也應該被揭露，這樣一來，才能確保交易公平，舉例來說，如果投保人知道西聯匯款對阿波羅公司的投資，他們可能要求將經理人壽持有的西聯匯款債券出售給另一個與阿波羅公司毫無關係的買家，或者他們可以要求阿波羅公司支付更好的價格。

當然，經理人壽投資組合的銷售者加拉門迪理應知道這個利益衝突，並對投保人公開，且設法為投保人爭取權益。但再一次，他與其保險監理機關未告知投保人。

經理人壽交易持有的西聯匯款債券為布萊克帶來一筆意外之財。一九九二年，阿波羅公司僅向投保人支付了一千兩百四十萬美元，就拿下了價值五千萬美元的西聯匯款債券。該公司現在被稱「新谷公司（New Valley Corp）」，一九九三年底，新谷公司及其董事長兼前德崇證券客戶勒博宣布了一項重組計畫，該公司的主要股權投資者正是阿波羅公司。新谷公司重組時，阿波羅公司每持有價值一美元的證券，即可獲得一．九五美元的收益，這意味著債券收益幾乎達到百分之百，這些收益直接流向阿波羅公司。由於該合夥公司是民營企業，因此無法確定利潤的具體金額。

新谷公司重組後蓬勃發展，轉型成為金融服務及商業房地產巨擘，如今隸屬於「維酷集團（Vector）」，該集團由勒博擔任董事長，旗下擁有紐約著名的「道格拉斯．艾利曼房地產公司（Douglas Elliman）」。勒博及布萊克仍維持著友好關係，二十多年後，二〇一六年，紐約八卦專欄報導稱，這兩人是金融大亨圈裡的成員，過去二十年，他們每六周就會聚在一起吃牛排晚餐。二〇一六年的聚會上，麥可．米爾肯也出席了，八卦雜誌透露，該群人將牛排館的魚子醬庫存一掃而空。

這就是加拉門迪「賤賣策略」的成果。

經理人壽交易還有其他隱藏的面向。甚至在布萊克獲得這家保險公司的垃圾債券前，他就開始大量買進他認為會反彈的低迷公司債。該保險公司的投資組合也包含其中多種債券，收購這些債券以擴大既有持倉，將讓阿波羅能在這些公司未來的重組過程中，掌握更大主導權，這種掌控權，在一家陷入困境的公司凌駕其他債權人，對於阿波羅公司追求的收益至關重要。

需要重組協助的公司通常背負著巨額債務，就像屋主的房貸超出其支付能力一樣。當一家公司試圖重新協商債務（就像屋主向銀行申請貸款協商），該公司就是在要求債權人減少他們原本應收的款項。一間公司通常有許多不同類型的債權人，每個債權人獲得償還的可能性，取決於債務合約條款及他們與其他債權人相比的地位。

複雜的公司重組過程中，公司會與貸方協商減少債務，債權人之間存在順位層級，這決定誰能最先獲得償付金，並且獲得最慷慨的金額。公司重組過程中，債權人之間的爭鬥很常見，因為不同類型債務的持有者，都爭相在困境中竭盡所能地收回借款。

在公司資本結構中順位最高的，是銀行債務及由公司資產擔保的債務持有人，他們在重整中獲得的收益，通常多於持有次級債券或無擔保債券的投資者，股東則在最底層。

因為這類重組本質上是不同類型公司債持有人之間的爭鬥，所以阿波羅在公司資本結構裡擁有的證券越多，對該公司重組的控制權就越大。阿波羅的控制權越大，就越有可能藉由損害其他債權人的利益致富。將經理人壽投資組合中的債券納入手中，無疑增強其對這個重要過程的影響力。

阿波羅公司現持有的其中一家公司是吉列控股公司，該公司涉足肉類加工、電視台及高檔的韋爾滑雪場。一九九〇年，布萊克得知經理人壽需要現金，於是找到該保險公司當時的執行長佛瑞德．卡爾，提交一份他想購買的債券清單，卡爾僅同意出售其中兩種，其中一種是他們持有的部分吉列控股公司債券，而經理人壽在此次交易中損失四千萬美元。

吉列控股公司由企業家、德崇證券前客戶喬治．吉列（George Gillett）管理，因背負德崇證券發行的高風險債券而陷入困境。一九九〇年八月，該公司拖欠了至少五億美元的貸款；隔年六月，吉列聲請破產，他正式失去對這個商業帝國的控制權，該公司的債權人開始爭論如何重組公司。

就在他們爭論之際，布萊克的合夥公司悄悄累積吉列控股公司的大量公司債，擴大了他先前直接向卡爾購買的經理人壽債券部位。布萊克熟知吉列公司的情況，舉例來說，他曾擔任吉列公司旗下一家電視台的董事會成員，那是他說服吉列收購的電視台。

目前尚不清楚布萊克在公開市場累積的吉列控股公司債券的具體數目，因為這些交易都是私密交易。然而，我們確實知道，當加拉門迪將經理人壽仍持有的吉列公司債券出售給阿波羅公司時，布萊克支付的金額：他以九百八十萬美元購買面值三千五百萬美元的吉列公司債券。這相當於每美元面值二十八美分。

這筆交易將成為阿波羅公司的重大勝利，阿波羅公司持有吉列公司的大量股份，成為該公司的主要債權人，控制該公司的重組。一九九二年一月，阿波羅公司的計畫是大幅削減吉列公司的債務，出售其肉類加工廠及電視台。隨後，布萊克的團隊投入現金四千萬美元，並獲得新公司約六十%的所有權。

該計畫略有修改，但「阿波羅滑雪合夥公司（Apollo Ski Partners）」成為韋爾滑雪場的新大股東。布萊克和科古特則進入了董事會。二〇〇三年，阿波羅旗下的實體持有六百萬股A類股票，當阿波羅公司於二〇〇四年將其分配給合夥人時，光是這部分的股份就價值一．一億美元。

一次又一次，加拉門迪的「賤賣策略」都導致同樣的結果：以犧牲經理人壽投保人的利益為代價，讓阿波羅公司致富。布萊克在該保險公司被收購前，購買了另外兩家公司的債券，分別是零售商「全國柯爾（Cole National）」、電腦磁帶及周邊設備製造商梅莫勒斯德力斯公司。在持有這些既有部位的情況下，阿波羅公司在談判購買經理人壽債券時，可能會願意為投資組合中的這兩家公司債支付更多費用，因為它們將提高阿波羅公司在潛在重組中的影響力。然而，加拉門迪並未提高某些債券的價格，而是維持賤賣。

這場垃圾債券的銷售還有其他缺陷，包括阿波羅公司在公司資本結構的債權人地位有時高於該保險公司的地位。

如果布萊克持有的債權在某家公司債務順位中高於該保險公司，那麼布萊克就有權迫使經理人壽在重組時接受較少的賠償金。用華爾街的行話來說，這就是所謂的「強制批准」，對投保人來說，這只是又一次導致損失的利益衝突。

最後，至少在一起涉及法雷公司的案件中，經理人壽投資組合包含了預計將涉及訴訟的重組股份。布萊克曾擔任該公司的董事，該公司老闆是德崇證券的客戶威廉．法雷（William Farley），加拉門迪辦公室預計這場重組將引發法律糾紛，導致該保險監理官不得不與他正在談判購買經理人壽持股的同一個人打官司。

隨著經理人壽慘澹的事態持續發展，這些利益衝突都受到隱瞞。

✵ ✵ ✵

加州審計局二〇〇八年的報告指出，加州保險局經常向投保人隱瞞經理人壽交易的情況。該報告指出：「總體而言，不一致的報告及審計導致前經理人壽投保人及其他對經理人壽資產感興趣的各方都缺乏資訊。」舉例來說，一九九一年至一九九三年經理人壽的關鍵時期，加州保險局的審計財務報表「無法取得」。

其他祕密包括在德崇證券的鼎盛時期，經理人壽購買垃圾債券時應該獲得的權證去了哪裡？哈蒂根對瑪爾提到的那些神祕失蹤的證券是否最終以某種方式落入阿波羅公司的手中，從而讓其在具有潛在價值的公司重組時，獲得額外的控制權？擁有權證的德崇證券前合夥人是否像米爾肯一樣是阿波羅公司的投資者？

至於經理人壽寶貴的房地產及其他資產，關於出售方式、地點、買家的詳細記錄也付之闕如。該保險公司被接管時，價值七・二八億美元的資產沒有任何交易痕跡，其中包括紐約市與佛羅里達州的房產，甚至還有馬里布的一座牧場。根據經理人壽託管條款，這些資產將由三名法院批准的受託人清算及監督，並將收益分配給投保人。一九九四年二月，經理人壽不動產信託成立，加拉門迪是其中一名受託人，所有資產出售後，該信託在一九九六年十二月結束。

瑪爾回憶說，有一天她在法庭上，一名加拉門迪的助手向勒溫法官聲請銷毀不動產信託記錄。如今，專門負責經理人壽復興的保險監理機關網站已經沒有這些交易的記錄。

該信託營運的每一年，投保人都會收到一份關於不動產銷售金額的簡要報告，但細節很少，沒有財產清單或估價，只有扣除成本及債務後的收益，無法判斷銷售是否公正。

一九九六年十二月信託結束後，一份給投保人的報告稱，扣除抵押債務，該信託在存續期間已向投保人分配了四．二四億美元，這筆金額共占經理人壽帳面價值（扣除債務）的五十八%。然而，奧羅拉的另一份文件對這些出售的資產所產生的收益估值較低，二〇〇六年三月給投保人的一封信寫道，一九九五年至二〇〇〇年，這些經理人壽資產的分配總金額僅二．八四億美元。

無論如何，有鑑於房地產與垃圾債券一樣在一九九〇年代初期至中期大幅上漲，收益卻出奇地少。如果那個數字是二．八四億美元，那還不到保險公司被接管時資產估值的一半，當時正值不動產市場極不景氣的時期。

二十一世紀初，有人向經理人壽前執行長佛瑞德．卡爾詢問該公司的不動產發生了什麼事。「我要是知道就好了，」他說，「當時有成百上千套的紐約公寓，我甚至無法想像它們如今的價值」。

第七章

「重要人物」從犯罪現場溜走

到了一九九三年夏天，距瑪爾加入經理人壽受害者行動網絡、處理經理人壽的案子已經超過一年。她關注每次開庭，讓投保人知道最新進度，通常也請他們加入她的行列。經理人壽受害者行動網絡主辦了五場會議，讓投保人得以從當事人（包括加拉門迪、他的同事或阿波羅的律師哈蒂根）口中知道奧羅拉國家人壽交易案的狀況。她說：「我透過經理人壽受害者行動網絡的通訊刊物以及我們的熱線，向投保人轉達現場收集來的資訊。」

在整個過程中，瑪爾確保和加拉門迪之間沒有特殊溝通管道。她說，她很清楚以倡議人的身分來說，祕密溝通管道並不合適。「我聽到的內容，都跟投保人從加拉門迪、他的隨從與律師口中聽到的同步。」她回述道，「我閱讀他正式公函裡信心滿滿的預測，出席冗長的法院程序，並且幾年來都名列法律文件的送達名單上，所以我讀過這場失控訴訟裡提交的幾百份概要。」

經理人壽受害者行動網絡的倡議行動影響很大。瑪爾說：「投保人寫信，要求取得和基金以及他們的分配款有關、但被藏起來的資訊；另外，幸好我們也有要求加州州審計長稽核這一團亂。」因為有這些要求，最後才有二〇〇八年的稽核行動，大大批評了加州政府保險主管部門一番。遺憾的是，當審計結果出爐時，投保人已經無能為力了。

瑪爾說，一開始，加拉門迪假裝有意與經理人壽受害者行動網絡合作，等到法官核准將債券移轉給阿波羅和奧特斯金融後，他就不再裝著要跟她並肩同行了，反而是和經理人壽的買方站在同一邊，不再管投保人了。舉例來說，當經理人壽受害者行動網絡要求奧羅拉國家人壽公開其投資人及持股比例以供查核時，加拉門迪和奧羅拉都拒絕了。

三月，瑪爾接到阿波羅聘用的律師哈蒂根的電話，「提醒」她，要她去律師事務所開會。等她一到，他請她進自己的辦公室，然後把門鎖起來。

「我整個人都警戒了起來，」幾年後瑪爾回憶道，「他很緊張，幾乎是亦步亦趨跟著我，用故意讓旁人聽到的低語要我考慮加入奧羅拉的董事會。」他要她擔任投保人的代表。

當然，這是有給職。瑪爾才剛剛離婚，遭到她家暴的前夫攻擊，大可拿這筆錢去花用，但她拒絕了。她發現這項邀請是對方想要收買她，讓她支持這項交易。之後，隨著奧羅拉收購案中嚴苛的條件愈來愈明確，瑪爾體悟到，如果當初她加入了董事會，就得背負和投保人溝通的任務，要他們吞下損失。

幾個月後，瑪爾要求和加拉門迪開會。她想要申請法庭准許，聘請一名精算師代表投保人分析奧羅拉國家人壽的交易案，並用經理人壽的資產來支付分析的費用。這些由加拉門迪辦公室負責監督的資產，在經理人壽接管期間已支付了政府保險監理機關幾百萬美元的費用。瑪爾希望加拉門迪支持她向法官提出的要求。瑪爾說：「我們時間緊迫，他很急著要法院核准奧羅拉案，但我們對這樁交易所知甚少。」

加拉門迪說他會考慮，瑪爾出手施壓了。她對他說，如果他不批，她就會針對他的決定發出新聞稿。

瑪爾回憶當時並說道，加拉門迪生氣了，「他衝向我，還高舉著他的大手提箱，彷彿當成是破壞錘。他的幕僚得拉住他。」

瑪爾如願得到精算師，但一切都太遲了，改變不了局面。

✵ ✵ ✵

當法院要核准奧羅拉這樁交易的聽證會逼近，瑪爾還在抗拒。她說，經理人壽受害者行動網絡沒有看到任何計算，不清楚收購案「以實質金額來算」會對投保人造成哪些影響。在得到資訊之前，投保人的立場都是反對交易。

在奧羅拉最終聽證會前幾天，阿波羅的律師對瑪爾說，如果經理人壽受害者行動網絡不撤掉反對意見，這三十幾萬投保人都拿不到根據保單價值發給的每美元一．四美分的分紅。奧羅拉用甜頭來換取投保人的支持。

瑪爾握有幾千名投保人的聯絡方式，但沒有全部，她無法在短短幾天內徵詢所有人的意見。瑪爾覺得經理人壽受害者行動網絡別無選擇，只能撤掉對奧羅拉交易的抗議。

在未來幾年，每當布萊克碰上逆境，常常就使出這種狠招。瑪爾相信，這招也讓加拉門迪很開心。她記得：「那天法庭裡有另外一位律師告訴我，他偷聽到（加拉門迪的律師）卡爾·魯賓斯坦說『今天就是消滅經理人壽受害者行動網絡的日子。』」

一九九三年九月三日，勒溫法官的法槌落下了，奧羅拉收購經理人壽一事正式拍板定案。幾年之後回首前塵，瑪爾說，她付出這麼多心力幫助這些投保人，但輸得徹徹底底。

「我們開會、發送通訊刊物、在法庭走廊上監督、在國會作證、和全美各地的記者相談、寫信、要求有人負責，」她說，「看起來有這麼多人尊重我們、傾聽我們，但到頭來我們都是小角色。」

經理人壽的投保人要對抗誰？「握有政治權力的人、握有金融權力的狡猾份子、以『協會』當作偽裝的保險業本身、誤導人的律師與精算師、遊說人士、覺得問題發生在他的庭上比在公眾面前好的法官、上訴時那些毫無頭緒的終審法官，他們才是重要人物。」

✲ ✲ ✲

勒溫法官核准奧羅拉交易案，絕對不是經理人壽傳奇的句點。

五年後，一位吹哨者提出爆炸性的詳細資料，指出身為收購方之一的法國銀行，買下這家保險公司以及之後的另一樁相關交易，都隱含欺詐。這名內部人士講述里昂信貸銀行為了達成交易用計隱藏了所有權，違反了美國的銀行法規，這跟早期阿波羅合夥會議上提過的議題很類似。由於吹哨者講得很詳細，因此啟動了一系列針對經理人壽交易的調查與訴訟，其中一件來自美國司法部，另一件則來自於加州的檢察長比爾·洛克耶（Bill Lockyer）。一九九九年，加州的保險局（如今的主事者是接下加拉門迪位置的查克·奎肯布希〔Chuck

Quackenbush〕）也針對這家法國銀行提起訴訟。

布萊克和其他阿波羅的合夥人並未在任何一場訴訟中列為被告，但他們在交易中介入的程度甚深，很多人都在想，他們會不會在某一場或所有法律訴訟中被納入被告名單。

到了此時，加拉門迪已經離開了保險主管機關，繼續向前邁進了。如果他曾經希望出手「拯救」經理人壽可以把他推入加州政治圈高層，那他就要失望了。一九九四年，他二度挑戰加州州長失敗（他之前在一九八二年選過州長，也以落選告終），經理人壽交易的餘波，變成他的一大包袱。《彭博新聞社》報導，由於經理人壽一案，加拉門迪「最終玷汙了自己的聲譽，一九九四年想要成為州長的夢想也蒙上了陰影。」

一九九五年八月，加拉門迪宣誓擔任公職，前往華府，成為柯林頓政府的內政部次長。不到三年，一九九八年初，他成為「猶開帕集團（Yucaipa Companies）」合夥人。這家總部位在洛杉磯的投資公司大老闆是隆恩．博克（Ron Burkle），他是收購之道的藝術家、是柯林頓總統的密友，之前也是米爾肯的客戶。《洛杉磯時報》報導，加拉門迪一九九四年競選州長時，博克和他的妻子捐了將近十萬美元給他的團隊，其中有一半是貸款。博克聘請加拉門迪來設立猶開帕的華府辦事處。

猶開帕和阿波羅關係密切。一九九五年，這兩家公司一起投資加州的連鎖超市「多米尼克（Dominick's）」。加拉門迪加入猶開帕六個月後，多米尼克超市就被另一家更大的公司喜互惠買走了。當時，阿波羅和各家關係企業（負責人是布萊克以及其他前德崇證券主事者）加起來持有二十八%多米尼克超市的股份。收購價為每股四十九美元，讓阿波羅賺了大錢。根據《科恩芝加哥商報》（*Crain's Chicago Business*）報導，阿波羅的成本不到每股七美元。布萊克對博克的評價是：「他真的聰明，也真的饑渴。」

加拉門迪還在猶開帕時，各式各樣針對經理人壽案所做的調查開始有了結果。舉例來說，加州的檢察長就注意到加州保險監理官這件案子。

接著，二〇〇一年十二月，一顆震撼彈爆炸了：《華爾街日報》報導，布萊克和他的阿波羅團隊，要在加州保險局的訴訟案中出來指證里昂信貸銀行，這可是他們之前的夥伴。他們說，他們不知道這家法國銀行握有奧特斯金融，才會在整合交易時觸犯美國銀行法規。阿波羅的合夥人主張，法國人對他們隱瞞了所有權，以免失去交易資格。為了換取他們作證，奎肯布希主掌的保險監理機關容許布萊克和阿波羅的各合夥人免於承擔和本案相關的責任。

一位阿波羅的發言人對《華爾街日報》說：「加州保險監理官完成盡責調查後，同意有條件釋放阿波羅相關人士，因為他判定自己並無任何可信證據，足以證明阿波羅在吹哨者挺身曝光資訊前，知悉祕密的所有權架構。」發言人說，也因此，阿波羅同意「提供真實且正確的證詞以及其他相關證據。」

但布萊克和阿波羅的合夥人並未因此全身而退，加州檢察長洛克耶還在到處查探。保險監理機關放走布萊克和他的合夥人，他們未來不用承擔這個案子的相關罪責，讓某些經理人壽的投保人感到不滿，他們要求檢察長修正錯誤。二〇〇二年一月，一位因這樁交易蒙受虧損而四處奔走的投保人華萊士．阿爾伯森，寫信給洛克耶要求他在訴狀中列萊昂．布萊克、克雷格．科古特和其他人為被告。科古特一九九五年離開阿波羅，自行創立「飛馬保險顧問公司（**Pegasus**）」。

加州保險局「同意釋放布萊克等人，等於為他們不知情的荒謬講法背書，我們寄望閣下推翻此項錯誤而且可能不合法的協議。」阿爾伯森寫信給洛克耶時說，「近期發現的文件，將會讓司法部蒙上不值得信任的色彩，一如布萊克此人。」

洛克耶幾個月後照辦了，把布萊克、科古特、他的飛馬公司以及其他阿波羅的人列為被告，由他代表經理人壽投保人提起訴訟。他要求六十億美元損害賠償，但就像他在沙加緬度的辦公室裡對瑪爾說的，他踢到了大鐵板。「他脫口說出他遭遇了很多壓力，而且不回答任何問題。」瑪爾回述道，「他說他接到一通『政界大律師』的電話，要他替阿波羅與加拉門迪擺平這個案子。」

洛克耶並沒有回覆我們想要採訪他的電子郵件。

洛克耶想要追究布萊克與其他德崇證券的當事人，但失敗了。三年後，一位法官判定洛克耶沒有適當的法律地位代表投保人提起訴訟，於是這個案子就被撤銷了。法官說，只有政府的保險監理機關才能打擊這樁災難性的交易，因此，布萊克與他的合夥人在這件事上未來也就免責了。

法院也判定，因保險公司倒閉而移轉給保險監理官的相關資產不適用《加州虛假申報法案》（*California False Claims Act*）。這表示，關於加州政府保險局如何處理經理人壽案的資產，沒有人可以說什麼，也無法成案。

布萊克和他的同夥現在真的乾乾淨淨了。

✵ ✵ ✵

二〇〇三年，經理人壽交易已經過去十餘年，里昂信貸銀行以及一群法國的被告認罪，說他們在收購這家保險公司時，對聯邦銀行監理機構做出不實聲明。包括赫寧在內的被告，同意支付七．七億美元和解，但不承認任何指控。其中約一億美元會交給加州保險局發給投保人。

接下來幾年，經理人壽案中其他有問題的部分也陸陸續續浮上檯面。舉例來說，二〇〇八年，加州政府稽核這樁讓投保人損失超過三十億美元的案子，當中提到加州保險局在一九九八年到二〇〇六年間，未針對奧羅拉要分配出去的二．二五億美元善盡監督之責。該部門也無法向投保人保證「奧羅拉在此段期間支付款項時，有根據〈經理人壽案〉協議進行分配」。

稽核單位也批評加州保險局二〇〇五年時和奧羅拉達成的和解協議。根據協議，奧羅拉支付七千八百五十萬美元給保險局，之後這家公司就不用為二〇〇五年二月之前的任何行為負責。稽核單位提到，雖然此類免責常見於和解協議，但補充說道：「同意放過，可能導致保險監理官在監督奧羅拉過去是否遵循〈經理人壽案〉協議時受到限制。」到了這個時候，奧羅拉已經賣給另一家保險公司了。

哪一位監理官監督奧羅拉過去的行為時受到限制？除了加拉門迪之外別無他人。奇怪的是，他從猶開帕離開之後，二〇〇二年贏了一場選舉，二度擔任加州保險局的監理官。

競選過程中，多年前處理經理人壽案的事一直緊咬加拉門迪不放。他的對手蓋瑞．門多薩（Gary Mendoza）是洛杉磯的前副市長，批評了這個案子的結果。「賣掉這些資產，就算用最委婉的講法也是失職。」《洛杉磯時報》引用門多薩的話，「大家說這就是跳樓大拍賣，他說他最好也只能做到這樣，丟臉死了。」

✵ ✵ ✵

經理人壽收購案對投保人來說很虧，但對加州保險局的律師和顧問來說可是印鈔機。案子早期，《洛杉磯時報》報導保險局每個月約支付五十萬美元給金融顧問，其中一位顧問喬治·布爾（George Bull）每月拿十一萬美元，負責評估保險公司的垃圾債券組合，但他對這類債券根本完全沒經驗。他會受聘是因為瑞克·鮑曼（Rick Baum）的推薦，鮑曼是加拉門迪的副手，他和布爾在一場游泳比賽上相識，兩家的小孩同一隊。

這些顧問費一付就是幾十年，不用說，留給投保人的錢就少了。資料顯示，從一九九一年到二〇二〇年，加州保險局為了管理保險公司的財產，花掉了驚人的五·八億美元，已經超過十億的一半了。

每次有人問到加拉門迪如何處理從經理人壽沒收來的財產，他的講法都一樣：他善盡職責，投保人是大贏家。他經常宣稱九十二%的投保人都拿回全額。

這個說法很讓人佩服，但無法驗證。投保人所屬的州如果有擔保基金，會限制投保人在保險公司倒閉時能拿回的金額，有時候能拿回來的只有當初公司承諾的一半。比方說，華森家拿到的判決文件顯示，他們得損失經理人壽合約金額的四十六·六%；一位北卡羅來納州的投保人約翰・班尼特（John Bennett）則拿回了六十二・三%。更糟的是，某些在經理人壽託管的前幾年持續收到給付的投保人，如今被迫要把錢還回去，因為這些錢後來被視為是貸款。

伊利諾和賓州這兩州的投保人，得以由州內擔保協會支付全額，但這也只是因為法院強迫協會支付。（擔保協會的營運資金，來自於向在州內做生意的保險公司收錢。）賓州法院對加拉門迪所做的交易批評尤烈。一九九九年，該法院總結，發給投保人的通知書中列出的收購條件「基本上為賓州投保人提供錯誤的訊息」，而且「因為通知書提供了大量不實資訊，我們無法認定這些資訊在任何情況下有經過合理的計算，足以告知賓州的經理人壽投保人，當該公司倒閉時他們有哪些權利。」

歷經法院攻防戰之後，這兩州的投保人終於拿回他們在經理人壽託管期間少拿的差額。

賓州法院的判決呼應了瑪爾的經驗。這項收購案定案前，她有問過阿波羅公司，如果投保人決定加入新的保險公司奧羅拉，他們可以拿回多少錢。「他們拒絕為經理人壽受害者行動網絡提供未來每一種保單在奧羅拉的總價值，」瑪爾說，「更拒絕揭露保單的條款。」

也因此，某些加入奧羅拉的客戶在交易中飽受損失。瑪爾還記得有一位老先生的保單是五十萬美元，當保險公司的資產被接管時，現金價值只剩二十五萬美元。瑪爾說，在經理人壽的安排下，他的現金價值可以用來申請貸款，支付一九九四年到期的保費，但奧羅拉在沒有告知他的情況下更改了保單條件，導致他漏繳了一次保費。兩個月後，奧羅拉就用逾期未付保費為由，把這張兩年後就到期的保單改成不可續保。這位客戶的妻子在帳戶裡陸陸續續放了五．三萬美元，但等到這位客戶在保單到期後不久過世，他的受益人什麼也拿不到。

隨著大家對經理人壽案有愈來愈多問題，有些投保人要求也調查加拉門迪本人，祖．安．賈可伯森（Dru Ann Jacobson）便是其中之一。她的媽媽和姊妹出了一場嚴重車禍，經理人壽的保險契約本應理賠，但他們跟很多投保人一樣，因為加拉門迪做的交易，拿到的比應得的少很多。

賈可伯森於二〇〇二年十月，因經理人壽倒閉一事來到國會聽證會上作證，她直言不諱，一點也不委婉。可惜的是，加拉門迪不在現場，無法回嘴。他拒絕委員會請他發言的邀請，他說他的證詞可能反而幫助經理人壽的法國買家，讓他們打贏司法部的訴訟。「我們很遺憾司法部沒有調查前保險監理官約翰．加拉門迪的角色，」賈可伯森對委員會說，「為什麼加拉門迪一開始就跟投保人收幾百萬美元的顧問費，拿去請頂尖投資銀行家替經理人壽的垃圾債券定價，但卻不揭露他們得出的任何結論？這讓他得以對法院說，他不知道這些債券價值多少，一開始才會低價賣給里昂信貸銀行跟萊昂．布萊克。他自己的幕僚完成了一份債券定價的報告，但內容到底是什麼，從未公諸於世。我們應徹底檢視加拉門迪先生的所作所為。」

從來沒人去檢視。

二〇二〇年，加州政府保險部門最後一次撥款給經理人壽的投保人。歷經差不多三十年，這個案子終於了結了。法庭檔案提到，資產裡剩下的價值，不足以支付其餘七十五億美元「已成立的保險合約持有人義務（allowed contract holder liabilities）」。保險公司很複雜，需要這麼長的時間才能讓事情告一段落，光是這一點，監理機構和投保人就應該要擔心了，因為他們得靠保險公司有能力理賠。還有其他顧客也要擔心，包括幾千位退休金給付義務被「雅典娜（Athene）」買走的退休人士，而雅典娜是阿波羅二〇一二年仿造經理人壽創辦的保險公司。

把最後一筆錢支付給經理人壽的客戶之後，加州的保險局就要求該州一位監督本案的法官准許銷毀所有相關文件。保險局的律師團說，他們這麼做秉持的是「經理人壽的資產、保險合約持有人與受益人的最佳利益。」律師團說，有鑑於「涉及高額倉儲費用」，以及自經理人壽被接管後已經過了三十年，確實應該銷毀這些文件。

法官同意。後來新冠疫情爆發，這事就延宕了，直到二〇二二年一月，才正式准許銷毀經理人壽的文件。

由於這樁交易還圍繞著很多沒有解答的問題，二〇二一年秋天時我們寫信給法官，請她撤回銷毀文件的命令，主張是公眾仍持續關注經理人壽這個案子。我們沒有收到回覆。一位政府保險監理機關的律師拒絕我們提出的干預與保存檔案要求。

加州前保險監理官羅珊妮・吉勒絲比在加拉門迪之前監督加州保險局，該部提出要銷毀文件讓她很困惑。

「我還是保險監理官時，銷毀檔案並非標準程序。」吉勒絲比在訪談中對我們說，「這些都是訟案，不會銷毀檔案。」

✡ ✡ ✡

三十年後，如今的瑪爾已經八十一歲了，她認為，想起經理人壽這場大災難很折磨人。她有一箱又一箱的經理人壽案文件，她希望有一天這些素材可以顯露出整個案子的不公平，甚至可以讓投保人拿回全額。她偶爾會跟投保人聊聊，凱蒂的媽媽蘇・華森就是其中之一，另一位則是祖・安・賈可伯森。

她說，她覺得很自責無法替這些人再多做一點，但她也承認她沒機會贏。一個非律師出身的草根運動者想要對抗萊昂・布萊克？

蘇・華森說：「莫琳為我們奮戰，別人也不可能做得更好了。」她補充道，覺得愧疚的不是加拉門迪，反而是瑪爾。加拉門迪賣掉債券的「速度太快，很多人都懇求他別這麼衝動。」華森觀察到，「但他就是想做英雄。」

凱蒂・華森於二〇一七年過世，得年三十七歲。雖然他們拿到的金額不到經理人壽保險契約承諾的一半，但她的父母還是在亞利桑那州一棟比較小的房子裡繼續照顧她，直到她過世。照護她的成本極高，蘇和文斯付不出房貸，原本的房子被扣押了。「我們縮減開支。」華森說，「我們都試著往下調整到不得不的地步。」她回去工作，凱蒂的手足接手照顧她的工作。

此案裡的其他人則好多了。阿波羅聘來確保獲利豐厚的債券交易能進行下去的律師約翰・哈蒂根，後來成了奧羅拉董事會秘書。他也繼續在阿波羅任職。二〇二一年，哈蒂根在阿波羅旗下幾家公司發出的證券相關文件上簽名，其中包括一家高成本的消費貸款公司「一主金融（OneMain Financial）」。哈蒂根並未回應我們針對經理人壽案提出的採訪要求。

加拉門迪二度回鍋擔任加州保險監理官，之後在二〇〇九年選上眾議員，代表北加州的第十區。今天，在重新分區之下，雖然還是同一地，但他現在代表的是第三區，還進入眾議院「軍事委員會（Armed Services Committee）」和「交通與基礎建設委員會（Transportation and Infrastructure Committee）」。

我們發出多封電子郵件請求採訪但無回音，因此我們用電話連繫加拉門迪的發言人。他說已經把我們的要求轉給議員了，但我們從沒有接到他的回應。

在二〇一〇年一場國會聽證會上，加拉門迪仍把華爾街的貪婪斥為經理人壽困境的元兇。「這要講回到某些價值觀。」他吟誦著，「而華爾街的價值觀是『貪婪是好事』，這不是美國的價值觀，而是華爾街獨有的價值觀。貪婪不是好事，貪婪會造成一些真的很嚴重的問題。」

確實，問問華森家就知道了。

關於瑪爾，她很清楚貪婪不只關乎錢。她說：「還有對權力的貪婪，尤其是對政治權力的貪婪。」

「如今我老了，」她繼續說，「我懷著愛想到一名擔驚受怕的老婦人，她每個星期都用在經理人壽受害者行動網絡陽春的熱線上留言，感謝我們所做的一切。她從來不留姓名，但她一直說她很感謝還有這個管道，讓她抱有一絲希望，不會一無所有。」

那麼，躲在經理人壽投保人後面富了起來的萊昂．布萊克和阿波羅合夥人們，他們又怎麼了呢？「這些是吃定老實人的怪物，」瑪爾說，「只要有地方可以從投保人身上挖錢，他們每一條縫都不會放過，他們樂得毀掉這些人。」

瑪爾說，她相信經理人壽案這場大崩壞可能是美國史上最嚴重的公私聯手詐騙案。「經理人壽旗下有超過四百家公司，幾百萬員工安安靜靜地工作，像在打一副超大的牌。」她說，「萊昂．布萊克控制他們的人生、他們家人的人生、他們的退休金。當工廠倒閉、很多業務遷至海外，職缺就會大量消失，大城小鎮也因此變得貧窮。」

蘇．華森也認同這樣的觀點。當她眼見阿波羅的合夥人因為經理人壽一案變成億萬富翁，她的反應很簡單。「他們就是趁夜登堂入室的賊。」她說，「這群吸血鬼跑進來，頭號吸血鬼就是萊昂．布萊克。」

當時華森和瑪爾都不知道，他們捲入經理人壽這場大混亂會讓他們近距離目睹一套商業詭計，在未來三十年一再換角重演。監理機構、法官、遊說人士和國會議員全都是幫兇，協助一群日漸壯大的私募股權業者劫掠美國老百姓，以求自肥。這不是一次性的災難，這預示了之後會發生的事。

第八章

「牢固到站上去也沒問題」

攻擊一家名叫新秀麗的美國龍頭企業

傑西．許威德（Jesse Schwayder）完全體現了美國夢，二十世紀初就打造出極其成功的企業，獨霸產業幾十年。他的公司名叫「新秀麗（Samsonite）」，專做行李箱，聘用了幾千名員工，在他的家族監督管理之下，成為全世界最大、最知名的品牌之一。

然而，在一九九〇年代，許威德的奇蹟變成了一團糟。幾年前，新秀麗變成掠奪者的囊中物，在短短幾年間，他們就榨乾這家公司，拿走利潤，然後拍拍屁股走人。新秀麗的債券被納入經理人壽的債券組合，很快地，這家公司也掉入了阿波羅的壓榨機器中。

新秀麗的故事，只是近年來上百樁類似案件中的一樁，在美國各地企業裡悄然上演。一家績效很好的企業被收購，為了支應收購費用或讓金融家變現出場而被迫背負沉重負債，也因此寸步難行。公司的房地產以及其他資產被拆分、出售，把錢付給掌控公司的人。退休金被砍，員工被辭退或者工作被移往海外。被收購的公司遭到重擊後只能亂踢亂抓，而金融家則轉往下一個勝利目標。

雖然這些事大致低調進行，但有時候還是會引起注意。當地的記者會去了解這些悲劇，採訪被開除的員工，並且詳細說明這些案子，在社群裡大放送。然而，編輯會以讓讀者知悉最新消息為名，催著記者追逐新鮮事，他們也很快就去報導下一段故事了。

學術研究比較能顯示出長期來說這些企業遭受了哪些破壞。舉例來說，二〇一九年由加州州立理工大學（California State Polytechnic University）學者所做的研究發現，近二十%被私募股權公司收購的標的會在十年後申請破產，相比之下，被其他公司收購的標的則是二%。二〇一九年，政府機構「美國國家經濟研究院（National Bureau of Economic Research）」發布的研究得出結論，在一九八〇年到二〇一三年間的一萬件企業收購案中，如果是由私募股權公司收購上市公司，就業率就會減少十三%。如果是私募股權收購公司當中的某個部分，比方說某個事業單位或部門，就業率還會減少更多，達十六%。

馬克・坎農（Mark Cannon）是新秀麗的業務代表，眼睜睜看著自家公司遭劫掠。幾年後，坎農說：「看著金融界的人把所有能挖的資產變現之後，就把這些公司丟進火堆裡燒，真是讓人難過。」

✵ ✵ ✵

一開始，身為一九八〇年代貪婪中心的德崇證券倒下，看起來像是報應不爽。政府的特別專案小組積極調查德崇證券的犯行，以及對美國各儲貸協會（savings and loan association）的劫掠，得出了一千一百件轉給檢察官的案子。除了米爾肯之外，這場災難後有超過八百位銀行幹部入獄，包括林肯儲蓄貸款機構的高階主管基廷，以及佛羅里達「中心信託銀行（CenTrust Bank）」的大衛．保羅（David Paul）。

這讓人覺得是學到教訓的時刻，證明不顧他人死活、一心一意肆無忌憚追求利潤的人，終會受到譴責並承擔後果。

唉，這個時刻很快就過去了。隨著時間進入一九九〇年代、然後邁向下一個世紀，起訴金融騙子的案子斷崖式滑落，只剩下一些知名度比較高的例外，比方說追擊「安隆（Enron）」和「世界通訊（WorldCom）」的高階主管，一九八〇年代追究責任的態度也變成了特例。遺憾的是，政府無能追究金融業與企業的不當行為，對以後的無賴發出了清楚的訊號，告訴他們犯罪有好處。愈是大而有力的機構被逮到從事可疑或非法的勾當，企業本身或其高階主管就愈不可能被要求負起責任。這種現象有一個名稱叫「大到不能倒（too-big-to-fail）」，在二〇〇八年的房貸危機造成了嚴重的風險。即便政界一片焦急，並在政府端出大型紓困方案拯救銀行與銀行家之後，承諾要推動問責，但「大到不能倒」的現象仍延續至今。

「非常適合犯罪的環境」是儲貸危機期間，聯邦政府訴訟主管比爾・布萊克（Bill Black）對房貸危機所做的定論。他說：「監理機構沒有刑事轉介機制，沒有防詐騙工作小組，沒有全國性的專案小組，也沒有對這些菁英的有效懲罰制度。」

雪城大學（Syracuse University）「政府檔案交流中心（Transactional Records Access Clearinghouse，簡稱TRAC）」編纂的司法部資料，也支持他的看法。一九九五年，銀行監理單位轉介一千八百三十七件案子交司法部起訴；到了二〇〇六年，這個數字落到了七十五。在四年之後、也就是房貸危機最嚴重的期間，每一年監理機關轉介出去、以刑事案起訴的案件，平均只剩七十二件。

有一個理由造成刑事轉介減少：在蓋達組織（Al-Qaeda）發動911攻擊之後，反恐成為聯邦調查局（FBI）的優先要務，包括各種金融犯罪在內的其他犯行，可用的資源就少了。然而，檢察官與決策人士愈來愈接受另一種觀點，認為大型金融機構已經與經濟體密切整合，當他們行為不當時，已經盤根錯節到無法輕易切除並加以嚴懲。

起訴的金融案件減少，整體的白領犯罪起訴案也跟著減少。政府檔案交流中心的資料庫顯示，到了二〇二一年，白領犯罪起訴的年化件數為四千七百二十七件，比二十年前少了近一半。在這些案件中，僅有約十％是針對金融機構，案子比較多和身分盜竊、詐領聯邦計畫補助與醫保詐騙有關。

金融監理機構減少轉介起訴案件，同時間，他們也放寬意在控制金融機構風險的現有法規。一九九二年上台的柯林頓政府，有一項重要目標就是移除一九三〇年代大蕭條（Great Depression）之後制定的、用於約束銀行的相關法規。後來成為柯林頓政府財政部長的高盛前合夥人羅伯．魯賓（Robert Rubin），一九九五年初帶頭廢除《格拉斯—斯蒂格爾法案》（*Glass-Steagall Act*），這套法案六十年來保護金融體系免於承擔過度風險。魯賓到一九九九年才竟功。廢除這套法案後，他接著去了「花旗（Citigroup）」賺進幾千萬美元，而花旗就是其中一家因為他推動法規鬆綁而受惠的金融機構，在二〇〇八年時，還接受三次納稅義務人的紓困。

放任金融掠奪者會產生的問題，就是他們會因此壯大，而這正是一九九〇年代中期開始發生的事。那個時代，貸放機構開始用高利貸瞄準小企業，收購藝術家們也開始壓榨企業。

那個時代，大局對美國大眾很不利，但有影響力的金融人士如魚得水。

你可以從政府的行動中窺見端倪，一九九〇年代，最後受惠的都是合夥企業、公司以及高階主管。比方說，一九九六年國會通過《改善全國證券市場法案》（*National Securities Markets Improvement Act*），開放更多客戶投資阿波羅成立的這種私募投資合夥事業。之前，這類投資案每一項能容納的投資人數上限是九十九人，放寬之後則可以有五百人。這是讓散戶投資人（這些人通常並不精通私募股權公司的金融手法）買進這些合夥事業的第一步，變革最後在二〇二〇年川普總統任內完成。

一九九六年另一項減少對投資人保護的法規變革，是禁止各州的證券監理單位檢核這些合夥事業。此舉讓這些事業體更能輕鬆從外州客戶手上募資，但也提高了這類合夥事業毫無節制到處行騙的可能性，因為傳統上比較積極的州級金融管制權都受到了限制。賓州證券委員會的菲利浦．拉特利奇（G. Philip Rutledge）說，新的法律大致上是因為共和黨掌控的參眾兩院熱中於法規鬆綁的結果，也代表了「自一九三〇年代以來，州與聯邦政府之間，最全面地重新配置規範美國金融服務的權力。」

投資人一擁而上投入私募股權的合夥事業。一九九六年，從事收購的公司整體募得兩百億美元新資金，六十億美元歸於ＫＫＲ（他們就是一手主導雷諾納貝斯克公司這件怪物收購案以及其他交易的公司）。隔年，約有一百二十家從事槓桿收購的公司在運作，其中有二十家管理資產高於十億美元。這個十年期末，私募股權業一年裡可以從投資人手上拿到六百億美元。

國會也針對富裕的投資人與投資基金放寬其他法規。一九九七年的《納稅義務人減稅法案》（*Taxpayer Relief Act*）把資本利得稅從二十八％調降為二十％，並提高遺產稅的免稅門檻。政府也讓海外私募投資基金更容易投資美國：他們的利潤不用受制於美國的稅制。

私募投資基金經理人從合夥事業賺到的錢，能繼續享受超級有利的稅賦待遇，也就是所謂的附帶權益（carried interest）[15]。這些獲利被視為長期資本利得，適用的稅率低於薪資稅率。

享有稅賦優勢，是造成美國貧富差距的一大因素，如果刪除的話，可以為政府多幾十億美元的稅收。這種操作行之有年，但一九九三年時，「美國國稅局（Internal Revenue Service）」將這套操作編纂成法，納入行政規範總論，自此之後，這項好處就讓私募股權大亨累積出幾十億美元的身價，而且需要支付的稅金可能還低於學校老師或護理師。每一次國會議員試著攻擊附帶權益，私募股權業的遊說人士就群起圍攻，提案最後不知所終。最近的例子則發生在二〇二二年八月，國會通過針對氣候變遷以及處方藥成本的法律。一開始，立法限制了附帶權益的優惠，為政府創造了稅收。但當時亞利桑那民主黨參議員柯爾絲滕·席納瑪（Kyrsten Sinema）說，除非可以恢復私募股權業的利益，不然她不會支持該提案，於是這項條款就消失了。她聲稱自己的行動對亞利桑那的人民有好處，但沒有細說原因。

高階主管的超高額薪酬，是另一股擴大貧富差距的力道。國會在一九九二年想要出手抑制，最後迎來的卻是高階主管在敘薪領酬時無法無天的操作，延續至今。國會禁止企業針對超過一百萬美元的薪資申報稅務減免，實際上只是鼓勵企業用高額的股票選擇權和其他基於股票制度的薪酬來彌補執行長們的薪資。這些政策讓他們的總薪酬更加膨脹，一般勞工的薪資卻停滯不前：一九八九年，執行長的平均薪資是員工平均薪資的六十九倍；到了二〇二一年，執行長的平均薪資是員工薪資的三百二十四倍。

好處都歸於金融界與企業界的菁英，美國勞工持續辛苦掙扎。一九九七年《納稅義務人減稅法案》確實有丟一點骨頭給老百姓，包括小孩的免稅額與大學學費儲蓄方案，讓家庭可以把錢放進去並慢慢增加，而且是免稅的。但其他因素抵銷掉了這些好處。

不意外的是，一般人民必須多背債才能餬口。隨著薪資停滯，消費者的信用卡債中位數

15 譯註：類似績效獎金之意

提高了五十七％，一九八三年為八百一十八美元，到了一九九八年增為一千九百美元。在這段期間，由於大學成本提高，助學貸款的債台也開始加高。一九八九年時，私立大學一年的學費平均是二．五萬美元（已針對通貨膨脹做過調整），現在約是五萬美元。一九九二年，念四年公立大學要借的錢中位數是六千三百美元，到了一九九〇年代末，增為一．五萬美元，現在則來到了三萬美元。

對於員工退休後的財務健全與富裕安康至為重要的退休金也消失了，被像阿波羅的雅典娜這類保險公司拿走了，或者被員工必須自行管理的、比較差的401(k)退休帳戶取而代之。為退休生活存錢的人，如今得看華爾街的臉色。二〇二〇年，美國勞動部終於替私募股權業開了綠燈，讓他們可以對並不精通金融市場的一般401(k)帳戶持有人推銷高成本的投資策略，而他們之前不能碰這些人。

小企業也成為箭靶。小企業聘用很多員工，通常被稱為美國經濟的骨幹，而這些小企業主發現，之前放款給他們的大銀行如今放棄他們了。大型金融機構改把眼光放向大企業，從事有利可圖的貸放。不受監管的貸放機構趁虛而入，用年化利率達三位數的貸款獵殺小企業。

最後，一九九〇年代見證了華爾街貸款證券化機器的崛起，讓不受監管的掠奪性房貸大肆擴散，十年後幾乎拖垮了美國的整個經濟。

政府對有權勢的金融家以及他們背後的公司給予的厚愛，讓人回想起美國的另一段歷史，有些金融史學家就明說了：就像南北戰爭後的鐵路公司以及為這些公司提供資金的人們，他們全都是強盜。

約瑟夫．布拉希（Joseph R. Blasi）、理查．佛里曼（Richard D. Freeman）和道格拉斯．克魯斯（Douglas L. Kruse）等教授在他們二〇一四年出版的《公民的那一份：縮小二十一世紀的貧富不均》（*The Citizen's Share: Reducing Inequality in the 21st Century*）書裡細數，南北戰爭之後，「出現新興的超級階級銀行家，靠著戰爭債券的利潤賺飽飽。」這些銀行家把許多現金拿去投資鐵路，打造出全美第一套從東岸到西岸的交通系統。鐵路公司從聯邦與各州政府手上拿到大量的土地，監督在地與地區鐵路的單位，換成了華府。這三位作者說，在利慾薰心之下，鐵路公司的高階主管常常祕密持有建設出大部分鐵路系統的營造公司股份。

這些鐵路公司後來都破產了，跟許多背後有私募股權公司的企業最終結果很類似。當鐵路公司倒閉，股東與員工得留下來面對殘局，但高階主管可以留著有關係的營造公司賺來的錢。這些鐵路公司跟目前的狀況還有另一個共通點，那就是很多公司的利潤都來自合併，而不是持續的營運。

過去的這套系統被稱為工業封建制，現在則是私募股權封建制。作者之一的羅格斯大學（Rutgers University）教授布拉希說，他認為當今封建制引發的相關問題，可能很快就不可逆了。

✵ ✵ ✵

新秀麗的源頭要講回二十世紀之交時，一八八二年出生於丹佛（Denver, Colorado）的傑西．許威德，父母是來自波蘭的移民，他靠自己打下一片天。他的父親跟萊昂．布萊克的父親一樣，以前也是猶太教的拉比，後來在丹佛開了一家家具行，而年輕的許威德轉往紐約市發展，靠著銷售行李箱賺佣金過得意氣風發。

一九一〇年許威德返回丹佛，用他的存款開了一家「許威德行李箱工廠（Schwayder Trunk Manufacturing Company）」。他希望自家工廠能有別於其他行李箱工廠，於是用超堅固作為自家產品賣點。他的公司一九一六年時在行銷上出奇制勝得分：許威德、他父親還有他四位兄弟拍了一張照片，幾個大男人穩穩站著一張板子上，下面墊的就是他們家的行李箱。「牢固到站上去也沒問題」是公司廣告宣傳照上的說明文字。銷量從此一飛沖天。

為了傳達他的產品有多勇健，許威德借用聖經上的大力士，將自家的行李箱稱為「參孫

（Samson）」。許威德也對員工倡導聖經中講到的黃金律（Golden Rule）：「己所不欲，勿施於人（do unto others as you would have them do unto you）。」每一位員工都會拿到一顆珠子，上面就刻了這句話。

「我們發現，不管是從實務面還是道德面來說，黃金律都是我們能採用的最佳方案。」許威德給員工的信中寫道，「黃金律的威力大過原子彈。在黃金律的協助之下，人可以創造奇蹟。」

許威德直到一九六一年之前都是公司總裁，之後則交給他兒子金恩．大衛．許威德（King David Schwayder）。公司之後也改名為新秀麗，丹佛總部聘用了四千名員工，這裡也做家具。這是全世界最大的旅行箱袋製造商。

新秀麗是經典的美國夢成真故事。但到了一九八〇年代，這家公司就被一群靠著德崇證券發跡的金融家圍攻，他們要過來占便宜撈錢了；到了一九九〇年代，阿波羅也來了。面對這一群人，即便大力士參孫也無能為力。

✲ ✲ ✲

一九七〇年代時，經營新秀麗的還是許威德家族。傑西的兒子金恩把營運觸角伸入日本和歐洲，他比其他企業更早提倡員工的多元整合。該公司的歷史中紀錄了一個例子，金恩負責公司在底特律的業務時，不顧白人員工反對，支持任命一位黑人領班。

一九七三年時，一家大型的食品、化學品以及其他產品製造商「碧翠絲食品公司（Beatrice Foods）」帶著一樁收購交易過來敲門。碧翠絲食品公司也追隨萊昂．布萊克的父親推動的、建構大型集團的熱潮，他們已經擁有了各式各樣的品牌，現在希望新秀麗也能加入。許威德家族的股份全賣了，新秀麗就此展開了一系列錯綜複雜的拜占庭式交易，東家換過一個又一個，只要有可能，只要有機會，每一個都把這家公司榨光光。

大型集團的熱潮消退之後，到了一九八〇年代換成槓桿收購熱，就連像碧翠絲食品公司這麼大的收購商，都成了企業掠奪者的狙擊目標。一九八五年，槓桿收購要角KKR用六十二億美元吞掉了碧翠絲食品。德崇證券藉由推銷垃圾債券與認股權證為這筆收購融資，而這些認股權證最終落入米爾肯旗下的各合夥事業裡。

兩年後，KKR推動一樁首次公開發行案，把新秀麗以及碧翠絲食品旗下某些單位一起切出去。這家新公司有個很無聊的名字叫「E-II控股（E-II Holdings）」，很快又在更讓人頭昏腦脹的交易中兩度被人買走。

到了一九九〇年，由於背負了德崇證券的債務，E-II控股陷入困境。禿鷹開始盤旋，想要進行重整，當中就包括了開始買進E-II控股債券的布萊克和阿波羅。他們有競爭對手：專門掠奪企業的卡爾．伊坎也是E-II控股的債權人，也有意掌控這家公司。

然而，到了一九九一年，布萊克有優勢了：經理人壽的債券組合。這家保險公司有兩批E-II控股發行的垃圾債券，面值二．三三億美元，最棒的是，這兩批債券大部分都是優先債，讓阿波羅在掌控公司這件事上具有優勢。

阿波羅公司和合夥人在取得經理人壽的債券組合時，只付了一．〇六億美元就買到了所有部位。另外還有一位投資人也跟著阿波羅一起買進E-II控股，這位法國的億萬富翁法蘭索瓦．皮諾（Francois Pinault）是「阿提密斯公司（Artemis）」的老闆，幾年後，陪審團會認定此人在經理人壽收購案中，犯下了共謀詐騙取得資產的罪行。

在經理人壽交易案中，阿波羅把E-II控股的債券列為「A」類：「這些是重組的大好機會，長期有潛力創造出讓人滿意的投資。」一九九二年七月，距離阿波羅拿到債券幾個月之後，E-II控股不堪十五億美元垃圾債券的重擔，倒閉了。E-II控股大拼盤裡的多數公司都陷入困境，急需重整，但新秀麗不用，這家公司很健全，在這整段風雨飄搖的期間還是一直有獲利。不到一年後，E-II控股從破產中浴火重生，還改了新名字叫「阿斯特朗國際集團（Astrum International）」，「Astrum」在拉丁文裡是「星星」的意思。阿波羅拿下控制權，布萊克成為新秀麗的董事。

一九九三年，阿斯特朗買下新秀麗的主要競爭對手「美國旅行者（American Tourister）」。兩年後，阿斯特朗把E-II控股的其他公司切出去，恢復了新秀麗的名稱，再一次聚焦在製造行李箱和家具。一九九六年股票上市。

要追蹤新秀麗遭遇的所有切割、發行股票以及重整，很讓人頭痛。重要的是，要記住每一次旋轉門轉了一圈，這些做交易的人就替自己賺得了費用收入和獎酬。這些費用減損了新秀麗的利益。

一九九四年，新秀麗還沒公開發行股票，公司這一年賺了大約九億美元。然而，掠奪者造成的效應也開始浮現。隔年，新秀麗開始轉盈為虧，在阿波羅旗下這幾年也一直都虧。接踵而來的，就是逃不了的裁員。一九九六年，公司把美國的一千四百位員工砍掉了四百五十人，以節省三百三十萬美元。被裁的人多數是羅德島（Rhode Island）和佛羅里達的員工，他們都任職於最近才買進來的競爭對手美國旅行者公司。

一九九七年初，阿波羅對手伊坎在股市裡出清股票出場，當時新秀麗的股價仍接近高點。這一年，新秀麗開始為員工提供一套買股方案，並把自家公司股票納入401(k)退休金方案的投資選項之一。但時機點可說是糟透了：一九九八年，該公司的股價約四十美元，到了隔年，直直落到五美元。

當新秀麗委靡不振，阿波羅就想辦法要出場。一九九八年，阿波羅宣稱正在洽談要把一半的新秀麗股份賣給不具名的投資人，然後把這些錢拿來支付股利給股東，每股股利三十美元。他們才不管支付這麼高額的股利會損害公司，阿波羅的荷包可會因此賺到滿出來，因為他們是新秀麗的最大股東。發行股票或債券、用拿到的錢來發股利獎勵自己，變成之後幾年這些掠奪者的重要把戲。

但這一次出現了反效果。投資人阻止，賣股的計畫失敗，迫使新秀麗重新調整交易。現在，這家公司提議用市價加上三成買回一半的股票。同樣地，這筆交易也是由新秀麗付出代價、肥了阿波羅：買回庫藏股需要七億美元，要靠新秀麗賣掉債券以及向銀行借錢。阿波羅一如往常，拿新秀麗的未來替現在的自己賺錢。

投資人也不喜歡這樁交易，所以他們拋售新秀麗的股票。《哈佛商業評論》（*Harvard Business Review*）報導，「越來越清楚的是，這筆交易實際上是把約兩億美元的財富從不賣股的（外部股東）手上，移轉給賣股的股東」或內部人士手上。

阿波羅就是最大的賣股股東。

之後又出現更多壞消息，股東控告新秀麗會計詐欺。股東說，在用七億美元買回庫藏股圖利阿波羅之前，新秀麗虛報獲利，賣給零售客戶的商品多過他們平常會買的數量，這一招也就是所謂的塞貨（channel-stuffing）。有一樁訴案指控這套花招的目的是為了拉抬新秀麗的股價，讓阿波羅可以在人工炒作出來的高點把股票賣掉。新秀麗二〇〇〇年時針對這一樁以及其他訟案達成和解，同意採取「廣泛、全面的企業治理方案，以防範再度發生損害。」新秀麗的股東宣稱他們虧了五千六百萬美元，公司賠了兩千四百萬美元。

新秀麗的股價陷入向下沉淪的迴旋。一九九九年，「穆迪投資者服務公司（Moody's Investors Service）」調降新秀麗的信用評等，理由是該公司債務沉痾，其中包括一年前為了付錢給阿波羅而背上的債。這家評等機構把新秀麗的評等重重打落到垃圾等級，這表示新秀麗的借貸成本將大幅提高。為了之前阿波羅在買回庫藏股交易中拿走的錢，這家公司又要再一次付出高昂的成本。

二〇〇一年初，新秀麗宣布把丹佛的製造廠搬到墨西哥，這樣一來，又少了三百四十份工作。

鮑伯．納普（Bob Knapp）就是在這一波中被裁掉的其中一人。他在新秀麗工作了四十年，萊昂．布萊克發出解雇令時，他已經六十歲。他認為他的年紀已經太大，學不來新技能，因此他和妻子節衣縮食，一直到開始請領社會安全福利金。他說：「我不認為我還有市場。」

其他新秀麗的員工在斧頭砍下來之後也很難順利過渡。黛安娜・琪巴思（Diane Ziebarth）在新秀麗工作三十二年，負責組裝與包裝行李箱。被解雇之後，她回到丹佛社區大學（Community College of Denver）攻讀副學士學位。她成為榮譽學生，並希望能走出一條新的職涯之路。但她並未成功，最後只能成為納稅義務人的負擔，直到她二〇一七年過世。

雖然新秀麗一九九九年的營收有成長，但公司之後仍不斷虧損，足足四年。到了二〇〇三年一月，該公司的淨值已經落入負值。阿波羅讓新秀麗背上六・三億美元的債務，而公司的資產僅有四・九四億美元。

阿波羅那時候已經擺脫新秀麗了。二〇〇二年十二月，阿波羅出清了最後一批新秀麗的股票。

二〇〇三年初，新秀麗深陷流動性危機，有可能倒閉。他們的債務要到期了，公司說還不起，股價也跌到剩下大概一美元。那斯達克（Nasdaq）股票交易所將新秀麗的股票下市。之前買下公司股票的新秀麗員工，面臨了虧損。

阿波羅用了十年時間，就把這家一度欣欣向榮的美國招牌行李箱製造商掏空了。我們有請阿波羅談一談他們對新秀麗造成的衝擊，該公司的女發言人拒絕了。

但這個案子仍是阿波羅的驕傲之一，二〇二二年時，阿波羅的官網特別講到新秀麗，說這是該公司最難忘的交易之一。這篇文章的標題是「美國價值（American Value）」，背景放了一張美國國旗飄揚的照片，文內寫到了阿波羅如何管理這家公司。阿波羅用「這是諸多成就的起點」來定調自己如何羞辱這家可敬的老公司、榨取現金、開除員工與製造損失、引發和破產有關的訴訟和衝突，以及讓公司的股票變成地雷。

對阿波羅來說，管理新秀麗確立了阿波羅「收購、再造與壯大本土企業的好名聲」。這就是掠奪者的世界觀，就這麼簡單。

✵ ✵ ✵

布萊克和阿波羅從新秀麗榨取現金時，他們也透過之前便宜取得的其他經理人壽債權中獲利，其中之一就是「特來蒙多電視網（Telemundo）」，這個西班牙語電視網也因為債務沉重而飽受折磨。特萊蒙多電視網一九九三年九月申請破產，但一九九五年又重生。阿波羅對特萊蒙多電視網的持股足以握有控制權，布萊克也成為了董事長。

經理人壽的債券組合裡，有八千三百五十萬美元的特萊蒙多電視網票據，阿波羅及其合夥人用兩千八百七十萬美元就買了下來。這些票據被列入「C」類，是垃圾債券中的垃圾。阿波羅從其他地方又買了四千萬美元特萊蒙多的債券，藉此掌握了這家公司。

到了一九九七年，阿波羅以及另一家投資公司持有五十．一％的特萊蒙多股權，新的投資人「索尼影視娛樂（Sony Pictures）」與「自由媒體（Liberty Media）」投資了五．三九億美元買下剩餘的。這項交易估出特萊蒙多的價值超過十億美元，阿波羅的投資賺了七千萬美元，布萊克個人在賣股當中就賺了超過九百萬美元。

二〇〇〇年，阿波羅退出特萊蒙多，又賺了一筆：八千八百萬美元。

經理人壽還持有另一家阿波羅說「少有或沒有策略潛力」、落在「C」類的部位，那就是擁有一千兩百家店面、全美最大的連鎖珠寶業「薩勒斯公司（Zales Corp.）」。一九九二年薩勒斯申請破產，然而，薩勒斯給了阿波羅和其合夥人讓人羨慕的利得。

在經理人壽的案子裡，阿波羅用九百七十萬美元買下了四千五百萬美元的薩勒斯債權，只花二十一美分就買到一美元的債權。

就如同對待經理人壽其他持有部位一樣，阿波羅也用薩勒斯的債券部位來支撐之前買進這家零售商時的債務。當薩勒斯破產，阿波羅可以把持債部位換成股票。

到了一九九六年，倫敦的《時報》（*Times*）報導，布萊克正計劃以一億美元賣掉阿波羅持有的薩勒斯部位。該報導說，阿波羅的年化報酬率為四十％。

* * *

隨著新的千禧年來臨，阿波羅與其創辦人也更加富裕了。購併活動又恢復了生氣，現在阿波羅有錢可以投資房地產了。這家私募股權公司已經將觸角伸出不良債券之外的領域。一九九八年，阿波羅成立新的私募股權投資工具「投資基金Ⅳ（Investment Fund IV）」，向投資人募得三十六億美元。這次的發行成績，還包括了來自經理人壽交易案的高額報酬。

像阿波羅這樣的公司，會先向投資人募資，之後再去找他們認為可能買下的有潛力公司。當他們從投資人手上引來足夠的資金，就會到處查探，看有沒有收購標的。通常每一檔基金最多會買進十二家公司，每一檔基金都各有經理人。

憑著投資基金Ⅳ，阿波羅開始搶進醫療保險業，主導了德州休士頓的「美國樂活中心（Living Centers of America Inc.）」與亞特蘭大的「格凱照護之家（GranCare Inc.）」的合併案。這樁金額達十八億美元的合併案，創造出美國第二大的長照供應商。拍板定案之後，阿波羅拿到合併後公司的三十九％股權。

吸光醫療保險公司的利潤，很快就成為這些收購巨頭最重要的戲碼，替他們和他們的投資人賺進大把大把的鈔票，但讓病患身處險境。這些利潤還背負了另一種成本：無法針對重大醫療危機做準備，比方說疫情。

✵ ✵ ✵

一九九八年，康乃狄克州（Connecticut）一檔州立退休基金爆發了利益輸送醜聞。當事人之一，是一九九七年時由州長約翰·羅蘭（John Rowland）任命的該州財政局長保羅·席維斯特（Paul Silvester），阿波羅一位高階主管也涉入其中。

席維斯特之前是投資銀行家，他替一百九十億美元的州政府員工退休基金做投資決策，並大量投資高風險且沒有流動性的私募股權交易。

調查展開了，一九九九年時席維斯特承認，他為了拿到回扣，把退休基金導向某些投資基金。審判時，他作證表示，他拿州政府的錢去幫助朋友爭取工作，或收取找上門的大廠商回扣。他也押上州政府的錢以幫助自家兄弟贏得州法官的職務。席維斯特因為詐財與洗錢被判處五十一個月的有期徒刑。

檢察官說，席維斯特在州政府退休基金的犯行關係到五項投資，其中一項是成立於一九九三年、由「阿波羅房地產顧問公司（Real Estate Advisors）」提供的基金。審判期間爆出一個消息，阿波羅房地產部門的共同創辦人威廉．馬克（William Mack）一九九八年時答應，如果州政府投資阿波羅，那他就在他位在曼哈頓的公寓替州長辦一場募款宴會。宴會辦了，替羅蘭籌到五萬美元政治獻金。檢察官發現，不到兩周後，在席維斯特授權之下，阿波羅房地產顧問公司就拿到了州政府退休基金七千五百萬美元的投資金額。

阿波羅參與了這場詭計，但並未被起訴。

✵ ✵ ✵

為了好玩與追求利潤把旗下的公司丟來丟去，是這些強盜的另一種把戲，看看新秀麗就知道了。舉例來說，二〇〇三年初，新秀麗得到了新投資人挹注資金，在這當中有一張熟面孔：前德崇證券菁英份子、萊昂．布萊克姻親兼阿波羅公司之前的合夥人安東尼．雷斯勒。雷斯勒一九九七年離開阿波羅，以希臘的勇氣與戰爭之神為名，開了自己的私募股權公司戰神資本。接著，二〇〇七年時，旋轉門又轉了一次，戰神資本和「貝恩資本（Bain Capital）」把新秀麗賣給全球性的私募股權公司「CVC資本公司（CVC Capital）」。CVC資本公司想要在倫敦證交所上市新秀麗的股票，但失敗了。

二〇一一年，新秀麗國際公司的股票終於在香港股市找到歸宿。新秀麗仍是全世界最大的品牌行李箱製造商，但背負著沉重債務，負債約是營收的三倍。標準普爾（Standard & Poor's）在一份報告中說，這麼一來，新秀麗「在應對任何業績下滑時，緩衝空間十分有限。」

再來，新冠疫情狠狠打擊了新秀麗的營收，因為全世界的旅遊都停擺了。二〇二一年十二月，這家公司提報的銷量大幅成長，但當年也只能勉勉強強維持有獲利的局面。該公司的淨負債達十七億美元。

一九八〇年代在新秀麗工作的前員工坎農說，看著老東家被一個又一個買家摧殘，他非常震驚。我們交談時，他說他已經很多年沒有想到新秀麗了。即便如此，坎農對於他還在新秀麗工作時的事情記憶猶新。

「公司經營得很好，名聲也好。」他講起那個時代的新秀麗，「我完全不懂發生在這家公司身上的自相殘殺。看起來是金融界的人忽然發現他們可以在這裡賺到很多錢。」

而，坎農覺得自己很幸運，因為公司關門時他還年輕，可以再找新工作。「我有能力去別的地方賺錢。」他對我們說，「但發生事情時有些人都五、六十歲了，他們沒有能力這麼做。看到公司發生的這些事情真的非常讓人失望，會發生這一切，除了『我可以這麼做而且從中賺大錢』之外，沒有別的好理由。」

第九章

「有兩千五百個家庭要靠我們，我們得把事情做對」

密蘇里新馬德里大失血，被壓榨到一乾二淨

密蘇里州新馬德里（New Madrid, Missouri）人口三千人，位在該州東南方「靴跟區（Bootheel）」，環抱著密西西比河（Mississippi River）。此地既非觀光景點，也並不富裕。事實上，建於一七八八年的新馬德里坐落在密蘇里最貧窮的地區之一，貧窮率接近二十%；相比之下，全美的平均值為十一．四%。

但當地人仍對這裡的密西西比河觀景碼頭（Mississippi Observation Deck）深感自豪，你從這裡可以看到壯闊的密西西比河流過。新馬德里歷史博物館（New Madrid Historical Museum）展示一八一一年與一八一二年大地震時的景象，以及過去曾居住在這個地區、被稱為新密西西比人（New Mississippian）的前哥倫布時期（pre-Colombian）人民生活概況。

更讓人挺起胸膛的，是市鎮外河邊的大型煉鋁廠。這座廠一年生產二六．三萬立方公噸的初級鋁，約占全美鋁總產量的十五％，多年來為當地居民提供了九百個薪資優渥的工作。營運逾四十年後，某些煉鋁廠員工已經是第二代甚至第三代了，年薪五萬美元，福利外加。

二〇〇七年五月，阿波羅公司買下了這家煉鋁廠「諾蘭達鋁業（Noranda Aluminum）」。煉鋁廠是本地雇用最多人的企業，在新馬德里郡的稅收中占比幾乎達到四分之一，也為其學區收入貢獻了約三分之一。顯然，諾蘭達鋁業是社區永續發展的基本要角。

為了收購諾德蘭鋁業（也包括阿肯色、北卡羅來納和田納西的營運業務），阿波羅公司花了十二億美元。一如以往，阿波羅也只有拿出其中的一小筆錢（二．一四億美元），要達成交易，剩下的十億美元資金就由諾蘭達公司舉債。

替阿波羅辦事的諾蘭達執行長齊普．史密斯（Kip Smith）樂觀看待這樁交易。「我們想要的公司是不僅短期能在財務上做出成績，更要能百年屹立不搖，為幾代人提供優質的製造業職缺。」史密斯對本地一家媒體說，「有兩千五百個家庭要靠我們，我們得把事情做對。」

但是，替這些家庭把事情做對，比不上替阿波羅把事情做對來的重要。不到十年，諾蘭達鋁業就破產了，新馬德里的人民頓失依靠。郡內的學區也受到影響，老師與學生被迫調整，以因應因該公司倒閉而失去的幾百萬美元稅收。密蘇里州其他城鎮的人民也感受到痛苦，因為阿波羅公司擁有煉鋁廠之後的種種營運作為，導致他們要支付更高的電費。

但對阿波羅公司來說，這筆交易算是大成功。透過發行一系列的債券和股票榨乾諾蘭達公司，阿波羅賺回了近三倍投資在這家煉鋁廠的資金。換言之，諾蘭達是這些掠奪大盜眼中最完美的對象。

就跟新秀麗公司一樣，這樁交易也是一個可怕的範例，點出私募股權如何摧毀美國產業，消滅過去支撐起社區稅基、並為勞動階級提供穩定工作和退休金福利的公司。失去這些製造業，通常都歸咎於全球化與技術進步，如今決策階層也該開始認清私募股權在當中扮演的角色了。

✵ ✵ ✵

阿波羅把目標對向諾蘭達之時，早已和槓桿收購大軍其他成員一起做的風生水起。但早幾年，在新世紀之交時，金融市場可說是一片混亂。在整個一九九〇年代末期給了投資人無盡想像的網路股熱潮，於二〇〇〇年三月到達頂峰，之後很快就暴跌變成大坑。到了二〇〇二年，那斯達克指數（當時主要的成分股是所謂的「新經濟」〔new economy〕類股，都不賺錢）跌了八成。安隆、世界通訊和「泰科國際（Tyco International）」等企業發生大規模的會計詐欺，指向白領犯罪已經蔚為流行，避險基金倒閉和其他金融業的醜聞，也時不時成為新聞的標題。九一一事件的摧毀力道，更讓局面雪上加霜。

當股市投資人忙著計算科技股崩盤讓他們虧多少錢時，聯準會大砍利率，以阻止經濟下滑。遺憾的是，聯準會把利率壓得太低，而且時間太長，經濟體中流入太多熱錢，製造出另一場熱潮。這一次的泡沫出現在房地產市場，吸引到的錢比之前流進網路股的多了好幾倍。聯準會的寬鬆貨幣政策帶動房價上漲，支撐起預期房價還會繼續漲的投機行為。當這場泡沫於二〇〇八年破裂，牽連到的是美國的整體經濟。

聯準會二〇〇〇年代初期決定調降利率，還有另一個比較隱而不見的效果：助長了阿波羅以及同樣靠債務以完成收購的私募股權同業。低利率代表著舉債成本更低，私募股權業者更能輕鬆愉快地在各大產業收購公司。第二次收購潮再起，與一九八〇年代時的景況如出一轍。

但最後，機構投資人（institutional investor）開始查核這些強大的大型收購公司，特別關注本應是競爭對手的企業，如何為了達成交易回過頭攜手合作。如果這種互相配合導致投資人手上的股票價值降低，就有可能違法，而且損及投資人利益。

在外人看來，收購公司彼此間顯然是強大的對手，一心一意要打贏對方，買下自己想收購的公司。現實中，他們都同屬一個圈子，可以輕鬆自在合作，替自己多賺一點，讓一般的投資人少賺一點。

二〇〇七年一場訴訟中驚天的指控，震動了華爾街核心。原告是加入「底特律警消退休基金（Detroit Police and Fire Pension）」的人，他們主張美國某些最頂尖的私募股權公司共謀，在他們的二十七樁收購案裡把公司的價格壓到低到不對勁。退休基金的律師團引用二〇〇三年到二〇〇七年的交易，包括玩具反斗城、「飛思卡爾半導體（Freescale Semiconductor）」、「尼曼馬庫斯百貨（Neiman Marcus）」、AMC連鎖影院和「哈拉斯娛樂集團（Harrah's）」。有很多大公司都在這場訴訟裡名列被告，有「貝恩策略顧問公司（Bain & Company）」、黑石集團、凱雷集團、KKR集團和「TPG資本公司（TPG）」。

底特律警消退休基金持有交易中所有被收購公司的股票。訴狀中指出，在每一個案子裡，收購這些公司的私募基金共謀壓低收購價，祕密達成協議不要彼此競爭，讓「對手」可以用比較便宜的價格買到標的公司。這對收購方有益，但意味著底特律的警消在人為操控之下拿到的價格偏低，不如他們在競爭比較激烈的交易當中賣出股票可以拿到的價格。這就像經理人壽案子的翻版，在經理人壽案中，從所有的實務目的來說，阿波羅公司是唯一的投標人。

佐證原告指控的震撼性證據，是私募股權基金各主管之間往來的電子郵件，證明了他們的社交關係密切，只差沒講到在哪個煙霧裊裊的房間裡抽雪茄。

舉例來說，來看看黑石集團高階主管湯尼．詹姆斯（Tony James）寫給對手KKR集團共同創辦人喬治．羅伯茲的電子郵件：「我們比較想跟你們合作，而不是競爭。我們合體，就無人能擋，如果對立的話，大家都要付出很大代價。」在收購連鎖醫院巨頭HCA[16]一案中，總部在華府、政界關係良好的私募股權公司凱雷，其一位高階主管說自家公司在這個案子裡不會強插上一腳，因為「這麼做的話，可能的結果是迫使KKR和貝恩多付十億美元，並且打壞了和這兩家公司的關係。」

這樁勾結官司的細節震動了華爾街。電子郵件揭露了本應是對手的企業真實關係：他們是一個友好的群體，一起為了更富有而努力，剝削投資人。讓他們雪上加霜的是，這個案子引來司法部的關注，開始要求各家公司提供交易資訊。多年來第一次，劫掠者成為被瞄準的目標。

16 譯註：HCA，是美國最大的連鎖醫院企業龍頭，成立於一九六八年，早年以美國醫院企業（Health Corporation of America）之名為人熟知，但日後經過多次併購、整合，股票多次重新上市，企業名稱也幾經更迭，目前為HCA醫療保健（HCA Healthcare），本書第十一章會敘述此企業與私募股權的故事，為避免混淆與方便閱讀，本書均以HCA稱之。

一開始，這個案子並未公開，但在法律攻防過程中一點一滴漏了出來，更多事實跟著浮上檯面。最後，二〇一四年時，隨著審判逼近，各家公司同意支付五．九億美元以達成和解。和解時，一如往常，他們既未承認也未否認相關指控。

同樣也一如往常的還有：各家公司的高階主管無一人自掏腰包支付一塊錢和解金。事實上，支應和這些麻煩事有關的訴訟成本很少成為金融家的責任，根據他們和客戶簽的合約，通常會由投資人買單。

從金額來說，這個和解案規模很大。唉，但調查也就在這裡畫下句點了。聯邦政府查探因本案而曝光的企業勾結行為，在歐巴馬時代的司法部裡無疾而終。之後也沒有提出反托拉斯壟斷的指控。

這些掠奪者又一次從犯罪現場被放走了。

✵ ✵ ✵

這樁底特律年金訴訟案講到的收購案中，有三樁和零售業有關，分別是「麥克斯商店（Michaels Stores）」、尼曼馬庫斯百貨和玩具反斗城，這並不讓人意外。從二〇〇〇年代初開始的收購熱二．〇版，零售業是備受劫掠者青睞的打劫特區。

這背後有幾個理由。零售業創造出穩穩的現金流，這是當然的，然而，很多最大型的連鎖零售業還有更大的價值：有由店面持有的房地產可以賣，或者，用華爾街的術語叫「貨幣化（monetize）」。（這些搶錢大軍非常熱愛房地產，所以他們也極愛養老院和醫院。）此外，零售業聘用的員工成千上萬，這也給了新業主獲利的好機會，只要大砍職缺和福利以「優化」營運效率就好了。

掠奪者蜂擁搶進零售業，花了將近一千兩百億美元買下超過百家零售業者，包括席爾斯百貨、凱馬特、玩具反斗城、「聰明寵物（PetSmart）」和「達樂公司（Dollar General）」。有些收購案很成功，但很多公司因為和收購案有關的沉重債務高到難以負荷，導致破產。新業主也不投資改進與升級店面，顧客就此一去不回頭。一位產業專家說，私募股權「通常就是把零售業者丟下山崖」。

有一項從二〇〇二年開始、針對零售業收購案做後續分析的研究指出，約有十五%的被收購公司根據破產法〈第十一章〉（*Chapter 11*）申請破產。至於負隅頑抗的業者，很多也都是在強撐。

連鎖超市業顯然就是這樣。這些強盜自一九九〇年代中期以來就瞄準了連鎖超市，當時阿波羅公司和隆恩．博克的猶開帕集團聯手，買下加州多家連鎖超市。「經濟政策研究中心（Center for Economic and Policy Research）」的資深經濟學家艾琳·阿佩包姆（Eileen Appelbaum）與康乃爾大學（Cornell University）的教授蘿絲瑪莉·芭特（Rosemary Batt），兩人都是私募股權專家，他們指出，從二〇一五年到二〇一八年間，七家背後有私募股權的大型連鎖超市申請破產，但沒有任何一家上市的連鎖超市有這種情況。

店收起來之後，員工就跟著受罪。「私募股權利害關係人專案（Private Equity Stakeholder Project）」是一個監督私募股權業所造成傷害的倡議團體，他們在二〇一九年做的分析發現，過去十年，在零售業因為被私募股權收購而倒閉之後，近六十萬人丟掉飯碗。

在地的稅務機關也因為倒閉而受害。當企業申請破產，他們營運所在地的市鎮稅收也跟著消失。這表示，學校、公園、消防以及其他市政服務的經費就更少了。

巨型零售業玩具反斗城的總部所在地紐澤西韋恩市（Wayne, New Jersey）便是一例。這家背後為KKR和貝恩的公司在二〇一七年申請破產，韋恩市也成了眾多輸家之一。玩具反斗城當年繳給這座城市的稅金為二百七十萬美元，占其營運營收的二·五%。這些錢後來就沒有了。

從最初還是合夥事業開始，阿波羅公司就對零售業興趣濃厚。經理人壽案裡有一項附贈品，就是讓阿波羅公司和全國性的珠寶連鎖業薩勒斯公司搭上線。一九九〇年代，阿波羅公司也在和猶開帕公司交易之下買進連鎖超市「勞夫超市（Ralph's）」和多米尼克超市，而加拉門迪在內政部短暫任職之後，就落腳猶開帕。兩家超市的股份後來都以高價賣給競爭對手。阿波羅的另一場勝利，是二〇〇三年買下銷售維他命和營養補充品的連鎖商「健安喜（General Nutrition Centers）」。阿波羅無法讓健安喜快速上市變現，最後在二〇〇七年把這家公司丟了出去，買家是「安大略教師退休金方案（Ontario Teachers' Pension Plan）」和「戰神資本公司（Ares Capital）」，後者的負責人是安東尼·雷斯勒，他是萊昂·布萊克的姻親，也是阿波羅公司之前的合夥人。阿波羅公司後來從新秀麗退場之後，由戰神資本於二〇〇三年買下該公司。

健安喜這筆交易，替阿波羅公司賺到超過一倍的報酬率。之後，這家零售商於二〇一一年公開上市，讓戰神資本公司得以退場。健安喜的業務衰退，二〇二〇年時申請破產。

在收購健安喜並順利脫手之前，二〇〇六年時阿波羅公司主導了一個收購團，買下有近六百家店面的家用品零售商織品與小物。兩年後，這家零售商倒了。阿波羅二〇〇七年買下在購物商場有設點的時尚珠寶公司克萊兒飾品，該公司二〇一八年也申請破產。

阿波羅公司也利用從經理人壽賺來的利潤，優哉游哉運用投資人的錢。二〇〇一年四月，阿波羅推出第五檔投資基金，得到投資人三十七億美元的投資承諾，健安喜和織品與小物就是這檔基金的投資標的。阿波羅在這段期間也成立了兩家關係企業，一家是二〇〇三年的「阿波羅不良資產投資基金管理公司（Apollo Distressed Investment Fund Management）」，負責買進財務有困難的公司的證券。另一家是「阿波羅投資公司（Apollo Investment Corp.）」，這是一家上市的業務發展公司，用高利率貸款給小企業，二〇二二年更名為「中型金融投資公司（MidCap Financial Investment Corp.）」。

阿波羅公司繼續壯大，並在新加坡與倫敦設立新的辦事處。除了偶爾被持續追查經理人壽案的檢察官偵訊之外，日子還蠻開心的。

✵ ✵ ✵

二〇〇八年，房地產熱潮崩盤，投資人開始理解到銀行在貸放房貸上的不當操作危害有多大，好光景也戛然而止。股市二〇〇七年十月來到高點之後，就此一路往下跌。

二〇〇七年六月，加州巨型退休基金CalPERS直接拿六億美元投資阿波羅，讓阿波羅吃了一劑大補帖。除了這筆流入的資本之外，還有該退休基金本來已經承諾要投資阿波羅私募股權合夥事業的九．二五億美元。整個算起來，CalPERS在一九九八年到二〇一九年在阿波羅的基金中投資了三十六億美元。

但到了二〇〇九年，CalPERS投資阿波羅的六億美元表現並不佳。在可供機構投資人買賣阿波羅股份的私募市場裡，該公司的股票從每股二十四美元跌到了六美元。

這檔巨型退休基金後來達成了損益兩平，三年後退出投資。結局比虧損好，但仍讓人失望。二〇〇八年春天還有惡浪打來，阿波羅公司無法完成股票首次公開發行。其對手黑石集團的股票已經上市，KKR也正在進行中，但阿波羅的時機已過。就在阿波羅預期上市前幾個星期，「紐約聯邦準備銀行（Federal Reserve Bank of New York）」被迫出手拯救投資銀行貝爾斯登，這家銀行因為承作有毒房貸而動彈不得，投資人躁動不已。二〇〇八年四月，阿波羅提出申請，要把約三千萬股推上市。阿波羅公司吹捧自己的投資實力，以吸引投資人。在其向主管機關提出的申請文件中，阿波羅誇讚韋爾渡假村案和特來蒙多電視網是成功案例，但是，正對投資人進行幾輪發行時，新聞報導叨唸起阿波羅對零售商織品與小物的投資已經在破產邊緣，阿波羅的上市計畫就此失敗，布萊克和他的合夥人得等到二〇一一年之後才能賣股套現。

在此同時，他們開了一家新公司，把阿波羅帶回起點。雅典娜控股公司是一家壽險公司，借用了一些佛瑞德·卡爾操作經理人壽的手法。雅典娜控股公司就像經理人壽一樣，運用激進的再保險交易，也銷售年金，並學著卡爾收購企業的退休金義務，讓退休的人陷入危境。經理人壽是德崇證券拋售高風險債券的對象，雅典娜則是處理阿波羅很難賣給別人的投資的好地方。

二〇〇九年成立雅典娜控股時，已經沒什麼人記得經理人壽了。畢竟，保險業超無聊的，而且，華爾街的記憶都很短。

✵ ✵ ✵

回到號稱「凡事都要講證據之州（Show-Me State）」的密蘇里[17]。二〇〇七年時鋁的需求很強，自二〇〇〇年起每年成長五%，幾十年來，這項大宗商品的成長率每年倍增。當年有幾樁製鋁業的收購案登上新聞版面，完全不讓人意外，其中之一就是阿波羅五月時以十一．五億美元標下諾蘭達鋁業。阿波羅從英國及瑞士合資的礦業公司「斯特拉達（Xtrata PLC）」手上買下來，這筆交易讓諾蘭達第一次成為獨立的生產商。

諾蘭達的新馬德里煉鋁廠在密西西比河畔，因為諸多理由繁榮興盛多年。其一，從成本觀點來看，其兩百五十畝廠區位在密蘇里是加分項。製鋁廠的多數顧客都在附近，對七十五%的美國買家都可以保證一日到貨。這也是距離墨西哥灣沿海地區（Gulf Coast）最近的煉鋁廠，大部分運至美國的礬土都從這裡進來。此地也有豐沛的電力；諾蘭達鋁業和密蘇里的「阿莫林電力公司（Ameren）」簽訂長期供電合約，電力成本結構又低又穩定。阿波羅指用電契約是諾蘭達公司獲利前景大好的原因之一。

然而，對阿波羅來說，更有吸引力的是鋁的全球供給量趕不上需求，諾蘭達大可善用供需失衡獲利。除了新馬德里的煉鋁廠之外，諾蘭達在這個地區還有三座軋鋁廠。

「重點是要把諾蘭達變成我們永遠都想為其效力的公司。」阿波羅指定的諾蘭達執行長史密斯說。

事實上，真正的重點是要讓諾蘭達變成阿波羅可以從中榨取現金的公司。成交後才過了短短三個星期，榨取行動就開始了。除了收購時發債籌得的十億美元之外，諾蘭達六月七日時又發行二．二億美元新債券。這些錢並沒有用來買進新設備或營運資產，進到阿波羅的口袋之後就不見了。

這種財務操作有個名字叫股利資本重組，這意味著阿波羅用了三個星期就回本了，全數賺回投資在諾蘭達鋁業的資金二．一四億美元。這麼做，讓本來就已經舉債的諾蘭達公司背

17 譯註：指密蘇里州人實事求是，凡事都要看到證據才相信，故得此稱號。

負更高的債務。那又怎麼樣？過不到一個月，阿波羅在諾蘭達公司賺到的每一分錢都是多賺的，哪管這家公司在債台高築之下活不活得下去。這是立即性的大滿足。

利用舉債發股利來榨取現金，是這些撈錢人常用的手段。二〇〇七年、也就是阿波羅回收諾蘭達投資的那一年，各家公司為了有錢發股利給自己，就舉債籌了兩百億美元。到了二〇二一年，舉債金額已經提高超過三倍，來到七百億美元。

阿波羅特別積極投入這種局。穆迪投資者服務公司一份報告發現，從二〇〇九年到二〇一七年，在阿波羅收購進來不到一年的標的裡，他們從其中將近三分之二的公司拿股利。穆迪說，阿波羅在這方面還不是第一名，照比例來算，還落後於總部設在波士頓的私募股權投資業者湯瑪斯．李伊合夥事業。但以交易數目來比，阿波羅確實是榜首：在穆迪研究的這八年內，阿波羅收購了十一家公司，從其中七家榨取了股利。

諾蘭達又如何了呢？嗯，換了新業主之後，這家公司就背上了沉重債務。被收購之前，諾蘭達鋁業公司的長期負債為一．六億美元，之後則變成了十一．五億美元。阿波羅收購這家製鋁業時產生的成本，也要由諾蘭達支付，這是收購軍團另一種常見的操作。

阿波羅公司入主之後，立刻影響到諾蘭達。以前諾蘭達都有賺錢，但到了二〇〇七年帳上出現虧損。償債的成本讓局面大不相同。

二〇〇八年的金融危機，替諾蘭達颳起另一道寒風：鋁的需求走緩。同樣的，這也無礙阿波羅在二〇〇八年六月時從這家公司又吸走一・〇一億美元。截至二〇〇八年十二月三十一日的年度獲利，還不夠支應諾蘭達包括債務、租金、薪資與水電等等的固定支出（這些是經營企業的慣常費用），而公司虧損了七千四百萬美元。

當地愈來愈擔心這家公司會活不下去。「諾蘭達是我們靴跟區製造業皇冠上的珠寶，」二〇〇八年八月，密蘇里州參議員羅伯・梅耶（Robert Mayer）在「密蘇里公用事業委員會（Missouri Public Service Commission）」說，「讓他們能繼續在密蘇里東南部營運下去並在未來仍能獲利，非常重要。」

阿波羅當然也希望諾蘭達能獲利，這樣他們才能繼續壓榨這家公司。但沉重的債務負擔讓諾蘭達很難賺到錢，因此，諾蘭達開始悄悄資遣超過百名員工。

接著，公司開始急著降低新馬德里煉鋁廠的用電成本，這需要州的公用事業委員會核准。諾蘭達是阿莫林電力公司在此地唯一的大型產業用戶，要調降諾蘭達的費率，就必須調高密蘇里州其他用戶的電費，這些多半都是家庭用戶。

阿波羅再一次努力運作，確保由別人支付代價讓他們荷包滿滿。在經理人壽公司案中，買單的是退休人士和殘障人士。在諾蘭達案中，則變成了當地的用電戶和新馬德里的學童。

諾蘭達在密蘇里拼命掙扎時，阿波羅在紐約市的首次公開發行也一樣。阿波羅公司二〇〇八年春天向證券交易委員會提出首次公開發行聲明，政府官員回覆一封長達二十六頁的信函，要求阿波羅針對申請文件中提到的說法提供更多證據並加以釐清。阿波羅八月函覆，但金融市場很快就因為雷曼兄弟銀行倒閉和巨型保險公司「美國國際集團（American International Group，縮寫ＡＩＧ）」垮台而天搖地動，此時投資人最不想做的，便是買進私募股權投資公司發行的新股票。在此同時，諾蘭達為了滿足阿波羅，舉債借錢以發放讓他們能即時獲利的股息，現在也還不起了。二〇〇九年四月，評等機構標準普爾將這些債務的評等調降至「Ｄ」級，那些無法履行對債務人的承諾、債務違約或申請破產的企業，就是落到這一級。

清償債務迫在眉睫，因此，二〇一〇年五月中時，諾蘭達對公眾發行股票。阿波羅一開始希望能籌得二．三億美元，但投資人躊躇不前。公司只得摸摸鼻子，拿到八千萬美元就算了。

諾蘭達繼續懇求公用事業監理單位調降他們的電價，並警告說如果公司的電費無法如願降價，就會關了煉鋁廠。公司主張，調降電價，是諾蘭達唯一能和美國其他煉鋁廠競爭的方法了。當然，公司沒有提到的是，他們之所以在競爭上居於劣勢，關鍵理由就是阿波羅為了從中榨出現金，丟給他們沉重的負債。

公用事業委員會拒絕了諾蘭達的降電價要求。該公司二〇一二年二月發行五．五億美元的新債，阿波羅又再一次從中吸走了五千四百萬美元的現金。一個月後，公司在公開市場上賣掉部分阿波羅的諾蘭達持股股份，阿波羅（而不是諾蘭達）又拿到了一．〇八億美元。

五年間，阿波羅從諾蘭達拿走了四億美元股利和一千三百萬美元的費用。把阿波羅持有諾蘭達股份賺到的錢加起來，他們從製鋁廠賺到的報酬率超過三倍。

二〇一三年的聖誕節即將來臨時，公司裁掉了更多人。諾蘭達縮減了一百九十個職位，承認發出解雇通知是「很困難」的事，而執行長史密斯說，這些是「必須做的事，為了繼續改善成本結構並為股東創造價值」。公司估計，兩年間因為縮減職務省了二．二五億美元。

阿波羅在吸乾諾蘭達的血之時，還繼續爭取要調降諾蘭達的電費費率，想要省下兩千五百萬美元。如果諾蘭達如願以償，州內其他用電戶就必須彌補這些成本，因此密蘇里公用事業委員會邀集大眾討論這個案子，換來的是怨聲載道。

「為什麼諾蘭達享有特權？」聖路易市（St. Louis, Missouri）的大衛．阿頓（David Aten）問道，「聽起來，這好像在說企業的貪婪比我更重要。阿波羅的萊昂．布萊克私人領了三．三二億美元，卻要求密蘇里的用電戶支持他，這有什麼道理？沒錯，密蘇里需要工作，但我們不需要被剝削。」

另一位聖路易市的居民大衛・德維西（David DeWeese）也附和。「請反對為諾蘭達紓困！」他懇求，「我們不應容許用本質上是在剝削密蘇里用電戶的補貼，為諾蘭達（阿波羅全球管理公司）紓困。」

公開聽證會上有一位很睿智的與會者說：「如果這些股利有一半留在公司裡，想想看諾蘭達的流動現金水位會是怎樣。如果阿波羅的報酬率只有一七〇％而不是三四〇％，那會怎樣。」

正當委員會在權衡諾蘭達的調降費率要求時，當地的報導指出，這家公司二〇一四年給了州內官員二十五萬美元的政治獻金。二〇一四年九月，為了確保能得償所願，諾蘭達丟下震撼彈：公司將會削減兩百個職務，終止一項三千萬美元的擴張計畫，甚至可能還會把在密蘇里建新廠的計畫改為移到鄰州。諾蘭達說，事情不一定非到這個地步不可。如果能如願降低兩千五百萬美元的電力成本，或許可以說服諾蘭達留下來，繼續聘用員工，並在當地繼續推動擴建計畫。

隔年四月，密蘇里公用事業委員會屈服了。在民主黨的州長羅伊・尼克森（Roy Nixon）與共和黨的副州長彼得・金德（Peter Kinder）直接施壓之下，本應獨立自主的公用事業委員會調降了諾蘭達的電價。約有一百二十萬的用電戶必須支付差價，有人估計，每個月每家要多付一美元。「這是把財富直接從我們顧客的口袋移轉到諾蘭達的股東和債券持有人的口袋。」一位阿莫林電力公司的高階主管這麼說。

根據交易條款，諾蘭達同意新馬德里港區至少要留八百五十名員工，一年內要做出三千五百萬美元資本投資。還有另一條規定也值得一提：公司不得支付特別股利給投資人（也就是阿波羅公司）。

但這些讓步到頭來也沒用。二〇一五年五月，就在諾蘭達公司贏得調降電費、讓密蘇里的用電戶負擔差額之後沒幾個星期，阿波羅就拋售剩下的約兩千兩百八十萬股諾蘭達股票。這次賣股，諾蘭達公司自己一毛錢都沒拿到，四位附屬於阿波羅公司的董事辭職。這個消息讓公司股價大跳水，到了六月，每股價格已經不到一美元。

二〇一六年二月，諾蘭達說新馬德里煉鋁廠的營運閒置中，接著就申請破產。諾蘭達這家公司過去一年為地方創造的五千萬美元薪資，就從這個市鎮的經濟體裡消失了，而且他們一直以來納的稅也沒了。當時正值預算年度中期，新馬德里郡學區明白，諾蘭達付不出來該付的三百一十萬美元了（這在學區收入當中占了十七%）。「新馬德里教育委員會（New Madrid Board of Education）」主席萊恩・艾迪（Ryan Eddy）對《聖路易斯郵報》（*St. Louis Post-Dispatch*）說：「計畫都做好了，我們也根據會收到這筆錢的假設把費用花出去了。」由於資金短缺，學區凍結了薪資，提出了優退方案，並要求職員開始自付二十%的醫療保費。

很多諾蘭達的員工到處都找不到工作，已經準備好離開。「對，重點是製鋁廠的工作是附近最好的工作。」一位當地居民蒂娜．羅薇（Tina Lowe）對《聖路易斯郵報》這麼說。她說，每個人都認識某個在製鋁廠工作的人。「工廠本來一直都在。」

一位記者說，諾蘭達煉鋁廠關門之後，新馬德里郡的家庭平均所得少了六千美元，以本地中位數所得三萬八千美元來說，可說是大幅減少。所得還沒下降之前，本郡的居民就約有五分之一活在貧窮線以下。共和黨的唐恩．朗恩（Don Rone）是當地的眾議員，當年五月情緒激動地在眾議院講述整個狀況。「我服務的對象，都是一些你想要攜手同行的老好人，」他說，「但是他們都好窮。」

當諾蘭達破產，公司的五套退休金方案也跟著倒閉。有美國納稅義務人做後盾的「退休金福利擔保公司（Pension Benefit Guaranty Corporation，簡稱PBGC）」，過來接手。諾蘭達的退休金方案裡總共有四千兩百六十位成員，不足的資金達二．一九億美元，是當年退休金福利擔保公司手中的第六大紓困案。美國的納稅人全都被迫買單。這是另一個萊昂．布萊克和其夥伴做了某些事變得更富有，卻讓不相干的人付出代價的例子。

阿波羅的女發言人拒絕評論諾蘭達的潰敗。

二〇一六年夏天，破產法院核准可出售諾蘭達的資產，一家瑞典公司「格朗吉斯鋁業（Gränges）」花了三．二四二億美元買下了大部分，這些錢還不到阿波羅入主諾蘭達期間領走的股利。新馬德里煉鋁廠後來被納入瑞士的「ARG國際公司（ARG International）」，買價是一千三百七十萬美元。

達拉斯．史尼德（Dallas Snider）是新馬德里當地鋼鐵工會的會長，他對《聖路易斯郵報》說，這些紐約騙子過來之後，他有一陣子很擔心，不知道諾蘭達會怎樣。史尼德說：「阿波羅把我們的錢搶光然後一走了之時，我還以為（煉鋁廠關門）是因為鋁的價格撐不住。」

第十章

「服用了類固醇的資本主義」

沒有比醫療保健業更誘人的目標了

阿波羅公司從諾蘭達案中發現了一件事：掠奪一家公司可以賺大錢。但洗劫一整個產業又如何呢？可能性就更多了。二〇〇六年時美國的醫療保健費用達二・一六兆美元，這個產業已臻成熟，可以摘取了。醫療保健業在美國國內生產毛額中的占比達到驚人的十六・五％。

在美國，醫療保健產業並非總是獨霸一方的經濟活動。比方說，一九七〇年時，醫療保健支出僅占國內生產毛額的七％，相比之下，製造業的貢獻大得多。隨著人口結構中人數最多的一群人老化，再加上政府涉入醫療保健費用的程度愈來愈深（比方說，二〇〇六年時，聯邦政府的醫療支出超過兩兆美元），這棵搖錢樹太強壯了，誰也抗拒不了。零散的大大小小醫療保健市場，比方說某些獲利豐厚的專科，為收購大亨帶來機會，生物科技的進步也是不可忽視的領域。

私募股權對產業造成的衝擊通常都是負面的，但對醫療產業來說，更是致命的一擊。私募股權業需要透過削減資本或哄抬價格以快速從投資中賺回利潤，不難想像這會如何置病患於險境。當私募股權開始進攻醫療保健產業，舉報機制和學術研究人員就開始記錄到病患受到不當對待的案例。

阿佩包姆和芭特在他們重要的私募股權研究中發現，這一行的模式是「對醫生施壓要他們提高每日看診的病患人數，開立超過必要的診斷檢查與執行不必要的手術，或者透過使用比較差但比較便宜的耗材和設備來節省成本。」

早期，私募股權公司買下醫院和養老院，組合成大型連鎖品牌，一九九八年阿波羅合併格凱照護之家與美國樂活中心，便是一例。之後，這些購併巨頭把目標對準通常是醫院最賺錢的部門——急診室，並收購醫生團體，尤其是獲利豐厚的專科，例如皮膚科、放射科和麻醉科。這類讓人頭痛的收購活動持續至今，而且反托拉斯的主管機關很少站出來反對。

私募股權業者可以用幾種辦法輕鬆從醫療保健業中獲利，就像露天採礦那樣簡單。「美國聯邦醫療保險付款諮詢委員會（Medicare Payment Advisory Commission，簡稱

MedPAC）」是參議院獨立機關，設立的目的是為了針對影響聯邦醫療保險方案的議題為參議院提供意見，該會二〇二一年提交一份報告給參議院，當中就摘要了一些相關的戰術。

該委員會發現，首先，醫院被私募股權公司收購之後，通常都會提高對病患的收費。還有，如果一家私募股權公司擁有多家醫院，可以透過縮減人力以及用成本比較低的臨床醫師（比方說醫師助理）來取代價格比較高的專科醫師。

這些掠奪者也安排他們買下的實體和他們擁有的其他公司做生意，保證投資有多重的收入流。比方說，私募股權公司可能會要求醫院向自家的關係企業購買行政或是收債服務，而不是和最好或成本最低的供應商打交道。這種安排也就是俗稱的「關係人交易（related party transaction）」。

精簡成本的策略重點放在員工編制和勞工待遇。舉例來說，諮詢委員會指出，私募股權公司擁有的安養院會削減人力，醫院也會用價格比較低的臨床醫師來取代薪資比較高的醫師。

最後，這些私募公司常以監督與管理運作為名義，要求他們收購來的醫療保健實體支付監督或管理費用。一位私募股權投資人對諮詢委員會說，擁有安養院的私募股權業主會從總營收裡收取至多六%的管理費。

醫療保健產業更豐沛的利潤來源，是醫院與安養院名下的房地產。零售業有許多店面，同樣的，醫院和安養院在全國各地也持有大量的房地產，這些收購海盜等不及要把醫療保健產業裡的房地產變現。到了二〇二一年，美國有十一%的安養院屬於私募股權公司。

專攻長者照護的理海大學（Lehigh University）政治科學榮譽教授蘿拉．歐爾森（Laura Olson）說，這些機構的住民都是特別弱勢的群體，身為業主的私募股權公司在設計運作架構時就架好了防火牆，不會承擔可能出現的法律責任。「如果你想要把他們告上法庭，只能一個一個告。」歐爾森表示，「你不能把整個連鎖事業都告上法庭，只能告個別的安養院，但個別的安養院裡反正也沒錢賠。他們就是這樣設計，你幾乎不可能要業主負起責任。當業主是私募股權公司又不負責任，我們想當然耳又會碰上其他的複雜問題。」

這些掠奪者設下法律責任防火牆的同時，也很清楚安養院是可以創造高額利潤的來源。舉例來說，二〇一一年時，美國政府問責署發現，私募股權擁有的安養中心利潤率比較高，總護理人力比率低於其他安養中心（包括由非私募股權公司的營利事業經營的安養中心）。

二〇一七年時，荷蘭烏特勒支大學（Utrecht University）的艾琳．博絲（Aline Bos）和加州大學舊金山分校（University of California, San Francisco）的夏琳．哈琳頓（Charlene Harrington）做了一項學術研究，追蹤私募股權公司買下的安養院。他們檢視從二〇〇〇年到二〇一二年的交易，發現收購之後總缺失率提高了十八%，病患每天獲得的照護人力也大幅下降。研究也判定，買方通常會成立新公司，和買下的安養院簽署服務合約，替自己創造額外的營收流，而且很可能迫使安養院必須支付更高的價格購買相關服務。

湯尼・齊柯特（Tony Chicotel）是「加州安養院改革倡議團體（California Advocates for Nursing Home Reform）」的專職律師，自二〇〇三年起代表州內安養院住民。他說，雖然許多營利性的安養院營運商都把追求最高利潤放在照護之前，但在他的經驗裡，私募股權業主更過分。

「私募股權業是服用了類固醇的資本主義。」他說，「他們玩弄安養院系統，濫用漏洞，無情地只看利潤，不顧結果。」

二〇〇七年有一樁交易就凸顯了這些手段。凱雷集團收購了一家總部位在俄亥俄州托雷多（Toledo, Ohio）的「HCR曼諾健康照護之家（HCR ManorCare）」，旗下有超過五百家安養、復健與輔助生活中心。對凱雷來說，收購這家美國第二大的連鎖照護之家到頭來是一樁好生意：四年內，凱雷就回收了原始的投資還有賺。但這樁交易對病患和納稅人來說糟透了。二〇一五年，公司裡有三個內部人士提出詳細指控，指稱曼諾健康照護之家發生了大規模的聯邦醫療保險詐騙。之後，《華盛頓郵報》做了調查，講述凱雷買下這家連鎖企業之後，醫療保健違法行為暴增到令人咋舌。日後還更嚴重。

曼諾健康照護之家被私募股權業主榨取財富的行為綁手綁腳，並於二〇一八年時破產。一年前，凱雷創辦人兼產業巨頭的億萬富翁大衛·魯賓斯坦上電台接受訪談，解釋了私募股權扮演的角色：「我們或許不是守護天使，但我們提供社會服務：這是一種提高企業效率的社會服務。」

＊　＊　＊

多數私募股權巨頭的總部都設在紐約市，但凱雷集團不一樣，他們喜歡把華府當成家。這不是意外，自一九八七年成立以來，凱雷向來是許多高階政治人物卸任公職之後的停留小站。曾待過凱雷的明星包括老布希總統，他是集團的資深大律師（senior counsel）；前財政部長詹姆斯·貝克（James A. Baker）；雷根政府的前國防部長法蘭克·卡路奇（Frank Carlucci）；柯林頓政府的前證交會主席亞瑟·李維特（Arthur Levitt）；老布希政府的「行政管理和預算局（Office of Management and Budget）」前局長理查·達曼（Richard Darman）。

傑洛米·鮑爾是另一個例子。二〇一七年被川普指定擔任聯準會主席的鮑爾，一九九七年到二〇〇五年間任職於凱雷，有功於建立一個投資工業公司的部門。出身於私募股權的人通常沒辦法在政府部門爬到這麼高，但鮑爾在凱雷時是大權在握的投資委員會委員，而且參與所有凱雷在美國的收購活動。二〇二〇年時，他明顯展現出親私募股權產業的傾向，在他的指導之下，聯準會宣布了一套史無前例的方案，買進七千五百億美元公司債，支撐起對私募股權業者來說非常重要的市場。

凱雷也因為涉入一場高知名度的退休基金醜聞而蒙上汙點。二〇〇三年，這家公司付錢給一名配售代理人（placement agent），幫公司贏得「紐約州共同退休基金（New York State Common Retirement Fund）」的投資案，這是該州最大型的共同退休基金。這位配售代理人是民主黨的漢克．莫里斯（Hank Morris），他和監管這檔大型基金的紐約州主計長艾倫．赫維西（Alan Hevesi）走得很近。凱雷支付一千三百萬美元給莫里斯，公司也因此陷入醜聞。事發於二〇〇九年，起因是當時紐約的檢察長安德魯．古莫（Andrew Cuomo）進行的一場調查。調查中赫維西承認收受價值達一百萬美元的禮物、旅行與競選活動贊助，交換核准退休基金拿二．五億美元投資一家私募股權公司：「馬克史東資本合夥事業（Markstone Capital Partners）」。

該項調查發現，聘用莫里斯之前，凱雷集團想要爭取紐約州共同退休基金的投資資金，「成功機會有限」，聘用此人之後，凱雷從該退休基金獲得超過七．三億美元的投資承諾。

調查指出，凱雷員工在二〇〇五年到二〇〇六年也捐贈七．八萬美元選舉經費給赫維西，有些還是莫里斯自己索求的。

本案的莫里斯和赫維西都鋃鐺入獄。凱雷說他們不知道莫里斯是騙子，但這家公司花了兩千萬美元以求在持續進行的調查中「抹去其角色」，這跟他們做生意的錢相比是小巫見大巫。凱雷也同意遵守新的行為守則，禁用代理人。

✵ ✵ ✵

在利益輸送醜聞爆發之前、次級房貸危機（subprime mortgage crisis）正在醞釀之時，凱雷猛然出手，花六十三億美元買下曼諾健康照護之家。二〇〇七年七月，這樁買賣對凱雷很有吸引力，因為曼諾健康照護之家的營收差不多有四分之三來自給付金額較高的聯邦醫療保險方案受益人與自費病患，分析師說，相比之下同業只有約五十三％。

然而，曼諾健康照護之家最大的賣點在於其五百家安養院的房地產，維護好，地點也好。這些都是自有的，不是租來的，房貸壓力也很輕。由於之前已經減記了建築物的折舊損耗金額，這些房地產在曼諾帳面上的價值也已經低於成本。這些房地產「價值被低估」，對於想要輕鬆賺錢的私募股權業者極有吸引力，他們可以賣掉並大賺一筆。

不是沒有人批評凱雷收購曼諾的行動。「服務業員工國際工會（Service Employees International Union）」便表達疑慮（他們有些成員服務於安養院），擔心凱雷會一如以往大肆劫掠曼諾，削減照護與員工福利。凱雷的回應是，向全美各州的監理單位保證「病患為先」，承諾一定會為病患提供優質服務，為員工提供合宜的培訓。凱雷也說會做出必要的投資，保證好好維護曼諾的設施，不會讓其惡化。

凱雷這兩件事都沒做到。

二〇〇八年，當金融危機蹂躪全球市場與美國經濟時，凱雷的某些投資撞牆了。事實上，那一年凱雷旗下有三家公司申請破產，分別是凱雷設立的控股公司「夏威夷電訊（Hawaiian Telecom）」、德國汽車零件製造商「愛德夏（Edscha）」以及能源業的「森姆集團（SemGroup）」。債務基金「凱雷資本公司（Carlyle Capital Corp.）」也在二〇〇八年解散，走上同樣命運的還有集團內部的避險基金「藍波（Blue Wave）」。

凱雷非常需要揮出可以得分的全壘打。二〇一一年四月，一顆超級好打的球飛進本壘板。曼諾把其中三百三十八處房地產賣給一家房地產投資信託，這樁交易替凱雷賺進了六十一億美元，這是私募股權公司吸走企業關鍵資產價值的慣用手法。曼諾會繼續經營這些安養院，而這筆交易讓凱雷與其投資人不僅得以全數回收二〇〇七年投資在曼諾的十三億美元，其他的錢還可用來償付曼諾高額的債務。接下來，凱雷在曼諾身上賺的全部都是利潤，而且曼諾還要繼續支付管理費給凱雷。

對曼諾來說，這次賣房地產是一場大災難。如今，曼諾必須支付高額租金，租用自己之前擁有的房舍，每個月約四千萬租金要溜出門，奉送給新的房產主人。但凱雷可開心了，因為賣房地產替他們賺了錢。從凱雷賺飽出場到曼諾破產為止，曼諾每年的營收還不夠支付租金。

被凱雷設計到不能動彈的曼諾，必須從其他地方創造營收才能活下來，他們最初的決定是解雇幾百位員工。

但減縮人力還不足以止血，他們需要創造出更多利潤。很快地，員工、病患以及一些聯邦政府的調查人員就很清楚這是什麼意思了。

✵ ✵ ✵

在克莉絲汀・莉比克（Christine Ribik）看來，幫助維吉尼亞州（Virginia）北部三家曼諾安養中心的住民比較像是天職，而不是工作。莉比克是領有執照的職能治療師，她幫助病患克服生理上的限制，讓他們可以一定程度上得以自理。她讓長輩有更美好的生活經驗，回過頭來也讓她深感自豪。

當管理階層指導她要如何幫助病患時，她很不高興。她很快就注意到讓她警鈴大響的趨勢：她的主管強迫她和同事為曼諾的病患提供不當的療程。就算病患不需要或者不應做特定治療，員工也被迫要去做。有時候，健康狀況不穩的病患，甚至是根本沒有回應或已經瀕臨死亡的曼諾病患，都被推來做治療。莉比克說，曼諾是以時間收取治療費用，不管病患「是睡著了、在走過來做治療的途中、去上廁所，還是因為失智而主動抗拒照護」。

莉比克說，這造成干擾，這是錯誤，而且這些事不難發現。她對我們說：「這種詐騙很容易看懂，不是什麼艱澀的火箭科學。」

聯邦醫療保險方案規定，如果為符合資格的病患提供復健治療服務，安養院可以按日領取給付，給付金額會根據提供照護的程度和療程次數而定。聯邦醫療保險最高的給付「超高級（Ultra High）」，只有需要至少兩種治療、而且每星期至少復健十二小時的病患才能請領。一般安養院的住民能領取「超高級」給付的人不到一半。

曼諾濫用療程，就是為了從聯邦醫療保險領到高一點的給付，因此莉比克開始記錄這些事。當她開始在內部批評相關操作，曼諾就把她踢出去了。二〇〇九年，莉比克向政府提出吹哨者申訴，指控該公司詐騙聯邦醫療保險方案，她的律師傑佛瑞·唐尼（Jeffrey T. Downey）也控告凱雷。

凱雷收購曼諾時信誓旦旦要為安養院住民提升照護水準的話言猶在耳，但曼諾後來的紀錄指出，他們反而是用不必要的治療墊高帳單。檢察官主張，這不是因為曼諾的病患組成發生改變，而是管理階層一心要榨出營收的刻意決定，「完全不顧病患的實際狀況或需求」。曼諾的一項內部通訊提到：「要把每一位病患都當成超高級，不符資格才往下減，而不是根據需求往上增。」

帳單金額的變化很驚人。二〇〇六年十月，凱雷尚未收購曼諾，在曼諾申報的復健治療天數中，有三十九％向聯邦醫療保險申請「超高級」給付。到了二〇一〇年二月，曼諾申請「超高級」給付的天數超過八十一％，比凱雷入主之前多了兩倍不止。

曼諾旗下某些院所的跳增幅度高到誇張。凱雷入主之前，密西根馬斯克基市（Muskegon, Michigan）的院區原本僅有八．四％的復健天數申報為「超高級」，到了二〇〇九年十月，這家安養院的申報比例超過九三．三％。加州桑尼維爾市（Sunnyvale, California）院區在凱雷收購之前的二〇〇六年申報為「超高級」的復健天數為五十三％，到了二〇一〇年為九十一％。在維吉尼亞州院區，曼諾將「超高級」申報天數比從二〇〇六年十月的二十四％拉到二〇一〇年三月的八十九％。

憂心的人不只莉比克，密西根與賓州曼諾院區的其他治療師，也詳細記錄下公司為了向聯邦醫療保險方案多申報一點，而做出的類似不當對待病患與行為失當案例。他們把這些問題講出來之後，同樣也被掃地出門。總共有三名吹哨者代表美國納稅人（支應聯邦醫療保險方案資金的，正是美國的納稅人）提出舉報。這些勇敢的員工為政府調查人員提供要命的電子郵件、詳細的病患案例，以及曼諾用來抓出哪些員工拒絕配合其操弄措施的績效評核。

舉例來說，二〇一〇年一月，曼諾高階主管在其維吉尼亞斯綽佛（Stratford, Virginia）院區碰上一個問題。公司說，復健醫師沒有「展示高效系統，確保提供服務以充分利用相關的聯邦醫療保險給付」。為了改正問題，曼諾把目標對準這位醫生，要他每天發送電子郵件，列出未接受「超高級」治療的病患姓名。為了確保這位醫師理解沒有推動公司治療目標會有什麼後果，他還必須簽署一份文件，上面寫了：「無法在設定的時限內完成雙方同意的成果，將會遭受懲戒，最嚴重包括終止職務。」

莉比克與另外兩位內部人士的指控，二〇一五年四月二十一日時透過司法部的新聞稿公諸於世。檢察官說，除了假造的「超高級」帳單，曼諾的行政人員還常常不管治療師認為應該讓病患出院的建議，把人強留在院區。司法部引用多位曼諾公司內、外部人士的大量申訴意見，指出在曼諾，相關人員要承擔達成聯邦醫療保險申報額以及留住病患等目標的壓力，妨礙了治療師的臨床判斷，犧牲了病患的福祉。但曼諾「對這些申訴意見完全無動於衷」。

住民被迫接受非必要治療的具體案例，讀來很折磨人。政府發現，在曼諾的伊利諾（Illinois）院區，一位八十四歲的老先生接受物理治療、職能治療和語言病理治療，但一個月後病況開始惡化。檢察官說，這位病患「整體來說受到傷害」，他一直覺得很疲憊，治療也一直沒有進展。但為了符合向聯邦醫療保險申報「超高級」的資格，他還是被迫忍受「過度」治療。有一天，這位病患呼吸困難，而且言語不清，他的內科醫師僅為他開立安寧照護與緩和治療的醫囑，但曼諾堅持要讓他去參加團體治療。不到一星期，曼諾又試著強逼這位病患接受治療，當天他就過世了。

曼諾被凱雷收購之後，院方彷如巴丹死亡行軍（Bataan death march）[18]的治療，不是病患唯一感受到的改變。《華盛頓郵報》在二〇一八年的調查中發現，二〇一三年到二〇一七年間，曼諾院區違反醫療行為守則的情形增加了二十六％。紀錄中提到的各種醫療疏失和問題愈來愈多，有些和預防與治療院區居民的褥瘡有關，有些是無法為需要注射、造口護理和義肢處理的病患提供特殊服務，或者是未協助病人進食與維持個人衛生。

18 譯註：二次大戰太平洋戰爭期間，日軍強迫菲律賓巴丹半島的美國與菲律賓投降戰俘行軍，並對於虐待與屠殺。

《華盛頓郵報》總結道：「凱雷與投資人於二〇一一年完成金融交易，他們從曼諾榨取十三億美元，並讓該公司背負根本難以承擔的金融債務，以致騎虎難下。之後，這家連鎖照護中心違反醫療照護守則的情況就與日俱增。」在凱雷這邊，其主管將曼諾的財務困境歸咎於美國政府，特別是聯邦醫療保險方案：二〇一一年十月，這套系統刪減了支付給安養服務的費用。凱雷回應《華盛頓郵報》的調查時，說他們的安養院「以聯邦醫療保險方案發出的評等標準來說，提供的是絕佳的服務」。

✵ ✵ ✵

美國司法部在二〇一五年接下三位吹哨者的指控並控告曼諾時，早已先配置了大量的資源要查這個案子。

聯邦政府仰賴各方協助，包括五個州不少於八個檢察署以及六個州的檢察總長。國防部以及「衛生與公眾服務部（Health and Human Services）」的監察長出手幫忙，聯邦調查局、「全美醫療給付欺詐監管機構協會（National Association of Medicaid Fraud Control Units）」和聯邦作戰支援單位「國防健康局（Defense Health Agency）」也都跳了下來。這是一場「全體總動員」，投入一樁預估對納稅人造成五到七億美元損害的民事案。

司法部的訴狀達六十二頁，包含了曼諾各院區遞交給聯邦醫療保險方案的給付申請資料，以及威嚇員工配合申請「超高級」給付的電子郵件與內部通訊。這些東西讓人看了很沮喪，但強而有力重述了事實。

司法部民事訴訟首席助理檢察長班傑明．米瑟（Benjamin C. Mizer）說，對曼諾提出的民事訴訟是一個範例，要求醫療保健供應商負起責任，不要藉由推動非必要醫療服務，從聯邦醫療保險上賺錢。公布這個案子時，米瑟說：「我們不會懈怠，會努力阻止這些假申報騙局，替聯邦醫療保健方案把錢找回來。」

但過了兩年之後，就在審判前夕，司法部懈怠了。二〇一七年十一月八日，司法部在法院提交申請，完全撤銷此案，背棄了莉比克和另外兩位吹哨者。確定的是，政府面對的是一位不友善的法官，而且在一項關鍵證據上，犯下了難堪的法律錯誤。但曼諾已經承認「超高級」的申報量提高了一倍，也編製了文件證明他們的行政人員對計費層級的治療師不當施壓。隨隨便便把一個涉及五億美元的案子丟了，就算不可疑，也夠奇怪了。

而且很麻煩：政府是撤銷這個案子，而不是尋求和解，這個決定不用經法院審查是否「公平、適當且合理」，一般這種案子通常都是用這樣的標準。這個案子就這樣石沉大海。當司法部撤案，把自家醜事講出來的曼諾內部人士還要面臨其他後果。莉比克和其他由司法部接下指控案的吹哨者一樣，因為此事聲名大噪。她的角色讓她付出慘重代價，政府撤案之後更是雪上加霜。莉比克告訴我們，她在人生中第一次想要自殺，她認為她毀了自己的事業。很確定的是，她說她在之後幾年很難找到工作。

莉比克做的事，不過也只是要求強大的企業負起責任，她不敢相信政府就這樣放掉這個案子。「我以為政府會把該做的事做好，我確實這樣想。」莉比克幾年後說，「但他們無能。感覺上，就好像他們希望這件事失敗。說到底，他們都是懦夫，當他們要放掉這個案子，還連夜趕文件。」凱雷當然歡欣鼓舞。「如今已經證明我們無罪。」曼諾執行長史帝夫・卡瓦納（Steve Cavanaugh）說，「曼諾健康照護中心不用支付任何費用，訴訟結束了。」

但曼諾的困境還沒結束。四個月後，二〇一八年三月，該公司申請破產，負債達七十一億美元，後來由非營利的「普梅狄卡長者照護健康醫療公司（ProMedica Senior Care）」接手，以十四億美元達成交易。卡瓦納跟著公司轉進普梅狄卡，後來有人轉述他說凱雷榨乾了曼諾的資本，讓曼諾無法履行在業務上再投資的承諾。卡瓦納說，換了新業主之後，曼諾計劃拿出約七千五百萬美元做再投資，其中一項具體行動，是要提供資金，於隔年大規模整修四十到五十處院區。

⁂

凱雷對曼諾的住民造成的衝擊不是一次性的。事實上，美國國家經濟研究院二〇二一年也發布了一項安養院研究，得出的結果十分驚人，相比之下，曼諾被指控的、不當對待病患的那些劣跡，甚至堪稱良善。該項研究指出，與由非私募股權公司擁有的安養院相比，私募股權公司擁有的安養院住民死亡率高了十%。研究人員提報，在二〇〇五年到二〇一七年這段研究期間，私募股權公司擁有的安養院多死了兩萬人。紐約大學、芝加哥大學與賓州大學的研究人員的結論是，照護人員減少與不太遵循照護標準，可以解釋這些悲慘的結果。

本研究令人震驚，但也很站得住腳。這一次，這些私募股權海盜沒有聲稱研究結果有偏頗或不正確。

紐約大學史登商學院（Stern School of Business）財務金融助理教授薩布琳娜・豪威爾（Sabrina Howell）是這份報告的作者之一，她告訴我們研究結果讓她很吃驚，因為她認為私募股權公司在某些產業扮演能提高生產力的角色。她說，當企業提供的是有利於公益、但由納稅人支付的服務，比方說，安養院利用聯邦醫療保險方案創造營收，追逐利潤的動機會產生很麻煩的結果。

「在這些產業，我們要非常擔心強力追求最大利潤的動機，」豪威爾說，「因為這種動機不符合此等產業從事經濟活動時要依循的隱性契約。我的研究指出，私募股權業者通常會在教育與醫療產業破壞這些隱性契約，因為這麼做可以創造短期價值。」

第十一章

沒有人在乎行動號召

冷眼旁觀企業行醫

這些掠奪者在二十一世紀初全速進攻醫療保健產業，凱雷收購曼諾只是其中一例。過了差不多二十年，在新冠疫情期間，更凸顯了這些收購案富了大亨、卻妨礙了美國在致命疫情期間提供重要醫療保健服務的能力。

醫療保健產業的淘金熱始於二〇〇五年，到了隔年，這些劫掠者在產業裡收購公司的金額創下紀錄，達八百億美元。瘋狂的收購活動又是前所未見的景況，直到二〇一八年，那一年成交了八百個案子，數值達一千億美元。

隨著收購熱蔓延開來，華府也開始針對美國的國家醫療產業做重要研究。二〇〇五年底，為國會議員提供經濟資訊的無黨派政府機構「國會預算辦公室（Congressional Budget

Office，簡稱ＣＢＯ）」接到一項任務，他們要回答一個問題：美國的醫療保健體系是否已經做足準備，有能力因應一場流行疫病？要求做分析的人是比爾．佛瑞斯特（Bill Frist），他來自田納西州（Tennessee），當時是參議院多數黨領袖，也是國會裡少有的幾位專科醫師之一。他也要求預算辦公室，研究疫情可能會對國家經濟造成什麼樣的浩劫。

報告於二〇〇六年五月出爐，這份二十二頁的文件以各地的經濟學家常見的冷靜文體寫成，但是傳遞了極為悲慘的訊息。「萬一爆發疫情，」報告總結，「在地醫療保健系統的病床、工作人員和備品數量都跟不上需求（也達不到照護的常態標準）。」報告中也指出，疾病管制中心設計的模擬工具「流感竄起（FluSurge）」得出估計值，指稱「在疫情嚴重的都市地區，對醫院病床和照護人員的需求會比目前的量能高三倍，加護病房床位的需求會比目前的量能高七倍。」

預算辦公室指出，全美的醫院在疫情期間必須經受更加嚴峻的消毒與廢棄物管理問題，並面臨手術口罩、手套和防護衣等保護性設備的嚴重不足，真是恐怖的先知。這份報告精準預測全美各醫院之後會碰上的事，如急診醫師林明的遭遇。

還有別的。這份報告說：「呼吸器會非常重要」，並提到美國當時約有十萬台呼吸器可用，一般來說，一天裡會用上其中的四分之三。但「如果發生像一九一八年那麼嚴重的流感疫情，那會需要七十五萬台呼吸器來治療病患。」

預算辦公室建議，要針對這種災難預作準備，全美的醫院應該要花掉五十億美元做計畫與培訓，並且積存各種保護性的裝備與備品。換算下來，這表示美國的一般醫院約要投資一百萬美元，而添購抗病毒藥物或像呼吸器這種高價設備，還要花更多錢。

最後，報告估計，疫情將會導致全美經濟活動下滑四．五％。（估計值和實情相差不遠，二〇二〇年新冠疫情期間，經濟產出比前一年減少了三．五％。）預算辦公室得出結論：「此時就投入全部的成本以求替未來做好萬全的準備，可能不是很穩健的投資，但至少先拿點錢出來會是明智之舉。」

預算辦公室的水晶球準到嚇人，精確預測了二〇二〇年三月開始的種種事件。但沒有人在乎這項緊急行動號召。

預算辦公室在分析中沒有看到的是，美國的醫療保健產業會被人強取豪奪。這些人想的是要剝光企業的資產，並從中榨光現金，而不是在做好準備的呼籲之下做更多投資。即便預算辦公室的預測很明智，也沒看出私募股權業者早已下定的決心：強迫產業生出利潤才是正事，明智行事不過是討人厭的麻煩。醫療保健業的營運中有太多可以削減成本的地方，也有太多政府方案會給油水，比方說聯邦醫療保險。此外，加把勁積極催收醫院逾期未付的帳單和管理醫療數據，很可能創造出比天高的報酬。

醫療保健業裡有太多豐富的礦藏等人開採，根本沒有時間去擔心可能發生疫情這種事。

因此，從二〇〇五年到二〇二〇年，包括阿波羅、黑石、凱雷集團和KKR在內的私募股權巨頭，都在這個重要產業裡大肆收購，完成了五千億美元的交易。他們壓榨安養院與郊區醫院的資產，並在急診、皮膚科、麻醉科和放射科等賺大錢的科別推動高級醫療。

二〇〇六年，就在預算辦公室提出警示之後沒幾個月，一個由三家私募股權巨頭（貝恩、KKR和一個「美林〔Merrill Lynch〕」旗下的單位）領導的投資人團，用三百三十億美元買下了美國最大的連鎖醫院HCA。在當時，HCA案是有史以來規模最大的債務基礎收購（debt-backed buyout），擠下了一九八八年的雷諾納貝斯克公司交易案。以重要投資人之姿搭上這一趟便車的，也正是那一位要求預算辦公室研究美國為流感疫情做了多少準備的參議員比爾．佛瑞斯特。

四年後，二〇一〇年時，HCA支付四十三億美元「股利」給私募股權投資人，這些人就差不多回本了。隔年，HCA股票上市，持有公司少數股權的私募股權公司又賺了更多錢。《財星》雜誌（*Fortune*）做了一項分析，股票上市之後，貝恩資本公司本來投資HCA六千四百萬美元，後來賺了十二億美元。

但不當對待員工的指控如影隨形跟著HCA。

二〇二〇年八月，因為新冠疫情疲憊不堪的HCA護理人員指控雇主故意違反職場安全標準，十七家醫院都強迫員工共用休息室、電腦、辦公桌、電話和護理站。護理師說，更糟糕的是，當他們暴露在新冠病毒之下，院方並沒有告知他們。

賈梅爾．布朗（Jamelle Brown）是一位急診室的技師，任職於堪薩斯市（Kansas City）由HCA擁有的「醫學研究醫院（Research Medical Hospital）」，後來因公感染新冠病毒。他負責清理與消毒急診部的二十八間病房，時薪十三．七七美元。他在當地參加服務業員工國際工會，工會之前一直想辦法要幫他和他的同事加薪到十五美元並且溯及既往，還要爭取多一天的喪假。HCA反對，只把時薪提高十三美分。

布朗賺的錢不夠自己租一間房，只能和姊妹同住，這讓他很難與十三歲的兒子有兩人時光。他說，如果他的時薪提高到十五美元，就多這一美元，他就可以「讓我跟兒子好好過日子」。

幸好，布朗的新冠病毒並不嚴重，完成隔離之後，他在二〇二〇年夏天返回工作崗位。回到醫院之後，他受到所屬單位表揚為當月最佳員工，還拿到一張禮物卡。禮物卡裡有獎金六美元，可以抵醫院餐廳的消費。

「這真是讓我寒心。」在這家醫院工作已經快四年的布朗說，「我靠在椅子上講出一句話：『這個地方不會照顧我。』」

在此同時，HCA正在賺大錢：二〇二〇疫情那年，他們提報獲利為三十七．五億美元，比前一年的三十五億美元還高，股價也比二〇一一年上市時漲了超過七〇〇%。二〇二〇年時，HCA替布朗加時薪十三美分，而公司的執行長薩謬爾．哈贊（Samuel Hazen）加薪十三%，年薪來到三千零四十萬美元。與HCA員工的中位數薪資相比，哈贊的年薪高了驚人的五百五十六倍。公司有很多員工在疫情期間冒著生命安全站在第一線，比方說布朗。

哈贊的薪水比布朗高了將近千倍，布朗對此有何感想？

「我覺得，我努力工作、大家努力工作，別人更富有了，但與我們無關。」他說，「我們才是實際做事的人。」

「我們珍視員工以及他們為了照護社區所做的努力。」HCA的發言人在一項聲明中說，「我們承諾提供具有競爭力的薪酬與福利配套，以及發展專業和推進職涯的機會。」

✡ ✡ ✡

私募股權公司收購醫療保健產業，引發無窮無盡的負面後果，但哪裡都比不上他們在急診醫學領域製造出來的禍害。在這個非常重要的領域，尋求緊急處置的人最無能力反擊或去質疑照料他們的人，掠奪者可以為所欲為。

二〇二〇年新冠疫情爆發時，兩家最富有的私募股權公司（黑石和ＫＫＲ）已經贏得合約，經營全美超過三分之一的急診室。其他私募股權公司也有興趣，於是這個產業控制了超過四十％的美國急診室。

ＫＫＲ旗下的人力資源公司「展望醫療保健（Envision HealthCare）」，二〇二二年時是最大型的急診醫學集團，為四十五州、五百四十處醫療院所提供專科醫師以及其他員工。其主要對手團隊健康是黑石集團旗下的公司，團隊健康監督和平健康醫院在華盛頓州貝靈罕市的急診部，他們開除了公開發聲的林明醫生。

然而，深度介入醫療保健產業對私募股權掠奪者來說也有風險。這一行的利潤確實豐厚，但在將近三十州的多樁收購案，都會撞上禁止企業行醫的法律。這些條文掛在那裡幾十年，其目的很明顯：要確定醫生把病患的利益放在第一位，不要向追求利潤的業主或經理妥協。州法律也禁止各種商業實體和行醫的醫師分帳，意在阻隔貪婪，不讓其危害到照護病患。

加州、明尼蘇達州、俄亥俄州、賓州和德州都立法禁止非醫師影響醫療操作上的臨床決策。他們要求，唯有在當州持有執照的執業醫師所擁有的專業企業，才可以提供醫療保健服務。

但聰明的私募股權公司早就設計出多種方法，隱藏他們在醫師執業機構的所有權。他們改在由醫師擁有或經營的專業學會之下運作，但事實上負責監督與控制的仍是企業。這些學會公司設立時的架構，僅針對醫療活動提供行政或其他支援服務，就不會衝撞禁止企業行醫的法律。然而，實際上，這些公司也做重要決策，決定醫師提供的照護，例如醫師要看多少病人以及要開立什麼樣的治療。

展望醫療保健公司和團隊健康公司都使用這類安排，經營醫院裡的急診部。他們聘用醫生成為執業單位的「書面」業主，但這位業主完全由展望醫療或團隊健康掌控。受聘擔任人頭主管的醫師，都掛上公司總裁、秘書長或執行長等職銜。他們領到的薪水，是來自於把執照拿出來借牌給別人用。他們不監督營運，隨時都可能被公司終止職務，他們也簽署了行為守則，承諾要推動公司的利益。

某些同意此等安排的醫師，在各個州「擁有」幾百家執業院所。葛瑞格利．拜恩（Gregory J. Byrne）是德州休士頓一位急診科醫師，不管哪一年，他在全美都替展望醫療保健公司「擁有」多至三百處執業院所。拜恩根本不可能監督這些院所的狀況。拜恩說，他「擁有」的那些公司並不處理醫療照護。「那是醫師的責任。」他對我們這樣說，並且拒絕發表更多意見。

當這些醫生和他們任職的企業之間的關係受到檢視，又出現了另一個故事。舉例來說，拜恩在加州、佛羅里達州、麻州、紐約州以及其他地方的營運企業紀錄，都會追溯回到展望醫療保健公司在田納西州的總部地址。一份法庭文件說，展望醫療保健「把營運文件轉給拜恩簽署」，這些營運的利潤流進展望醫療保健，而不是給拜恩。雖然展望醫療保健「謹慎維繫自身與各家子公司之間的企業型態，」該法庭文件說道，「經營管理子公司的人，是子公司的代表人，但他們也和母企業有直接關係。」

換言之，借牌給這些院所的醫師，只是名義上的負責人，他們不是涉入日常營運的人，真正的主事者是團隊健康或展望醫療保健公司的高階主管。

這些公司很清楚，他們執行醫療業務與利用合約和醫師分潤會帶來風險。團隊健康被黑石集團收購之前，曾在二〇〇九年發出的證券申報文件中提醒，這樣的業務模式合法性可能會受到質疑。

「我們在四十六個州營運，適用的法律規範會因州而異，」這份文件中說道，「很多州都禁止像我們這樣的一般商業公司行醫、掌控醫師的醫療決策，或涉入與醫師分收專業收費等操作。我們相信，我們基本上遵循各州禁止企業行醫與分潤的法律。」

這份文件繼續說道，但「其他人可能會主張，儘管我們在組織架構上做了特殊設計，但我們還是可以涉入企業行醫與非法分潤等活動。如果在適用的司法或行政法庭提出這樣的主張，我們可能會受到司法或行政處罰，某些契約可能會被判定不可執行，我們可能必須重新安排契約。」

團隊健康的業主黑石集團，三言兩語帶過該公司在之前送交給證交會文件中提到的商業模式危機。「團隊健康管理公司的組織架構，完全遵循早已確立的法律與法例，」其發言人在一項發給我們的聲明中說，「同一小群大吵大嚷的倡議人士提出訴訟，但團隊健康在面對司法查核其組織架構時，在每一個案子上都勝出。」順帶一提，這一小群大吵大嚷的倡議人士，就是全國各地擔心企業行醫會傷害病人的急診科醫師。

來到急診室尋求緊急醫療的病患，少有人認知到這樣的關係可能造成的傷害。然而，背後的細節時不時在訴訟中跳出來，顯示這些企業為達目標，如何規避了禁止醫療企業化的法律規定，也透露出這些剝削別人的群體在收購醫院急診部之後，如何威脅到病患照護與醫師生計。

最讓人不安的例子，是二〇一七年堪薩斯市一位軍醫雷．伯洛方特（Ray Brovont）提出的不當解雇訴訟。伯洛方特是土生土長的舊金山人，二〇一二年時，成為堪薩斯市「歐佛蘭帕克醫學中心（Overland Park Medical Center）」急診部醫學主任。歐佛蘭帕克醫學中心的業主是HCA，他們常和展望健康照護公司以及團隊健康簽約，經營旗下的急診部門。伯洛方特開始負責該院的急診部時，HCA之前已經和一家醫院人力資源公司「急診照護公司（EmCare）」簽約，由其管理。急診照護公司當時的業主是「凱杜萊私募股權公司（Clayton, Dubilier & Rice）」，但二〇一八年時以展望醫療保健公司的名稱賣給KKR。

伯洛方特開始主掌歐佛蘭帕克時很忙碌，此地是二級創傷中心（Level II trauma center），必須要有一般外科提供二十四小時的即時支援，還要有骨外科、神經外科、麻醉科、急診醫學、放射科和加護病房照護。伯洛方特已經做好準備要迎接挑戰，他之前一直都在伊拉克作戰，獲得美國急診醫師學會院士（Fellow of the American College of Emergency Physicians）的崇高榮譽。伯洛方特說，在軍隊服役七年，教會他要在問題一出現時就趕快應對。「我把這樣的行為範式帶入我身為平民醫生時的執業活動中，」他對我們說，「目標是要先找到問題，以免發生嚴重後果。」

伯洛方特說，在歐佛蘭帕克，有一個可能發生嚴重後果的地方，這和醫院的「藍色代號（code blue）」政策有關，藍色代號是當病患沒有呼吸或沒有脈搏時的求救信號。相關的政策已經過時了，而且很危險。這套制定於一九九三年的政策，要求急診醫師要隨時跑到醫院其他呼叫藍色代號的地方支援，就算這表示要把急診室丟著、讓現場沒有可處理藍色代號事件的醫師也一樣。每天，很多時候急診室裡都僅配有一位醫師，如果急診醫師跑去醫院其他地方處理藍色代號事件，那急診室就沒有醫師治療需要緊急協助的人了。

伯洛方特總結道，歐佛蘭帕克醫院二〇一四年規模倍增、又新增了另一處小兒急診室，在那之後，院方的藍色代號處理政策更會對病患造成緊急危害。現在，醫院裡唯一的急診醫師要為了回應藍色代號事件在三個地方跑來跑去。這不僅不可能，政策本身也違反了「美國外科學會（American College of Surgeons）」制定的指引，該學會要求二級創傷中心急診部二十四小時隨時都要有醫師。此外，歐佛蘭帕克醫院的政策並未遵循《緊急醫療與勞動法案》（*Emergency Medical Treatment and Labor Act*），這套聯邦法案要求急診室醫師要隨時待命，立即協助來到急診室亟需治療的病患。

伯洛方特和他每一位醫師同事都對藍色代號憂心忡忡。二〇一五年起，伯洛方特開始表達急診部門對此政策的極度憂慮，並上報給他的主管派翠克．麥克修（Patrick McHugh），他是私募股權旗下急診照護公司的高階主管。麥克修對伯洛方特說，沒有多餘的錢多聘用一位醫師，無法在醫院其他地方有藍色代號事件時，仍維持有人支應急診室。但伯洛方特繼續施壓。

到了某個時候，麥克修問伯洛方特要不要去附近另一家醫院任職，顯然是要升他的職。

但伯洛方特說，他比較想繼續待在歐佛蘭帕克，做完他開始打造急診部門時就要做的事，並且改變藍色代號政策。

二〇一六年七月，伯洛方特被叫去和麥克修以及急診部所有醫師開會。他說藍色代號政策代表了違反聯邦法律，此話在醫師之間引發焦慮。麥克修很不高興。

不久後，麥克修發出電子郵件給伯洛方特和他的同事們，他講的話很直接了當。「HCA是一家在『紐約證交所（New York Stock Exchange）』上市的營利事業，」麥克修寫道，「他們很多的人員配置決策依據都是財務，而急診照護公司沒有什麼不同。利潤是每個人的最佳利益。」

即便伯洛方特這麼努力，顯然，問題還是無解。因此，二〇一六年九月底時，他寫了一封信，列出持續適用該政策會對病患安全造成的威脅。伯洛方特把這封信傳給十八位醫師同仁，確認他們都同意信中要傳達的訊息，然後送交麥克修與另一位代表集團的急診照護公司高階主管。

沒有回音，直到有一天伯洛方特在走廊碰到麥克修。「你有收到我的信嗎？」伯洛方特問。麥克修大聲咆嘯回答：「你為何還要把這些事寫出來？」

二〇一七年一月十七日，麥克修要伯洛方特下班後去一家酒吧和他碰面，他在酒吧裡對伯洛方特說，他不適合繼續擔任歐佛蘭帕克醫學中心的醫學主任，他被開除了。麥克修解釋，這位醫師「動不動就反對，而不是表達支持，而且不斷地為反對而反對。」最後，麥克修說：「你知道，你每個月能領薪水就是要你好好擔任企業的代表，企業代表有一項責任，那就是支持企業的目標。」

伯洛方特驚呆了，但還有後續。麥克修被這件事激怒了，他想盡辦法讓伯洛方特無法在附近的堪薩斯或密蘇里醫院中，其他由急診照護公司營運的急診部找到工作。

伯洛方特被解雇之後，其他同意他發出信函、但留在歐佛蘭帕克的急診室醫師，開始擔心工作不保。他們的工作環境像是「充滿威逼的古怪邪教團體」，如果你不做上面要你做的事，就會被開除。據報，還背著沉重助學貸款的年輕醫師，最擔心萬一他們抱怨的話就會丟掉飯碗。因此，他們對藍色代號政策默不作聲，院方要到幾年之後才會改。

伯洛方特失業了大約三個月，之後，他找到工作，在一家沒與急診照護公司簽約的院所擔任代理院長。二〇一七年，他控告急診照護公司「違反公共政策，不當解雇」。當這個案子擠進法院，也揭露了相關細節：急診照護公司聘用葛瑞格利·拜恩醫師，讓他作為經營歐佛蘭帕克醫院急診部的醫師學會的「掛名」業主。拜恩作證時說他從未參與急診部門的運作，也沒有開除伯洛方特，證明了急診照護公司確實是一家在醫院裡行醫的企業。伯洛方特很驚訝地發現原來他的上司是拜恩，他作證說他從來沒見過也沒聽過此人。

二〇二〇年，陪審團判賠給伯洛方特兩千九百萬美元，其中包括兩千萬美元的懲罰性損害賠償金。上訴時，金額被減至兩千六百萬美元，但不當解雇的罪名成立。

麥克修已經不在展望醫療保健公司任職，他沒有回覆我們請他表達意見的訊息。急診照護公司的母企業，展望醫療保健的發言人在聲明中說，該公司遵循「各州的法律，並在高道德標準下運作，把病患的健康和安全放在第一位。展望醫療保健公司的臨床醫師和所有臨床醫師一樣，運用其獨立判斷能力，根據病患特有的需求提供優質、有愛心且臨床上合適的照護。伯洛方特醫師表達的顧慮，針對的是醫院的政策，而不是展望醫療保健公司的政策，該政策在展望醫療保健公司目前的領導團隊入駐之前便已存在。」

伯洛方特目前在一家小型的急診部工作，也在堪薩斯州普里雷村（Prairie Village, Kansas）開設私人診所，距離他為了病患安全而奮戰的歐佛蘭帕克醫院很近。行醫時，他幫助老兵和其他病患克服心理方面的健康挑戰，例如憂鬱症和創傷後壓力症候群。

「醫療企業化的危機，在急診醫學已經達到頂峰了。」坦普大學醫學院（Temple University Medical School）急診醫學教授兼主任羅伯·麥克馬拉（Robert McNamara）醫師說，「疫情期間，有些醫師被企業實體減薪，他們基於病患安全的正當執業程序也被否決了，而這可是醫師的權利。一般的急診醫師很怕把話說出來，因為他們擔心被解職。」

麥克馬拉教育公眾認識由企業執行急診醫療會有哪些弊病，他把這件事當成一場聖戰。多年來，他對州醫學委員會與州檢察長多次提出申訴，但都沒成功。他和一個團體結盟，二〇二一年十二月時在加州法院控告展望醫療保健公司，主張該公司當年早些時候，接手加州普拉森的（Placentia, California）「普拉森提亞—琳達醫院（Placentia-Linda Hospital）」的急診部門人員時，就違反了本州法律。訴狀宣稱，展望醫療保健對於其收購院所醫師的掌控程度「既深且廣」。一家醫療實體的醫學主任就由展望醫療保健公司指派。

展望醫療保健公司也決定要聘用多少醫師、他們的薪酬水準以及工作排程，也制定其他工作條件、人力配置水準以及收治的病患人數。展望醫療保健公司控制如何就醫療服務設定代碼與如何向病患和保險公司收費請款，但不告知醫師他們怎麼收費。訴狀指出「做決定的不是醫學主任。」

訴狀也主張，展望醫療保健還在內部制定了治療病患的標準，而加州法律禁止用這種方式監督臨床診療。展望醫療保健公司用這些標準來評核醫師的績效，干預醫師在醫療上的獨立判斷。

「在利潤的驅使下，他們會找來比較沒有經驗、比較不符合資格的醫事人員來查看病患，或是壓迫醫師用太快的速度看太多病患。」麥克馬拉對我們說，「對病患來說，私募股權公司造成的另一種成本，是他們會用高額帳單與收帳政策盡可能賺錢，醫生對於到底發生了什麼事毫無頭緒，他們不知道私募股權公司用他們的名義開出哪些帳單、又收了多少錢。」

這場對抗展望醫療保健公司的訴訟正在進行中，二〇二二年夏天，法官駁回該公司撤銷本案的要求。

在這些私募股權公司迫切逐利之下，另一個結果是急診部門不當地讓病患住進醫院，並且支付高額費用。聯邦醫療保險支付的住院給付，比留院觀察或急診門診照護的金額高了至少三倍。納稅人被迫替這樣的不當處置買單。

像這類在環境條件下濫用聯邦醫療保險的情形，是二〇一七年司法部控告急診照護公司（也就是開除伯洛方特醫師的公司）的基本論據。有幾位醫師提出詐騙聯邦醫療保險的指控，指稱急診照護公司在其監督的急診部門，不必要地讓享有聯邦醫療保險的病患住院。檢察官說，急診照護公司拿走連鎖醫院領到的住院給付。

被告不承認指控，這是司法部案子常見的可悲結果，而急診照護公司二〇一七年十二月同意支付兩千九百八十萬美元達成和解。（連鎖醫院之後也跟檢察官和解，支付了二・六億美元，也沒有承認指控。）急診照護公司達成和解時，母公司展望醫療保健公司則和衛生與公眾服務部簽署了一項企業誠信協議（corporate integrity agreement）。一般來說，在這類協議之下，衛生與公眾服務部的主計長同意不會排除展望醫療保健公司納入聯邦醫療保險或其他聯邦醫療保健方案，但前提是該公司要改變其作法。

展望醫療保健公司承諾「完全遵循聯邦醫療保健方案要求」，並建立一套遵循方案，針對反佣金措施提供相關的培訓。其企業誠信協議預期在二〇二二年十二月到期，一般這類協議的期限就是五年。

✲ ✲ ✲

當這些掠奪者蜂擁而入醫療保健產業，藐視著各州禁止企業行醫的法律，各州少有檢察官有所行動並制止他們。偶爾有檢察官極罕見地執法，致使私募股權公司持有的企業達成和解，這只能算是小小的懲戒，而不是真正的鞭策。

舉例來說，二〇一五年時，後來顏面盡失的紐約檢察長艾瑞克・施耐德曼（Eric Schneiderman）提起訴訟，控告「亞斯本牙科管理公司（Aspen Dental Management）」，後者為全美的牙醫診所提供行政服務。亞斯本背後有三家私募股權公司，其中一家叫戰神資本公司，負責人是安東尼·雷斯勒，他是之前阿波羅公司之前的合夥人，也是萊昂·布萊克的姻親。

亞斯本牙科管理公司宣稱，他們只是為牙醫提供後台行政支援，並沒有實際執行牙科業務，但施耐德曼的調查發現這種說法不實。施耐德曼判定，亞斯本牙醫管理公司經常鼓勵或壓迫相關人員提高牙醫服務的營業額與其牙醫診所的各種產品銷量。舉例來說，口腔衛生師被迫要賣更多產品給病患。亞斯本牙科管理公司也分走牙醫診所的利潤，直接違法。

在施耐德曼和亞斯本牙科管理公司的和解書中，包含了該公司的內部通訊紀錄，證明公司對口腔衛生師的不當行為。「我審視口腔衛生的成績，看到我們比當年的預算落後這麼多，（負四·三％）讓我很沮喪，」二〇一一年六月一份備忘錄裡說，「我真正的挫折，來自於我知道如果我們提供全方位的好服務，我們就可以消除這個落差！」寫備忘錄的人講的落差，是一天五十二美元的收益。

「你有讓每位病患都做美白嗎？」這份備忘錄繼續講下去，「你有確認每一位病患都安排好回診了嗎？你有給有敏感性牙齒的病患牙齒研磨乳膏（MI paste）解決他們的問題嗎？每天五十二美元……我知道我們做得到……有誰同意我的看法？？」

這位紐約檢察長把案子帶上法庭時，誇耀他的行動保護了紐約市民。「藉由落實紐約禁止企業行醫，以及醫事人員不得與無照個人或商業實體分潤的法律，」施耐德曼得意地說，「今天的協議確保紐約市民可以得到優質的牙齒護理。」

但施耐德曼和亞斯本牙科管理公司達成的和解是個笑話。該公司當時一年的營收為六·四五億美元，他們跟檢察長和解時只需要支付四十五萬美元，就能確保這個案子消失不見。亞斯本也沒有承認指控。公司雖然同意改變作法，但在和解之後，多年來消費者還是持續對亞斯本牙科管理公司提出申訴，員工也和公司打官司，指向改革無效。

各州的醫療委員會對於落實反對醫生協助企業行醫的法律極為被動。賓州、明尼蘇達與德州都有收到申訴，列出企業如何違反州法律，並要求制裁參與計畫的醫師，但近年來各委員會都沒有根據這些申訴案做出任何懲戒或採取任何行動。委員會對提出申訴並提供證據指出醫師容許企業用他們的名義不當行醫的人說，這件事沒什麼可看的，大家回去過日子吧。

有鑑於私募股權公司在醫療保健領域影響力日深，有關單位的不作為可能不那麼讓人意外。當中也存在潛在的利益衝突。舉例來說，德州醫療委員會的主席薛利夫·札佛蘭（Sherif Z. Zaafran）醫師也是委員會認證的麻醉科醫師，他就和一家背後有私募股權公司的「美國麻醉合夥事業（U.S. Anesthesia Partners）」有關係。美國麻醉合夥事業在七個州和哥倫比亞特區（District of Columbia）提供麻醉服務，業主包括幾家私募股權公司，如「威爾士、卡爾森、安德森和思拓維公司（Welsh, Carson, Anderson & Stowe）」、「波克夏合夥事業（Berkshire Partners）」[19]和「新加坡政府投資公司（Government of Singapore Investment Corp，簡稱GIC）」。

德州醫療委員會的發言人說，要不要追查申訴案件取決於所有委員，而非由主席拍板。

✵ ✵ ✵

當伯洛方特在密蘇里的法庭上對抗急診照護公司時，這家公司則在美東登上了大頭條。二〇一七年，耶魯大學的研究人員發表一項引發熱議的研究，指出與非急診照護公司醫院裡的病患相比，在急診照護公司旗下的急診室接受治療的病患，比較可能收到出乎意外而且金額高很多的醫療服務帳單。這套把戲很快就被揶揄為「意外醫療帳單」，當病患接受的治療列帳時列為「醫療網外（out of network）」[20]，病患的保險公司不給付，就會出現這種問

19 譯註：波克夏合夥事業（Berkshire Partners）是一家位於波士頓的私募股權公司，由布拉德利・布魯姆（Bradley M. Bloom）、克里斯托弗・克利福德(J. Christopher Clifford)等五人於一九八四年創立。與股神巴菲特的控股公司波克夏・海瑟威兩者並無關連。

題。嚇壞了的病患被迫支付差額，如果不付，就會被收帳人員緊追不捨。

耶魯的研究人員檢視全國兩百二十萬次的急診室門診，他們發現，當急診照護公司接手管理某個急診部之後，馬上就會拋掉既有的保險網絡安排。這樣一來，院方對病患收取的費用幾乎倍增，遠超過之前同一家院所醫生收取的費用。研究人員計算，意外帳單「平均」值為六二二．五五美元，由於這只是平均值，意味著有些人收到的帳單高達幾千美元。

美國一般家庭手邊能用來支應意外的錢連四百美元都不到，這種價格上的詐騙就很有意義了。這是在毫無戒心的消費者亟需幫助時，去剝削對方的無法無天案例。

事情還沒完。研究人員判定，營利性質的醫院，比方說HCA，和急診照護公司的醫生簽約經營他們的急診部的可能性，遠遠高過非營利的機構，錢就是其中的原因：急診照護公司的醫生會要求病患接受其他服務以提高收費，比方說電腦斷層掃描，用這種方法讓他們執行醫療網外的治療，替醫院賺錢。該研究說：「在我們的數據中，急診照護公司的醫師接手急診室之後，醫療院所收到的錢就成長了十一％，當中部分原因是急診照護公司會要求做影像檢測，病患要付更多錢。」

此外，由急診照護公司經營急診部時，病患住院（而不是出院）的機率高了二十三％，這也轉化成醫院的更高獲利。二〇一七年司法部調查急診照護公司，發現該公司不當地讓急診病患住院，以從聯邦醫療保險方案收到更多給付金額，就是以這項研究為基準。

這項研究冷冷地道出結論：「屬於醫療網內的院所卻以醫療網絡外的身分列帳，這種操作從中破壞了醫療保健勞動市場的運作，讓病患面對了嚴重的財務危機，也降低了社會福祉。」

研究結果隨即引發眾怒。研究主持人前往華府十幾次，向國會議員以及相關人員說明研究的結果，並在白宮做了一次簡報。對這種作法感到噁心的人不分黨派，國會開始著手因應，以控制這種有毒的活動。就連把黑石集團執行長蘇世民當成高階經濟顧問的川普總統，都說他會反對意外醫療帳單。

但這些撈錢的人冥頑不化。他們悄悄成立了一個假的草根性團體，對抗瞄準意外醫療帳單的立法。這個名為「醫病團結（Doctor Patient Unity）」的組織，推出大量的暗黑威脅攻擊廣告，有一則說，反對意外帳單的立法「僅有利於已經賺到破紀錄利潤的保險公司，傷害

20 譯註：美國的醫療保險會將醫療服務供應商區分為「醫療網絡內」與「醫療網絡外」，如果去「醫療網絡外」的院所就醫，保險基本上不給付。

了真正重要的人……那就是病患……也就是我們」。

廣告內容與署名的團體（即醫病團結組織），弄得好像是代表病患發聲一樣，但這個組織的面貌模糊，《紐約時報》一篇報導說，沒人知道他們錢從哪裡來，打到該組織總部的電話與發出去的電子郵件都沒有人回。這個組織登記在維吉尼亞州，文件上僅列了一個代表人，此人的姓名還出現在另外一百五十個政治行動團體上，而在其送交給「聯邦通訊委員會（Federal Communications Commission）」的廣告購買申請文件中，只列出了一位員工，此人也任職於多個共和黨政治團體。

當華府人士在猜醫病團結組織背後的大老闆是誰時，很明顯的是，不管是誰，都是有大把錢可燒的人。《紐約時報》算過，這個團體短短幾星期就花了兩千八百萬美元買廣告，另外還在臉書（Facebook）、Google和紙本郵寄廣告上花了很多錢。

接著，在二〇一九年七月，面對媒體的質疑聲浪，這個團體終於拉開簾幕，讓背後的金主站到台前：那就是KKR旗下的展望醫療保健公司，二〇一八年時買下急診照護公司以及黑石集團的醫療人力公司團隊健康。就是他們在幕後策劃這些恐嚇人的廣告宣傳活動，意在讓意外醫療帳單雷打不動，繼續賺進可觀獲利。

意外醫療帳單引發強大且普遍的憤怒，牽引出二〇二二年的立法，降低（但未完全消除）病患受到這種操作傷害的可能性。立法並不完美，包括私募股權大企業在內的特殊利益團體，成功讓他們的某些領域逃過一劫，例如緊急照護中心、安寧照護機構、戒癮中心以及安養院。然而，回擊私募股權業者用意外醫療帳單賺大錢，是第一次巧妙戳中了這些在醫療保健產業輕鬆撈錢者的痛處。終於有一次是他們過分到連華府都看不下去，他們高如山峰的貪婪太明顯、太容易理解，也太應該受到指責。

黑石集團的發言人對我們堅稱，團隊健康早就針對意外帳單「制定因應政策」，也支持立法「透過獨立仲裁」（這是最終的法律規定）終結此種作法。黑石集團的發言人說，該公司是醫病團結組織的幕後人並不是什麼祕密，但是，「在政治氣氛高漲的環境之下，該組織不希望因為醫病團結因為被當成『私募股權』團體而模糊了重要的訊息。這會轉移焦點，而且有違其阻止這種有害立法與保護病患的目標。」

至於展望醫療保健公司，投資人很快就明白禁止意外帳單的操作會損害該公司的利潤，以及其支付沉重債務的能力。展望醫療保健的債券已經墜入不良債券等級，二〇二二年初，該公司在一百天內就進行了兩次債務重整。在這些交易中，展望醫療保險公司使用標準普爾全球評級（S&P Global Ratings）稱之為「激進的法庭外重組行動」，把現有債券持有人有權主張的有價資產抽走。標準普爾說，這種移轉資產的行動對債券投資人來說是一種警訊，因為這「嚴重侵蝕了現有放款人的信用品質」。

私募股權在醫療界扮演愈來愈重的角色，有愈來愈多人檢視這種情況引發的其他相關問題。《哈佛商業評論》報導，私募股權公司也買進並扶植其他能創造極大量意外帳單的專科醫師，例如麻醉科醫師和放射科醫師。私募股權業者擁有的獨立運作急診室，成為病患怒氣的另一個出口。該報導說，在這些院所接受治療，費用會比在醫師診間「貴二十二倍」。

最後終於有人注意到，這些掠奪者積極綑綁美國原本就已經很脆弱的醫療保健系統。這個過程花了超過十年時間，還加上一場全球疫情，但總算是往正確的方向邁開了腳步。

第十二章

「就像是一九三九年希特勒入侵波蘭」

創造出億萬富翁的特殊稅賦優惠待遇

對收購巨頭KKR及其身價幾十億美元的各個創辦人來說，該公司二〇〇四年持有「爵士製藥（Jazz Pharmaceuticals）」這家搖搖欲墜生物科技公司的股份，不過是浩瀚星空裡一顆黯淡的星星。爵士製藥有在開發一些藥品，但並無實際的產品銷量，而該公司二〇〇五年虧了八千五百萬美元，KKR也在這一年第一次替這家公司撐腰。

KKR的管理資產總額達到一百五十億美元，他們投資爵士製藥的一．三億美元算起來不到一％，零頭而已。同樣地，一如私募股權世界裡常會看到的，KKR安插了高階主管進入爵士製藥的董事會，監督其投資。掌握董事席次讓KKR得以深入瞭解公司運作，並查核管理階層所做的決策。一位KKR的董事進入該公司稽核委員會，負責確認該公司的財務報表很確實。到了二〇〇七年，KKR擁有三席董事，這些董事任職一年領大約三．六萬美元，再加上約三千股的公司股票，價值超過五萬美元。檔案顯示，這些董事選擇遞延股票薪酬。

KKR承諾投資一．三億美元，其他私募股權公司也加碼一．二億美元，給了爵士製藥一筆重要資金，可用來買進其他藥品與製藥商。二〇〇五年四月，在KKR尚未敲定收購案之前，爵士製藥先宣布收購了「孤兒醫療公司（Orphan Medical），」這家總部位在明尼蘇達州明尼通卡（Minnetonka, Minnesota）的藥廠，專攻治療影響少數病患的相對罕見疾病。這也就是一般所說的「孤兒藥」，治療一年不到二十萬人會罹患的疾病。爵士製藥說，這種藥品的市場雖小，但收購孤兒醫療公司讓爵士製藥打造出「商業紋理」。收購行動馬上拉抬了爵士製藥的財報，六個月就創造了一千兩百萬美元的營收。

孤兒醫療公司的主力產品是Xyrem，用於治療猝倒症（cataplexy），該疾病是一種會發生在猝睡症（narcolepsy）病患身上的罕見肌肉癱瘓。「美國食品與藥物管理局（Food and Drug Administration）」二〇〇二年時已經核准用Xyrem治療猝倒症。美國的猝倒症病患人數少之又少，但Xyrem的歷史可以說講都講不完。這種藥品也稱為羥丁酸鈉（sodium oxybate）或γ—羥基丁酸（gamma-hydroxybutyrate），是一種三級管制物質（Schedule III Controlled Substance），多年來被非法濫用為約會強姦藥。此藥在一九九〇年代紐約市夜生活裡很流行，過度使用與濫用會誘發疾病發作、呼吸窘迫、昏迷和死亡。這種藥的藥效很強，只要用量比醫囑多一點點，就可能要命。

這種藥的黑歷史眾所皆知，食藥局也說，藥品的強效代表著不可以把藥出售或分給任何未持有處方箋的人。但Xyrem的行銷人員想要擴大市場，於是向食品與藥物管理局提出聲請，希望放寬潛在的病患群體。比方說，這家公司主張該藥可以協助白天睡太多的猝睡症病患。

二〇〇五年十一月，隨著KKR成為大投資人，食藥局同意讓爵士製藥把Xyrem用於這種適應症。但食藥局也要求要在藥品上放上所謂的黑框警示（black box warning），告知醫師與病患服用這種藥品可能會出現致命的副作用。食藥局說，Xyrem應僅能透過一家中央藥局配售給全國，以利密切追蹤。

食藥局核准藥物使用時，會限制僅供罹患該藥物已證實有療效之疾病的病患使用。這些限制稱為標示適應症（label indication），意在限制可以拿到特定藥品處方箋的病患人數。開立處方給罹患標示適應症以外疾病的病患，稱之為「仿單核准適應症外用藥（off-label）」。

食藥局一做出決定，爵士製藥馬上就把Xyrem的業務員從三十六人增為五十五人。這些業務代表賣出愈多藥，他們領到的薪水和獎金就愈高。有一位業務代表日後說，他收到指示一年要賣掉五百二十瓶Xyrem，以病患市場規模這麼小來看，如果要符合法律規定，根本做不到。

政府紀錄顯示，在KKR還沒登場的二〇〇三年，孤兒醫藥公司的銷售代表就一直催促醫生大力推廣仿單核准適應症外用藥，兩年後爵士製藥買下這家公司，也繼續推動這套方案。舉例來說，爵士製藥監製一套演講方案，付錢給醫師對其他醫師推廣各式各樣的Xyrem仿單核准適應症外用途。（當然，付錢給醫師在晚宴上為藥品說話是稀鬆平常的事，但被「普渡藥廠〔Purdue Pharma〕」拿來推廣鴉片類止痛藥時，就蒙上了大塊的新汙點。在新聞記者貝絲·瑪西〔Beth Macy〕所寫的暢銷書《毒疫》〔*Dopesick*〕以及勇奪多個獎項的同名改編電視影集中，詳述藥廠如何操作這套手法。）

彼得·葛利森醫師（Dr. Peter Gleason）是長島（Long Island）一位精神科醫師，向來積極為孤兒醫藥公司說話，現在又開始替爵士製藥推銷。葛利森在多個簡報場合三言兩語帶過Xyrem的約會強暴藥歷史，大力推薦其他未經核可的用途，說讓小孩與長者服用這種藥很安全。爵士製藥支付豐厚的薪酬給葛利森宣講：他每向一位醫師做一次Xyrem簡報就可以拿四百五十美元，在午餐會上做報告可拿七百五十美元，晚宴上則可收一千五百美元。二〇〇五年，葛利森靠做這個從爵士製藥賺到了二十八·五萬美元。

對葛利森來說，不幸的是，有一位吹哨者向美國聯邦政府舉報這些可疑的活動。二〇〇五年春天，KKR挹注資金到爵士製藥之時，聯邦調查局、衛生與公眾服務部以及其他政府機關則在調查這位醫生，以及他和爵士製藥的關係。一年後，到了二〇〇六年四月，爵士製藥收到司法部的傳票，要求檢視和Xyrem銷售有關的文件。在此同時，葛利森也被控告和公司幹部合作，推廣Xyrem仿單核准適應症外用途。「和嘉年華會上賣蛇油的推銷員[21]沒什麼兩樣，」是聯邦調查局對這位醫生的說法。

爵士製藥巧妙回應了檢方的要求，此時該公司也正準備第一次把股票推上市。公司還在虧，但營收已見起色。二〇〇六年，爵士製藥提報的營收達四千五百萬美元，比前一年高了兩倍以上。

在發行股票的文件裡，爵士製藥必須揭露聯邦檢察官正在針對葛利森的案子調查自家公司。然而，到了二〇〇七年六月一日，爵士製藥的股票仍以每股十八美元開始上市交易，總共從投資人手上拿到了一．〇八億美元資金。爵士製藥與KKR本來希望更高一點，但在最後一刻，《紐約時報》刊出一篇文章講到了Xyrem曾是約會強暴藥的歷史，並說此藥「和海

21 譯註：美國西部在拓荒時代少有醫生，當時出現一些騙子業務員推銷蛇油，說可以治百病。

洛因以及LSD[22]一樣危險」之後，爵士製藥不得大砍發行價。投資人嚇壞了，這檔股票當天的收盤價比發行價還低，這不是好徵兆。

六周之後，出現更多壞消息。爵士製藥在布魯克林（Brooklyn）的聯邦法院認罪，承認偕同葛利森一起推廣將Xyrem用在未獲核准的用途上，這是重罪。爵士製藥同意支付兩千萬美元的罰金與賠償，並說會配合政府針對此事進行中的刑事調查。即便投資人在爵士製藥的發行聲明中已經收到警告，說有可能會出現這樣的結果，但他們還是很震驚。這家公司的股票暴跌。

政府的調查，重創爵士製藥的業務。到了二〇〇八年，公司的營收成長減緩、虧損提高，股價已經跌到每股不到一美元。公司解雇了二十四%的員工，暫停藥物研發方案，才付得起KKR帶來的債務負擔。爵士製藥也警告投資人，關於該公司「是否有能力繼續經營下去，有很大的疑問」。

爵士製藥的前景看來一片黯淡。但身為Xyrem的獨門製造商，而且市場上沒有可以與之競爭的學名藥，爵士製藥的高階主管手上還有王牌。他們可以提高Xyrem的藥價，病患別無選擇，只能乖乖付錢。（二〇二一年有一樁官司控告爵士製藥阻斷學名藥的競爭並和製造商勾結，維持Xyrem的高價。）

換言之，爵士製藥很早就採用了哄抬價格戰術，很快地，其他藥廠也開始流行起這一招，前麥肯錫（McKinsey）顧問經營的「威朗製藥（Valeant Pharmaceuticals）」，尤其熱中此道。但哄抬藥價最惡名昭彰的，是由前避險基金經理人馬丁．西克里瑞（Martin Shkreli）經營的「圖靈製藥（Turing Pharmaceuticals）」，該公司曾在一天內就把抗寄生蟲藥物達拉匹林（Daraprim）從每錠十三．五美元調高到七百五十美元。西克里瑞二〇一八年因為另一樁不相干的證券詐欺案入獄。

到了二〇一〇年，服用Xyrem的病患要支付的藥價，比他們四年前高了四倍，服用Xyrem一年的費用達三．五萬美元。爵士製藥的高階主管，嗯，就像聆賞爵士樂那麼開心。在當年一場為華爾街分析師召開的視訊會議中，公司總裁鮑伯．邁爾斯（Bob Myers）說：「我們想要低於藥價天花板，不要引來（聯邦醫療保險）付款單位或（保險公司）保單查核。但坦白說，現在我們離天花板還遠，我們可以把現在的藥價提高兩倍，也不會碰到天花板。」

---

22 譯註：即俗稱的一粒沙、搖腳丸。

爵士製藥很快就提報了破紀錄的營收，二〇一一年，公司帳上出現了驚人的獲利：一．二五億美元。當年九月，爵士製藥與一家總部位在都柏林（Dublin）的公司「阿祖爾藥品有限公司（Azur Pharma Ltd.）」合併，股價又回到每股四十美元以上。這是一樁被稱為倒置交易（inversion）[23]的案子，迭有爭議，但爵士製藥就這樣離開美國，成為一家愛爾蘭公司，因此得以調降營業稅率，從原本全美適用的三十五％降到十五％。倒置交易有明顯的好處，各種公司都趨之若鶩，科技業和製藥業最愛用這套策略。

在這個步步高升的局面中，KKR也不定期賣掉手中的爵士製藥股份，二〇一四年時全數出脫。這個案子有一陣子很危險，但KKR最終表現出色。KKR向股東報告時說，爵士製藥二〇一一年時是該公司私募股權投資組合中表現最好的前三名。二〇一三年，KKR的爵士製藥持股只比六％多一點，但光是這些就價值三．三四億美元，相對之下，KKR一開始才投資一．三億美元。

然而，付錢買Xyrem的病患，以及透過聯邦醫療保險方案間接替高藥價買單的納稅人，就沒這麼好了。《紐約時報》報導，到了二〇二一年八月，食藥局登錄了二．七萬樁此藥品引發的「嚴重負面事件」，例如住院、造成生命威脅以及失能，還有七百五十三個死亡案例。

那麼，那位替爵士製藥推廣將Xyrem用於仿單核准適應症外用途的醫生葛利森，又怎麼了呢？二〇一〇年，他承認了一項聯邦輕罪，被罰二十五美元和一年緩刑。二〇一一年，在他緩刑期滿過後一個月，葛利森自殺了。

ＫＫＲ的女發言人對我們說，二〇〇五年調查孤兒醫藥公司「針對的是爵士製藥入主之前（衍伸來說，就是在ＫＫＲ入主之前）發生的行為，只是，我們擁有該公司之後，該種行為仍持續了一小段時間」，然後她補充道，「把ＫＫＲ入主該公司說成是不當行為的理由或原因，這是誤導。」她也強調了爵士製藥還有其他產品用於治療猝睡症、癲癇、猝倒症、急性淋巴性白血病等等疾病。當ＫＫＲ開始投資時，爵士製藥「產品組合極少，甚至可以說沒有，但當我們完全退出時，該公司提供的產品明顯壯大。我深信，深入檢視檔案內容與法說會上講的話，將會看出這樣的成長與多元化發展是助長該公司獲利能力的關鍵因素。」

但證交會的檔案顯示，從二〇一四年到二〇一七年，Xyrem 仍是爵士製藥淨營收中的最大宗，ＫＫＲ的女發言人也沒有談到讓病患付出極高代價的調高 Xyrem 藥價問題。二〇二一年八月，一件針對Xyrem以及一群學名藥製造商提出的民事反托拉斯訴訟案，在紐約的南區

23 譯註：指美國企業和非美國企業合併，之後把總部遷到美國之外稅率較低的地方。

法院起訴。「自二〇〇七年以來，爵士製藥將Xyrem的價格從每毫升約二・〇四美元調高到二九・六九美元，幅度超過一三五〇%。」訴狀上指出，「如果一位患者要服用有療效範圍內的劑量，每個月的Xyrem費用超過一・三萬美元。一項研究指出，爵士製藥調高價格的幅度，超過任何藥廠對於單一藥品調高的幅度。」

✵ ✵ ✵

二〇〇八年房貸危機就像一列火車一樣撞上美國，顯露出大型金融機構種種幾乎難以想像的貪汙腐敗操作。房貸放款人把錢借給他們早知道有可能還不出錢的人，知名投資銀行出售注定會崩盤的證券，銀行家在沒有合法所有權證明之下扣押屋主的房子，各式各樣的故事震撼了整個美國。

隨著經濟繼續崩潰，又出現了另一件讓人煩心的事：本該負責確保系統安全的金融監理機構，事實上卻把臉別過一邊，不去看房貸熱潮中的不當行為轉移到其他面向，更糟糕的是，有些監管人員還鼓勵這種行為。

這是一種全面的重大崩壞。銀行家的貪婪或許在意料當中，但監理機關和法庭無能又共謀？這也太讓人震驚了。

當借款人的私人物品堆在被扣押的房子門前，銀行收到了幾十億美元由納稅人掏出來的紓困金。銀行金、金融家、監理人員等華爾街的菁英，在困境中過了關。重要金融機構裡的高階主管無一人在事後入獄，不如一九八〇年代後期儲貸危機之後有約八百名官員進了監牢。在此同時，一般人則受到了不公平的對待：快要溺死的借款人在整場危機中從政府手中拿到的救命錢少之又少。這樣的矛盾讓人極為不安：借款人本來就因為銀行的可疑操作而受害，如今又二度受傷，在此同時，始作俑者卻得到紓困。

那麼，人民指控美國的系統被操弄成有利於菁英的抱怨聲愈來愈響亮，也就不讓人意外了。左派這邊，一場名為「占領華爾街（Occupy Wall Street）」的抗議運動，在紐約金融區的祖柯蒂公園（Zuccotti Park）設置大本營，怒吼出經濟上的貧富不均。占領者發明了一個新詞，用來稱呼和貪婪企業與華爾街金融人士站在對立面的一般人：九十九%。

前往祖柯蒂公園表達支持的人當中，有一群「摩曼提夫機能性材料公司（Momentive Performance Materials）」的員工，這是一家總部位在紐約奧班尼（Albany, New York）附近的黏著劑、矽膠和密封劑製造商。阿波羅公司才剛剛收購摩曼提夫公司，很快地就將四百位加入工會的員工薪資砍半，違反了合約。這家公司二〇一四年申請破產。

在政治右派這方，「被操控的賽局」這種觀點也贏得聲量並撼動人心，為一位集嘉年華叫賣人、企業連續破產人與自稱反菁英身分於一身，名叫唐納德．川普的人鋪好路，二〇一六年時贏得總統大位。

隨著整個國家的經濟與股市陷入混亂，銀行的違法瀆職行為變成焦點，少有人去關注私募股權巨頭的動向。房貸風暴正風起雲湧時，黑石集團的蘇世民在二〇〇七年二月替自己辦了一場極其奢華的六十大壽派對，引來奚落。蘇世民為這場活動豪砸三百萬美元，請來洛．史都華（Rod Stewart）和佩蒂．拉貝爾（Patti LaBelle），在真正世紀末的時刻來到公園大道軍械庫（Park Avenue Armory）為他的三百五十位賓客表演。

愈演愈烈的經濟風暴，並未阻止黑石集團在當年稍後首次公開發行，籌得四十億美元投資資金。其高階主管早已是妥妥當當的億萬富翁，而黑石集團的申請文件顯示，前一年蘇世民分到四億美元現金。

阿波羅也試著上市，但碰上房貸麻煩，二〇〇八年時抽回公開發行。但《富比士》雜誌仍認定萊昂．布萊克的財富預估在四十億美元之譜。隔年，傑佛瑞．艾普斯坦在佛羅里達因為和未成年人從事性交易而遭到起訴，他必須登錄為被定罪的性罪犯，但布萊克仍維持兩人之間的關係。

雖然阿波羅並沒有上市，黑石集團的股票在二〇〇八年動盪之中也跟多數金融股一樣遭受重創，但私募股權業最終實際上還受惠於這場災難。研究這些巨頭報酬率的研究人員得出結論，指出他們的投資基金跌幅並不如大盤指數跌這麼深，而且，在之後的漲勢中，他們也更快速回補。這番相對出色的表現，讓私募股權巨頭引來更多機構投資人把錢丟進他們的兜裡。

當這些金融強盜積蓄出億萬財富，一般美國家庭要背負的債務也膨脹到創紀錄的水準。聯準會的數據指出，在二〇〇〇年代的第一個十年裡，家庭負債成長為個人所得的一・二二倍，高於二〇〇〇年的〇・八四倍。到了二〇〇七年底，家庭要支付的還款金額與可支配所得之比達到高點十三・二%，高於一九九三年的十・四%。

在此同時，國會主張改革消費者破產流程的法律，實際上卻傷害了小額借款人。這條法律讓消費者更難以根據〈第七章〉[24]（*Chapter 7*）申請個人破產，如果可以適用〈第七章〉，多數的個人負債都可以免除。這條法律也限縮了在宅地豁免（homestead

24 譯註：〈第七章〉（*Chapter 7*），指美國破產法第七章，根據此章進行的清算案件是最常用、普遍的破產方式，能免除大部分的無抵押債務。美國破產法經過多次修法，此處提到的是二〇〇五年修訂的《防止破產濫用和消費者保護法》（*BAPCPA*），普遍認為讓消費者更難使用第七章申請破產。

exemption），這條規定讓借款人得以保護自己的房子，不在債權人請求範圍內。

破產新法通過之後，消費者只好刷信用卡來支付帳單。信用卡債大增，二〇〇八年七月時來到高峰一．三兆美元。每個家庭的平均卡債為八千六百四十美元，比二〇〇一年時高了兩倍多。造成這種情況最大的因素就是意外醫療帳單，而很多始作俑者都是私募股權公司。

美國的貧富差距一年比一年大。二〇〇七年，最富有的十％掌控全國七十二％的財富，高於一九九五年的六十七％。在此同時，二〇〇七年時，後九十％的人持有二十八％的財富，低於一九八三的三十四％。在房市危機、政府為銀行紓困以及私募股權公司種種在暗處的運作之下，兩邊的鴻溝只會愈來愈大。

✵ ✵ ✵

隨著美國在二〇〇八年的劇變之後緩步回歸常態，金融家也在積蓄更大的權力和更多的財富。二〇一〇年，歐巴馬總統威脅要對萊昂．布萊克、蘇世民以及其他私募股權大亨加稅，消除他們僅需要支付十五％所得稅的漏洞。相對之下，勞動階級與受薪階級納稅義務人要適用的稅率卻高得多。消除這種給富人的大禮得到廣大民眾的支持，這樣會比較公平。華府智庫「布魯金斯研究院（Brookings Institution）」的研究員倫納德．伯曼（Leonard

Burman）說：「現制是一大筆橫財掉到社會上某些最有錢的人頭上。」

此外，根據估計，封掉漏洞可以替美國政府創造幾百億美元的稅收。這些為了終止億萬富翁享有的令人髮指好處所做的種種嘗試（可惜並未成功），其背後的推手是聖地牙哥大學（University of San Diego）法學院的稅法教授維克多．佛萊契（Victor Fleischer）。他曾到國會作證，指出稅賦待遇「設計時要以小企業為念，而不是偏愛幾十億美元的投資基金」，並且準確點出現行稅制正在擴大美國的所得差距。

但公平並非這群人的首要考量。每一次當這個漏洞遭到攻擊時，他們以及他們的公司就會花掉幾百萬美元發動遊說，反對改變讓他們富到流油的法律。舉例來說，二〇一〇年歐巴馬提出要消除稅賦優惠待遇，主要的受益者就跳出來反對了。當時私募股權業最大的遊說團體「私募股權成長資本諮議會（Private Equity Growth Capital Council）」，就敦促其成員展開「草根」活動反對變革，黑石集團的蘇世民發表鏗鏘有力的言論相應和。「這是一場戰爭，」他在一個非營利組織的非公開董事會上宣稱，「這像是一九三九年希特勒入侵波蘭。」

把對億萬富翁加稅跟接收一個主權國家、開始滅絕幾百萬人畫上等號，當然非常離奇，但蘇世民講出了他的真心話。這位完全狀況外的執行長，顯露出這群掠奪者不管做什麼，都以骨子裡的兩種特質為核心：自戀與浮誇。這些人只要能得償所願就好，他們不在乎其他人都成為輸家。

當這番荒謬的發言人盡皆知，蘇世民道歉了。他說，他講這話真正的意思是，政府需要「為了整體經濟，以有益的方式和企業合作」。蘇世民收回他講的話，但抹不去他留下的印象：這些私募股權大亨，花幾百萬辦生日派對，住著奢華豪宅，擁有珍貴的藝術收藏，但如果要他們多交一點稅，就把自己當成希特勒的受害者。

✵ ✵ ✵

加稅提案被擋回來之後（私募股權業會一而再、再而三這麼做），這個產業可以說是順心如意極了。二〇一〇年，歷經幾次斷斷續續的嘗試之後，KKR終於在紐約證交所正式上市，揭露了共同創辦人亨利．克拉維斯和喬治．羅伯茲兩人在前一年各賺了七千零五十萬美元。

阿波羅最後在二〇一一年上市。然而，三．四八億美元的交易量算不上什麼大成功，阿波羅的發行價在上市之前沒多久就往下掉了，當公司的股票真的上市，股價不漲反跌，不是一個好的開始。

傑佛瑞．艾普斯坦是阿波羅首次公開發行的大買家。艾普斯坦位在美屬維京群島（U.S.

Virgin Islands）的「金融信託公司（Financial Trust Company）」，買進了五百萬美元的股票。艾普斯坦看起來對阿波羅很有信心，當他本人二〇一九年死在下曼哈頓的監獄中，這家公司還持有這些股票。

但其他投資人則對阿波羅的上市給出倒讚。有些投資人說，發行文件根本讓人看不懂，也沒具體講到公司打算把錢拿來做什麼，只有一句「用於企業一般目的與為成長性活動提供資金」。此外，和KKR與黑石不同的是，阿波羅很難轉售某些他們從公開市場買進的公司。對投資人而言，這就引發問題了，一位名嘴就說了：「讓人質疑阿波羅利用槓桿收購買進的公司組合以及其投資管理階層的決策品質」。

舉例來說，二〇一〇年，阿波羅被迫撤回博弈業巨頭哈拉斯娛樂集團的股票上市案，因為投資人反對該案設定的股價。阿波羅和哈拉斯的業主TPG資本公司想要把發行價設定為每股十五到十七美元，但投資人說適當的價格是十美元，而且最多就這樣了。

阿波羅上市多年後，該公司的股價從來沒有來到和同業黑石以及KKR相提並論的水準。阿波羅的股價與競爭對手相比，總是比較低。有些人說，這叫「萊昂折價（Leon discount）」。

✲ ✲ ✲

二〇一〇年九月，為了因應動搖到紐約州共同退休基金的利益輸送醜聞，證交會制定新規定，明文規定像阿波羅與KKR註冊的投資顧問公司，在他們捐贈政治獻金給任何政府機關（比方說，退休基金）官員之後，兩年內不得為其提供投資顧問服務。規定的目的，是要確認選任投資顧問公司時，根據的是他們的價值，而不是他們捐了多少錢。

在新規定之下，顧問公司必須保留政治獻金的紀錄。還有，本項規定也禁止投資顧問公司付錢給第三方（例如紐約這個案子中的配售代理人），以招攬政府機關的顧問業務，但如果這些代理人已經受到利益輸送規定約束者除外。顧問公司有一年的遵循緩衝期。

證交會一開始嚴格處理違反新規定的人，不管是避險基金還是投資顧問公司，是創投資金還是私募股權基金，對每一個人緊迫盯人。二〇一四年出現第一個案子，證交會控告一家總部在費城的私募股權基金「TL創投（TL Ventures）」。這檔基金已經收錢為州政府以及市政府的退休基金提供投資建議，但又捐了四千五百美元給政府官員。TL創投支付三十萬美元和解，但沒有承認也沒有否認指控。

證交會的執法部門主任安德魯・賽瑞斯尼（Andrew Ceresney）說：「我們已經整頓好

券商，我們將會嚴格要求投資顧問公司為違法利益輸送負起責任。」

三年後，證交會雷厲風行控告十家公司，他們後來同意支付總額六十六萬美元的罰款。在這些案子裡，證交會連公司裡的高階主管捐贈四百美元小錢給政府官員都查。二〇一八年還有三個案子，罰款超過七十萬美元，而違法犯紀的明星，是由酷愛自吹自擂的威廉·歐克曼（William A. Ackman）監督的避險基金「潘興廣場資本管理公司（Pershing Square Capital Management）」。

證交會的執法部門在這些案子裡抓到人，這個機關的另一個單位卻在背後搞破壞。二〇一三年起，負責管理基金經理人的投資管理部門員工開始放過違反規定的人。投資管理部的人使用一種少有人知的行政流程委託授權（delegated authority），開始對違反規定的大型知名公司放棄行使相關權力。從二〇一三年到二〇一八的上半年，證交會對大型公司和銀行十二次放棄行使權力，同意不追究他們違反規定。得到免責的包括大型共同基金管理公司「普徠仕（T. Rowe Price）」和「富達（Fidelity）」，以及加拿大的大型房地產與私募股權公司「布魯克菲爾德資產管理（Brookfield Asset Management）」。

阿波羅也拿到通行證。二〇一六年四月，阿波羅一位高階主管開了一張一千美元的支票，捐給要參選美國總統的俄亥俄州州長約翰·凱希克（John Kasich）。凱希克擔任州長時，可指定一名俄亥俄州退休金委員會委員，這個委員會則負責監督阿波羅管理的退休基金。換言之，這就是規定本來要解決的那種問題。

監管機關的文件指出，捐錢的人是阿波羅全球業務發展暨投資人關係管理主管史蒂芬妮・德瑞雪（Stephanie Drescher）。阿波羅向證交會保證，德瑞雪「捐錢，是因為她對總統大選有興趣，而非想要影響客戶選任投資顧問公司。」阿波羅公司解釋，她忘了事先跟公司報備政治獻金，是因為「她專注於總統大選，並不在意顧問公司的事先報備要求。」

阿波羅公司繼續說，並無證據顯示德瑞雪「意圖或實際干預」客戶的退休基金根據價值選任或留任顧問服務機構的流程。但阿波羅說，最重要的是，如果根據規定執法，會導致該公司為俄亥俄退休基金服務，「卻有兩年收不到薪酬」，而這種結果「導致的財務損失約九百萬美元，比政治獻金的金額多了九千倍。」

請求原諒當然比請求核可容易。但對於任何守法的公民來說，阿波羅公司的主張看來毫無道理：一家公司不用遵守規則的藉口，竟然是因為他們如果要遵守規則的話，要付出太高的成本？這就好比汙染環境的人主張自己不應該因為違反環保法而被起訴，因為遵守法規的成本太高了。

二〇一九年初，證交會放過阿波羅。在沒有人注意到的委託授權規則下，證交會說該公司的行動「以公眾利益來說可謂適當且有其必要，而且符合保護投資人的初衷。」

當初證交會落實禁止利益輸送規定時，投資管理界沒什麼人樂見此事。近年來，某些公司敦促證交會放寬一點，甚至完全撤銷規定。舉例來說，二〇一九年，「投資顧問協會（Investment Adviser Association）」發了一封意見書給證交會，宣稱禁止利益輸送規定的成本以及法規遵循的負擔「相當大」。該協會有意無意加了一句，指該規定「對於參與政治的過程或許會造成負面影響」。

證交會給大公司的豁免權仍在，這不免讓人好奇：如果不想執法的話，那幹嘛立法？

✵ ✵ ✵

這也不是近年來阿波羅公司從證交會手中領到的唯一一張豁免遵循證券相關法律的「自由通行卡」。二〇一〇年開始，阿波羅和其律師團就開始運作，要證交會放寬一九四〇年制訂的、管理相關金融公司間交易的法律。這條以投資顧問公司為對象的法律，意在防範謀私交易（self-dealing），亦即相關商業實體所做的交易對資金管理公司有益、卻讓他們的投資人付出代價。此法特別要管制的一種操作，是資產管理公司不同單位的聯合投資。相關法條訂於《一九四〇年投資公司法案》（*Investment Company Act of 1940*）之下，會出現這套法案，是因為國會一九三〇年代制定了各種證券規範，但他們判定這些規定都無法適當地涵蓋顧問公司。國會認為，投資人也因此仍要面對受到不當對待的風險。

證交會在一九六六年一篇報告中總結：「在一項針對通過此法案前之產業狀況所做的全面性研究中，發現在很多情況下，投資公司的營運考量的都是經理人的利益，而非以股東的利益為先。」

當金融企業裡有多個單位各代表投資人做投資時，如何確保經理人沒有把自己的利益置於投資人的利益之上，確實是一個問題。舉例來說，阿波羅投資公司是一家業務開發公司，以超高利率貸款給小企業。這是一家上市公司，對股東負有信託責任。在此同時，阿波羅另一家要求豁免遵守《一九四〇年投資公司法案》的單位，是一家投資債券與其他企業債務的封閉型基金，他們則要對基金持有人負責。

阿波羅想要鬆綁的法條，是規定內部某個實體（比方說其業務開發公司）考量任何投資標的時，其他實體若要投資，也要用相同的條件。這確保某個單位的投資人不會拿到其他單位沒有機會獲得的投資甜頭。

像阿波羅這樣公司要求放寬某些規定時，他們的理由幾乎向來都是規定造成的負擔太大、成本太高，這一條也一樣：阿波羅的律師說，要符合規定，「關係企業之間要分享大量的資訊，還要有龐大的法規遵循架構以管理所有規範責任。」證交會如果不同意放寬，「在很多情況下，受監管的基金參與有吸引力且適當的投資機會的能力，將會受限。」此外，律師團說，投資人也不會因為法規鬆綁而蒙受風險，因為阿波羅已經設置了保護措施，確保公司的操作「不會有任何相關人士可以獲取不當利益（overreaching），包括顧問。」

二〇一六年三月，證交會終於讓步，讓阿波羅公司豁免遵守謀私交易規則，該公司的律師團在二〇一八年一份評論中寫道，「這是歷經多年協商的成果」。像阿波羅這樣的公司，董事會不需要再把投資機會提給內部所有實體，現在可以限縮交易範圍，僅把機會給特定的基金。

阿波羅的女發言人說，自家公司「並未施壓要求證交會更改任何規定。阿波羅以及其他多家公司，均加入了『業務發展聯盟（Coalition for Business Development）』，在當中談到要把早在一九四〇年時通過的規範現代化。」她說，規範需要現代化。

自證交會開始放寬《一九四〇年投資公司法案》中禁止投資顧問公司從事謀私交易的規定以來，沒有證據指出這類交易傷害了投資人。當然，時間會讓我們知道到底有沒有不當情事。但有一點很清楚：正如其律師團所誇耀的，阿波羅成功在投資公司間掀起一股風潮。二〇二一年阿波羅向證交會申請更新許可時，該公司指出，在另外超過百件案子中，身為監理機構的證交會也對尋求迴避謀私交易規定的金融企業給予豁免待遇。這些裁決結果當中，很多都跟私募股權基金有關。私募股權業裡最積極的阿波羅，又一次走在最前面。

第十三章

「花錢買了個寂寞」

調查人員瞄準掠奪者收取的費用和操作手法

你可能沒聽過「塔明哥全球化學公司（Taminco Global Chemical Corp.）」，但你幾乎一定用過該公司的產品。塔明哥生產烷基胺（alkylamines），洗髮精、洗碗精和表面清潔劑裡都會用到，淨水、動物營養品和除草劑裡也有。烷基胺是有機化合物，透過酒精和氨反應後而來。總部位在賓州艾倫鎮（Allentown, Pennsylvania）與比利時根特（Ghent, Belgium）的塔明哥，是全市最大的烷基胺生產商。二〇一四年起，「伊士曼化學公司（Eastman Chemical Company）」入主塔明哥，該公司在巴西、菲律賓和德國皆有營運。

近年來，塔明哥公司兩度被私募股權公司快速轉售，這個故事說明了私募股權公司如何躲在買下的公司背後賺錢。

塔明哥的故事還可以從另一方面來說。這家公司其中一個私募股權業主是CVC資本公司，塔明哥在其下運作時實務操作鬆散，最後替墨西哥的販毒集團提供相當多的化學品甲胺（monomethylamine，簡稱MMA），製造出相當於三十二億美元的甲基安非他命（methamphetamine）在街上流竄，公司也違反了美國聯邦政府的毒品防制規定。

CVC資本是一家大型私募股權公司，二〇〇七年以近十一億美元買下塔明哥。（CVC資本並未回應請其對此事發表看法的電子郵件。）《彭博新聞社》一篇報導說，在完成收購之後，塔明哥就開始大力帶動化學品的銷量，從二〇〇七年到二〇一七年成長了十四%。彭博社說，他們的目標是要像平常一樣再把公司賣出去或讓股票上市，好讓CVC可以出脫投資賺到錢。

檢察官的結論是，塔明哥忽略了其規範責任，其產品最後落入了墨西哥毒販之手。然而，檢察官二〇一五年成案時，CVC早就出脫這家公司了。當時擁有塔明哥的是阿波羅，阿波羅二〇一一年十二月時以十四億美元買下塔明哥，二〇一五年時正試著要快速再把塔明哥易手。塔明哥成為名副其實的燙手山芋。

塔明哥有八百二十位員工，經營七座廠，在十九個國家都有營運。公司的營業額有三分之一都是來自農業，另外二十五%則來自動物營養品和個人護理。公司有些產品獨霸市場，市占率五十％到七十五％。

跟許多化學公司一樣，該公司某些產品雖然合法，但可以用於製造管制物質或街頭毒品，所以要向「緝毒總署（Drug Enforcement Administration）」註冊。也因此，根據法律，塔明哥必須確認從美國收取產品的客戶身分與合法性，產品如果有任何不尋常的短少甚至失蹤，要隨即向緝毒總署申報。

檢察官後來才知道，這家公司兩件事都沒做，而且沒有任何高階主管因為疏失受責。

二〇一一年八月，就在阿波羅收購塔明哥之前幾個月，緝毒總署的官員發現該公司某些甲基安非他命的貨運不見了。二〇一一年十二月，就在阿波羅正要買下這家公司之時，「美國海關及邊境保衛局（Customs and Border Protection）」的官員攔截到一輛卡車，想從亞利桑納諾加利斯（Nogales, Arizona）越過美墨邊境，車上就載著塔明哥失竊甲胺中的五桶。不確定阿波羅知不知道政府正在進行調查，但隔年四月，緝毒總署的探員又在諾加利斯另一處自助倉儲單位裡找到並沒收了六桶塔明哥的甲胺。緝毒總署沒收的幾桶化學品，追根究柢就是二〇一〇年三月塔明哥要運給沒有做必要身分檢核的墨西哥客戶那一批。

美墨邊境發生這些事情時，阿波羅正要收購塔明哥。阿波羅安插了五位董事進入塔明哥由十一人組成的董事會，很快從公司拿走了二．四三億美元股利，就與幾年前對待諾蘭達公司如出一轍。

在阿波羅治理下，塔明哥由盈轉虧，營業額與CVC資本時代相比，基本上持平，但阿波羅還是順利出場。除了股利之外，阿波羅還在塔明哥於二〇一三年底上市時賺了一．五億美元。這次的上市收穫並不如阿波羅預期中豐厚，投資人興趣缺缺，股價從每股十八美元掉到十五美元，遠低於當季股價的高點二十二美元。阿波羅在股票上市時賣掉一千萬股之後，只剩下五十三％塔明哥的股份。

在此同時，阿波羅也不斷從塔明哥榨取各種費用，比方說管理諮詢費、法律服務費和收購成本費用。舉例來說，在阿波羅擁有塔明哥的每一年，都向塔明哥收取三百九十萬美元，名目是諮詢服務費以及「與此相關的自付成本和費用」。一份監理文件顯示，塔明哥也因為收購案支付一千四百六十萬美元給「阿波羅全球證券公司（Apollo Global Securities）」，而且，截至二〇一二年九月三十日，阿波羅又從塔明哥收到額外的四千四百萬美元的法律服務費和一般性顧問費用。

當中最過分的，是塔明哥二〇一三年時另外支付三千五百萬美元給阿波羅，名目是酬謝阿波羅在未來幾年的監督與管理。阿波羅於二〇一四年時賣掉塔明哥，因此，塔明哥付的這些錢，買的是阿波羅永遠都不用提供的服務。換言之，塔明哥支付這三千五百萬美元給阿波羅，相當於是花錢買了個寂寞。

花錢買寂寞是這些掠奪者使出的聰明花招，是這些金融家買賣公司時可以收取的隱性費用。當中的運作方式是這樣：監督費用通常是被買進的公司一年付一次給身為買方的私募股權公司監督者，以答謝他們的管理指引與建議。但這類費用通常是簽長約，一簽至少十年。因此，就算私募股權公司在十年約滿之前把旗下的公司賣掉，被賣掉的公司還是要支付合約中剩下的監督費。

收了錢卻什麼都不用做，這些是金融家白賺的錢。但替這些錢買單的，是整件事另一邊的人：勞工、顧客、退休金請領人以及阿波羅基金的投資人。被收購公司支付這幾億美元買進不會有人提供的顧問服務，這些錢加持了掠奪者的利潤，但能留給勞工、退休金請領人以及投資人的錢就少了，營運上能投資的資金也少了。

我們就來看看阿波羅公司一年（二〇一三年）能收進多少這類監督費用。那一年，阿波羅可以從已經賣出去的六家公司收到監督費總計一．二六億美元。阿波羅可以收四十三年的監督費，卻不用提供本來講好的顧問服務。

塔明哥同意付給阿波羅的三千五百萬美元，是這一．二六億美元中的一部分，付款金額已經超過塔明哥二〇一一年的淨利。支付這三千五百萬美元當然有損塔明哥，但讓布萊克和他的合夥人賺飽飽。

✲ ✲ ✲

二〇一四年九月，阿波羅用二十八億美元把塔明哥的多數股權賣給伊士曼化學公司。東賓州的聯邦大陪審團二〇一四年七月發傳票給塔明哥公司，要求取得和毒品調查有關的訊息，本項要求並未公開。二〇一四年八月七日，塔明哥公司告訴社會大眾曾經有過毒品調查一事，宣稱公司收到司法部的傳票，「要求取得和運送甲胺給一位墨西哥前客戶有關的文件和資訊，這批貨有一部分不知去向，最後在二〇一一年時被美國緝毒總署查獲。」檔案中也提到塔明哥很配合政府。

《彭博新聞社》報導，本調查的時間點，正是伊士曼為了收購案在做盡職調查之時。在伊士曼得出結論認為不會再發生這樣的犯行之後，收購案便繼續往下推進。

司法部二〇一五年十月針對塔明哥提出刑事告訴，CVC資本公司此時早已溜之大吉，阿波羅前腳也已經踏出去了。伊士曼最後無法擺脫塔明哥之前的監督者犯下的錯，在答辯時認罪，認了CVC資本時代的塔明哥非法銷售二·二萬加侖甲胺時收到約二十一萬美元，並支付八十六萬美元刑事裁罰與四十七·五萬美元民事罰款。就像之前提到的，沒有任何高階主管因為調查的結果入獄。

✵ ✵ ✵

二〇一五年，證交會廣泛調查私募股權公司的操作，並提出了讓人難以置信的結論：這些公司收取的費用中有一半要不就是不恰當，要不就違反了揭露訊息的相關法律。

在證交會詳細查核的費用中，就有業界會收取、相當於花錢買寂寞的監督費。黑石集團因為其監督費的操作而成為箭靶，付了三千九百萬美元就一個相關的案子達成和解。阿波羅二〇一六年時必須支付五千三百萬美元，和證交會就其提出的指控達成和解。在證交會讓這些案子浮上檯面之後，其發言人說，黑石就不再對新投資的工具收取監督費。

在證交會針對此活動提出的所有案子中，阿波羅的罰金最高。此案涉及阿波羅於二〇〇〇年至二〇〇七年成立的三家基金（V、VI和VII）。證交會說，阿波羅沒有告知投資人多年來都在向收購來的公司索討，賺取不該賺的監督費。阿波羅的顧問公司收的這一筆又一筆錢，會使得買來的公司在被賣出或上市之前的價值下跌，從而導致基金投資人能分配到的錢也少了。

證交會提報，阿波羅同意停止這種操作，未來也將不再違法，但不承認也不否認相關結論。公司說，他們會吐出三千七百五十萬美元加上兩百七十萬美元的利息，還給基金投資人。阿波羅同意把這些錢配發給受影響的基金投資人。

被問到調查案時，阿波羅的女發言人說，自此案結束之後，阿波羅「管理資產總額從一千八百八十六億美元增至五千一百四十八億美元，我們相信這是一個強而有力的指標，代表投資人持續對阿波羅有信心。」

一如以往，證交會裁罰的金額，對這些人來說連做生意的成本都算不上，而且，沒有任何人需要自掏腰包付罰款。

證交會對私募股權公司業務操作新產生的興趣，讓收購大亨很煩心。而這樣的檢核至少為一位參與者提供了商業機會：二〇二一年，證交會調查這些案子的首席調查員伊格・羅森布利特（Igor Rozenblit）宣布他要離開證交會。那他要去哪裡？他開了一家新的顧問公司，幫助私募股權公司做好準備面對監理單位的調查，並設計法規遵循的方案。這是很典型的旋轉門（revolving door）案例。

隨著調查私募股權公司的結果慢慢沉下去，有些人會想，公家的退休基金還會繼續投資這些公司嗎？被這些有權有勢的公司剝皮之後，不是應該開除他們嗎？顯然不是。

「賓州公立學校員工退休系統（Pennsylvania Public School Employees' Retirement

System）」，就是一家阿波羅沒有告知公司有收取監督費用的客戶。在阿波羅與證交會的協議之下，阿波羅支付三萬美元給這檔退休基金，基本上就是承認從該州各公立學校員工的口袋裡不當收取了三萬美元。但隔年，這檔賓州退休基金同意再拿出一億美元給阿波羅投資。這是因為阿波羅替這家客戶投資的績效卓越嗎？根據《費城詢問報》（*Philadelphia Inquirer*）專欄作家約瑟夫．迪斯蒂法諾（Joseph DiStefano）的分析，並不是。他的結論是，在十九年間，阿波羅替退休基金做的投資年報酬率不到三％，換言之，遠低於股市大盤的報酬率。

賓州這檔退休基金決定要繼續和阿波羅做投資，真實反映了全美公家退休基金的類似行動。他們把受益人的錢丟進高成本的投資裡，拿去獎勵掠奪者，而這些掠奪者也正是開除中低勞動階級、鑽稅務漏洞讓政府稅收一點一滴減少的那群人。因此，這些退休基金可以說是擴大美國貧富不均的主要推手，貧富的落差，傷害的正是退休基金本來要嘉惠的那一群人。

如果去檢視二〇二〇年哈佛大學和史丹佛大學學者所做的退休金研究，對照其結論，前述的反常情況讓人更加不解。研究人員分析了兩百家公家退休基金從一九九〇年到二〇一八年間交給私募股權基金投資的五千億美元，發現這些掠奪者超收費用，共拿走了基金參與者四百五十億美元的報酬，幾乎是整體資金的十％。

算來算去，誰是輸家？消防人員、老師、清潔人員、圖書館員和公車司機。當公家退休基金因為資產被拿光而無法履行義務，責任就會落到納稅義務人頭上，這時他們也會進入輸家之列。

至於贏家，嗯，我們都知道是誰啦：萊昂・布萊克、亨利・克拉維斯，當然還有蘇世民。根據一項二〇二〇年的薪酬研究發現，掠奪者世界裡，位階低一點的員工也從中得利。該項薪酬研究總結，在過去十年，這種吸血鬼資本家產業的薪資幾乎大部分時候都穩步上升。事實上，二〇二〇年時，在所有回應調查的人當中，有六十八%在私募股權業任職的員工年薪在十五萬到百萬美元之譜，比前一年高了七%。查閱這項調查過去的歷史資料，提報年薪高於十五萬美元的員工比例，從來沒有比此時更高。

請記住，創下這個歷史新高紀錄的時間，也正逢疫情。那一年，很多人丟掉工作、被趕出自己的房子、面對讓人腳軟的醫療帳單與看著家人死去。那一年，聯邦政府撐住了金融市場，好讓私募股權業者能繼續玩弄他們的把戲。

二〇二〇年還有另一項數據，顯示債台高築讓企業的商業模式無以為繼，是美國企業界愈來愈嚴重的問題。碰上這種問題的企業被稱為企業殭屍（corporate zombie），企業殭屍的數目不斷增加，而這有一大部分都要感謝私募股權這個如同科學怪人一般的怪物。

根據「國際清算銀行（Bank for International Settlements）」於二〇二〇年所做的一項分析，一九八〇年代末期，在十四個不同經濟體中，僅有四％的上市公司是企業殭屍；但到了二〇一七年，這個比例幾乎增加四倍，來到十五％。

這些近乎死亡的公司傷害到的不僅是股東，受罪的還有員工、退休金請領人、供應商，以及那些學校、警政、消防部門都要仰賴企業稅收的在地社區。

看著很多人受罪、卻讓少數貪婪的人荷包滿滿，真的很難受，但現實就是這樣。

第十四章

「壓迫原住民」一路輾過我們的濕地

紐澤西貝永市（Bayonne, New Jersey）居民的憤怒明顯可察：這裡位在自由女神像（Statue of Liberty）南邊的紐約灣（New York Bay），人口有七．二萬人，是一座移民工業城。事情發生在二〇二二年。早在十年前，貝永市的市長就同意把該市的用水與下水道營運系統賣給一群私募股權投資人，他們保證維持水費不變或小漲一點，並會給該市一套現代化的系統。但是，等簽訂合約之後，水費飆漲，市民的荷包大失血。

「我的水費九百美元！」寶拉．赫南德茲（Paola Hernandez）在一個二〇二一年專為廢除這樁交易而設的網站上大聲嚷嚷。「要維持生活實在太難了，如今房租還要因為這樣再漲！」另一位居民蘿拉．科比爾絲姬（Laura Kobelski）也出聲抱怨。迪諾．史丹尼希克

（Dino Stanisic）附和：「我的水費增加一倍，我剛剛收到的帳單是一千零三十美元，只有有錢人才付得起。」

貝永市的家庭所得中位數是年薪七萬美元，每三個月要繳一次的水費帳單就要一千美元，這已經不只是負擔了，還代表著可用來付房租、買食物以及其他日常生活支出的錢少很多。

確定的是，貝永市多年來財務管理不善，在二〇一二年簽下交易時，該市已經面臨要由州政府接管的局面了。該市十年來都沒有提高水費，而且長久以來花在必要的用水系統維護、升級與修理上的投資都不夠。

而這樁把用水與下水道營運系統賣出去的交易，讓貝永市的居民付出高昂代價。他們辛辛苦苦努力付清水費帳單，最後養肥的是傳說中有史以來最會榨取財富的公司之一：KKR。私募股權巨頭KKR在一九八〇年代幫忙推動槓桿收購，是二〇一二年貝永市災難性用水系統民營化案背後操作的金融力量。這家KKR公司的老闆亨利·克拉維斯和喬治·羅伯茲，前兩年靠著爵士製藥公司各賺進七千零五十萬美元，爵士製藥是一家不斷調漲孤兒藥的公司，主要的藥品還跟約會強暴藥大有關係。

KKR很自豪能參與貝永市的水力系統方案。就像阿波羅把自己洗劫新秀麗公司當作成功的範例，KKR也大吹大擂貝永市的交易，說這體現了公司投資時承擔社會責任（socially responsible investing）的承諾。二〇一四年時KKR在其官網上說，這是一個企業公民責任的案例，「是因應水力基礎建設需求的新模式」。投資貝永市的水力系統，「是公私合作可以運作順暢的卓越典範」。

對KKR來說運作順暢，沒錯。這樁交易保證該公司以及其合夥人一年的報酬率為十一%，當時是一個普遍低利的環境，美國十年期政府公債的殖利率不到三%，十一%的報酬率堪稱驚人。接著，六年後，KKR把手上的貝永市水利系統股份賣給另一家私募股權投資人，價格比一開始投資的金額高了二．八倍。

然而，KKR並未從此淡出整個案子。如果水利系統的營收不到某個門檻，市政府必須借錢來支應缺額，KKR還會變身成放款人，並從中收取費用。市政府常常得向他們借錢。

KKR的女發言人說，這樁交易讓貝永市變得更好，該公司一開始付給市政府一．五億美元，還幫忙消除現有的負債，強化了市政府的財務。她也說，KKR花錢投資，升級並維修水力系統，也提升了勞工安全的標準。

但這樁水力資源交易的架構讓貝永市民大失血，得利的只有KKR。如果水公司的獲利不足以支付承諾給KKR的十一%報酬率，就會調漲用戶的費率以補足差額。這讓人想起阿波羅與諾蘭達的電費戰爭。

不出意外，從二〇一二年到二〇二一年間，貝永市的水費調高了約五十％。一旦居民付不出水費，市政府可以扣押他們的房子。如果水費逾期太久未付，扣押可以變成沒收。

KKR的女發言人說：「『貝永市公用事業處（Bayonne Municipal Utilities Authority）』仍負責掌控對用戶收取的費用，費率是根據協議的公式而定。」但是，實際上調整的幅度，遠高於協議中具體列出的公式，而這條公式決定的漲幅，只是居民要承擔的部分成本，他們也要擔起系統維修的費用。

貝永市在完成水力系統交易之後得到了讓人不樂見的結果，這並非特例。其他把公用水力系統民營化的市政府，也有類似狀況。二〇二一年時，由公用事業組成的非營利性組織「環境資源主管機關協會（Association of Environmental Authorities）」提出一份報告，說與公家擁有的水力系統相比，美國由民間企業擁有的系統每年費用平均高了六十％，分別是三百一十五美元與五百零一美元。在民營化安排之下，低收入戶的水費占所得比率，比在公家系統之下高了一．五五％。

該協會在報告很保守地說，像貝永市簽署的那種合約，「這類民營化型態把投資人的利益放在用戶之前」。還好，由於這類安排常在政治上遭遇反對，或是當地主管機關拒絕放棄對重要基礎設施的掌控權，因此也不太常有。

當民眾對於貝永市用水難題的怒吼聲愈來愈響亮，「貝永市教育委員會（Bayonne Board of Education）」一位董事裘蒂・卡賽絲（Jodi Casais）請「紐澤西公用事業委員會（New Jersey Board of Public Utilities）」展開調查。她指控和KKR簽約的前市長是「偷偷摸摸」進行交易。

前市長叫馬克・史密斯（Mark Smith），是一位出身於警界的政治人物，二〇一四年競選連任市長失利。史密斯現在是「國土安全局（Homeland Security）」派駐在「哈德森郡警長辦公室（Hudson County Sheriff's Office）」的主任，面對批評，他二〇二二年時發表一封公開信捍衛水力系統這個案子，他說，水力系統民營化案不是偷偷摸摸的協定。他主張：「這仰賴市政府謹慎、周慮且持續的監督，確保各方都能履行協議中的責任。」此外，他提到，「柯林頓全球倡議組織（Clinton Global Initiative）」盛讚這個案子很創新，而這是比爾・柯林頓（Bill Clinton）創辦的組織，宗旨是「召集全球新興起的領導人，為全世界最迫切的挑戰打造並落實解決方案」。

但史密斯也承認，真正執行起來，這樁水力系統民營化案子「並非完美的解決方案」。

這位前任市長史密斯讓他的城市陷入一份造成毀滅且長達四十年的合約，顯然該承擔罵名。為了解約，如今貝永市必須支付三億美元。但真的有人相信一位過去是巡警的小城市市長能站在平等的地位上，和KKR這種華爾街的老江湖談判嗎？

史密斯放下這些往前走了，但貝永市的市民沒辦法，他們正親身經歷錢從自己的口袋裡移轉到金融家的包包裡。

「請撤銷這份合約。」網路上一位匿名的網民懇求，「這份合約對這個美麗小鎮裡辛辛苦苦工作以及退休的人來說很可怕。」

✵ ✵ ✵

KKR在其官網上列為體現企業好公民範例的投資案，不只有貝永市水力系統大潰敗這一樁。不管你信不信，另一個焦點是這家公司入主一度雄霸市場但如今已經倒閉的零售商玩具反斗城。二〇〇五年時，KKR偕同貝恩策略顧問公司和一家房地產投資商「維納多不動產信託（Vornado Realty Trust）」收購玩具反斗城，之後下市。他們用六十六億美元買進，並讓這家公司背了五十億的負債。到了二〇一七年，玩具反斗城就破產了。

然而，二〇一二年時，KKR將投資玩具反斗城定調為一大成就，理由是這幫助了老兵以及仍在服役中的軍人打造了他們的職涯。「公司很自豪於能支援美國的軍人。」案例研究裡興奮地說道，「二〇一二年時，公司大力落實讓部隊回到工作崗位的倡議，在就業博覽會上以及營區透過軍方的求職看板主動招聘軍人。」ＫＫＲ大讚玩具反斗城在店內、企業總部和經銷機構聘用了一千兩百位老兵擔任全職或季節性兼職。

五年後，玩具反斗城破產，店面關門，如果這些老兵那時候還在公司裡任職的話，就會成為三．三萬失去工作與醫療保險福利的員工大軍其中一員。ＫＫＲ、貝恩和維納多拿走了四．七億美元的管理費，導致玩具反斗城一路走下坡，但他們宣稱，整體來說，玩具反斗城倒閉他們也虧了錢。這幾家公司在被一些退休基金客戶打臉之後，才同意拿出兩千萬美元替玩具反斗城的員工成立遣散基金。這些人失去了一切，這些錢實是杯水車薪。

被問到在玩具反斗城倒閉事件中扮演的角色時，ＫＫＲ對國會說：「玩具反斗城的問題起於市場力量，尤其是電子商務零售商的成長，而且，決定清算公司的是債權人，而不是ＫＫＲ。」

ＫＫＲ居然可以把收購玩具反斗城或貝永市水力系統造成的大災難講成是企業好公民的典範，實在奇怪。但對這些營運商來說，他們的商業模式核心就是只要敢講就好。回望一九八〇年代，別忘了，當國會擔心被收購的公司會流失大量的職缺時，ＫＫＲ還提供了不完整且會造成誤導的數據。加州州立理工科技大學金融學教授布萊恩．阿亞什發現，ＫＫＲ

在計算少掉的職缺時不計入收購後倒閉的公司，這樣的話，他們算出的數字會比實際上好看一點。

值得注意的是，根據他們的說法，玩具反斗城會倒，完全跟KKR、貝恩和維納多讓這家零售商背上的沉重債務無關。對這些掠奪者來說，失敗永遠是別人的錯。

✵ ✵ ✵

KKR在官網上宣稱：「我們相信，負責任的投資這種經商之道，會讓我們成為更聰明、更強大的投資人。」他們引用了幾家收購而來的公司得到的獎項，作為他們符合環境、社會與治理（environmental, social, and governance）操作原則的範例。該公司說，他們把重點在「調和投資人的報酬率，以及因為我們的投資而受到影響的人們與地方的利益和需求」。

近年來，投資時承擔社會責任的概念引起關注，無怪乎，私募股權業的公關講到業務手法時總是散發出一種讓人霧裡看花的氣氛。用他們的說法去查核事實，尤其是關於營運如何傷害環境，就更加重要了。加拿大西北方維蘇威頓地方（Wet'suwet'en）第一民族（First Nations）的人民，親自體會到這件事。

加拿大有一項早就深陷爭議的大型管線專案「海岸天然氣管線（Coastal Gaslink）」，二〇一九年時，KKR取得了控制權。一整年，加拿大卑詩省（British Columbia）第一民族的人民都為了這四百英里長的管線抗爭，他們說，這個要在卑詩省海岸線設置液化天然氣站以運送水力壓裂天然氣的計畫，威脅到環境與他們生活方式。他們反對建管線，說這侵犯了他們的土地所有權、傷害了他們水源，並且排放大量的汙染。

KKR和「韓國國民年金公團（National Pension Service of Korea）」合夥，在這個案子裡投資六十億美元。KKR宣稱，管線有利於環境，因為透過管線輸送天然氣可以取代亞洲生產的煤和柴油，減少全球的溫室氣體排放量。

但一些維蘇威頓族人說，他們從未允許建造管線。維蘇威頓族中基頂頓氏族（Gidimt'en）的女族長兼保衛土地運動人士絲萊度（Sleydo'）說，與美國的原住民部落不同的是，加拿大第一民族從沒簽過放棄土地權利的協定。「這些私募股權業者妨礙了我們身為自決民族的能力，」絲萊度對我們說，「完全不尊重我們，也不和握有土地權的人協商。」

隨著海岸天然氣管線案繼續進行，時程落後且預算超支，「加拿大皇家騎警（Royal Canadian Mounted Police）」、居民與抗議者之間也不斷出現讓人不安的爭鬥。舉例來說，絲萊度說，她曾經被逮捕，並轉被送到車程四個半小時之外的監獄。海岸天然氣管線的員工還摧毀了維蘇威頓的基地，絲萊度和她家人的小屋就在那裡。

絲萊度說，此地就像是戰區。「直升機來了，很多、很多、很多天用來福槍對著你。他們名副其實是輾過我們的濕地，一點都不手軟。」

絲萊度說，加拿大法院沒提供什麼協助，因為他們不承認原住民法律。最後的結果就是法庭判出一系列偏頗的裁決，多數不利於要求取得強制令以制止自家土地上相關活動的第一民族人民。

「黃頭研究院（Yellowhead Institute）」是由第一民族主導、設立於安大略省多倫多市（Toronto, Ontario）萊森大學（Ryerson University）[25]的研究中心，其一份報告發現，近期第一民族試圖提出過一百件禁制令申請案，以阻止企業在他們的土地上營運，加拿大法庭駁回了其中的八十一%。企業得到的待遇不同：在他們針對第一民族人民申請禁制令時，法庭許可了其中的七十六%。

---

25 譯註：二〇二二年改名為多倫多都會大學（Toronto Metropolitan University）。

二〇二一年底，海岸天然氣管線案的衝突核心，來到莫萊斯河（Morice River）、也就是維蘇威頓族人所稱威辛克瓦河（Wedzin Kwa）附近的工地。絲萊度說，海岸天然氣管線正準備把管線埋在河流下方，那是維蘇威頓主要用水來源的上游，此舉也很可能替產卵的鮭魚製造麻煩，工地的淤積物也會落入飲用水中。

「環保署（Environmental Protection Agency）」說，淤積汙染是很嚴重的環境災難，監理機構的檔案也顯示，海岸天然氣管線裡的管線一直都有淤積。二〇二〇年秋天，卑詩省「環境評估處（Environmental Assessment Office）」說，這個案子有十七個項目接受查核，其中十六項不合格。報告中說，海岸天然氣專案的工地實作「不符合工地具體訂定的沖蝕與淤積防治計畫」。

因為這樣，海岸天然氣管線專案被迫聘請獨立的稽核，以監督並提報他們做了哪些工作，以防範工地排水可能汙染河流與傷害魚群。海岸天然氣管線專案因為違法被罰了七．二五萬美元。

此前，二〇二〇年五月時，莫萊斯地區有兩個地方分別提報兩起柴油外漏事件，兩起都外漏了一百三十加侖。二〇二一年八月又發生兩起外漏事件，共有十三加侖的柴油和兩百五十加侖的柴油廢氣處理液流進自然環境裡。

「他們沒有完善的追蹤紀錄，」絲萊度指出，「他們就是為所欲為。」何樂而不為呢？畢竟，這就是巨頭的行事風格。

ＫＫＲ投資海岸天然氣管線案，是其代表客戶（捐贈基金、公家退休金以及其他機構投資人）持有眾多能源業資產的其中之一。ＫＫＲ自稱是高環保意識的投資人，但截至二〇二一年，該公司在化石燃料以及其他傳統能源資產上的投資，金額超過再生性能源。

這不是ＫＫＲ獨有的作風；很多私募股權同道也都是這樣。一個私募股權資料庫「普瑞金（Preqin）」指出，從二〇一〇年到二〇二〇年間，私募股權承諾投資能源業的金額幾乎達兩兆美元。在普瑞金的追蹤之下發現，其中約有一．二兆美元投入傳統能源，例如煉油廠、管線、化石燃料廠，相較之下，投入太陽能與風力電廠等再生性能源則有七千三百二十億美元，這差不多是六比四。

一個批評私募股權業對社區造成衝擊的非營利組織私募股權利害關係人專案指出，截至二〇二一年十月，前十大私募股權公司的能源投資有八十％都是化石燃料資產。

私募股權利害關係人專案的阿莉莎．吉雅琪諾（Alyssa Giachino）報導，在這之前的十年間，ＫＫＲ花了一百三十四億美元投資傳統能源資產，兩相對照，可再生能源的投資金額為四十九億美元。換言之，該公司把四分之三的金額都投入傳統能源業。ＫＫＲ對這個數字不做爭論。

吉雅琪諾說，私募股權公司很隱蔽，他們的投資人通常都不知道公司擁有什麼、持有這些投資又涉及哪些風險。「退休基金最後投資太多化石燃料業，如果他們明白實情的話可能不會這麼做，而且也沒完整計算當中的風險。」她補充，風險包括對有色人種社區造成嚴重衝擊、遭起訴的風險以及環保罰款，以及長期的氣候衝擊。

ＫＫＲ說現在他們正在進行「永續能源轉型」，然而，海岸天然氣管線專案替他們引來不樂見的曝光度。ＫＫＲ喜歡把注意力匯聚在他們的高環保意識投資，但加州克萊蒙特麥肯納學院（Claremont McKenna College）的學生完全不管這個（ＫＫＲ的創辦人亨利．克拉維斯和喬治．羅伯茲是該校董事）。該校學生聯合其他四家克萊蒙特學院，二〇二一年時發動一場名為「ＫＫＲ殺戮（KKR Kills）」的抗議活動，讓眾人檢視該公司在化石燃料和其他資產對於原住民土地造成的傷害。

籌組「ＫＫＲ殺戮」抗議行動的，是五家克萊蒙特學院中「匹瑟學院（Pitzer College）」的學生馬爾坎．麥坎（Malcolm McCann），二〇二二年二月他接受大學報紙採訪時說，他希望ＫＫＲ不要再投資「傷害原住民權利以及犯下這類邪惡殖民暴行的企業」。

ＫＫＲ拒絕他的要求。

大家都知道，對這片土地來說，原住民是比海岸天然氣管線這些外來者更好的管理員。跨政府的獨立機構「生物多樣性和生態系統服務政府間科學政策平台（Intergovernmental Science-Policy Platform on Biodiversity and Ecosystem Services）」二〇一九年發表一份報告，也是這麼說。這個機構發現，原住民的土地上能維持更豐富的生物多樣性，因為他們「通常根據其文化特有的世界觀管理土地和海岸地區，應用土地健全度等原則和指標，關心國家與互惠責任。」

互惠責任？這個概念對私募股權大盜來說太陌生了。

KKR的女發言人說，該公司「堅定投資穩定的能源轉型，支持未來能改使用潔淨能源，同時也認為在今天提供必要的傳統能源以促進全世界的福祉與經濟成長，仍是非常重要的事。」KKR最近成立一個團隊，專注於北美的能源轉型投資。

二〇二五年要畢業的克萊蒙特學院學生彼得．狄恩（Peter Dien）曾經和「KKR殺戮」行動合作，他說該公司投資太陽能或投入能源轉型，不會勾銷他們造成傷害的活動。「如果他們還是在壓迫原住民，」他對學生報說，「不能靠做一點好事就兩相抵銷。」

至於海岸天然氣管線專案，KKR的女發言人說：「第一民族全部二十個團體的民選領袖都支持這個案子，也得到政府跨黨派的支持。更具體來說，管線經過這二十個第一民族團體（包括維蘇威頓）的土地，他們的民選酋長都簽了同意書。在維蘇威頓之內，除了民選領袖之外，另外還有十三位非由選舉產生、身為社區內非正式領袖的世襲酋長，在這十三位世襲酋長中，只有五位反對。」

有一點很重要必須提，KKR認為支持交易的第一民族民選領袖，並非世襲領袖或第一民族認同的領袖，民選領袖是加拿大一八七六年時強加在第一民族頭上的治理系統。

「我們承認維蘇威頓辦公室與某些世襲領袖並不支持這個案子，」海岸天然氣管線專案的一位幹部說，「我們繼續努力理解並緩解大家提出的各種疑慮，並和多位支持本案的維蘇威頓成員以及民選代表合作。」

KKR的女發言人補充說：「第一民族社群的絕大多數成員不只支持這個案子，他們還找各種方法投資（十六個第一民族團體最近簽署了股票選擇權協議，買進十％股權）。」但對抗海岸天然氣管線專案的行動持續。「根據維蘇威頓法律，我們必須盡一切力量為後代子孫保護我們的土地。」絲萊度說，KKR「參與這個案子的時候就知道此地發生了很大衝突。這對我們來說是很大的挑戰，但也非常明確說出這家公司真正秉持什麼原則。」

關於KKR的能源策略，特別有意思的是，這家公司的成績對投資人來說效益也非常低。監理單位的檔案顯示，KKR三項大型能源交易破產，KKR的能源導向基金績效不彰。KKR在二〇二一年的年報中說，在其二十五檔超過兩年以上的基金中，有兩檔報酬率為負值，這兩檔都是投資能源交易：二〇一〇年的「天然資源基金（Natural Resources Fund）」跌了二十九．二%，二〇一三年的「能源收益與成長基金（Energy Income and Growth Fund）」跌了九．三%。

這一定是別人的錯。

✲ ✲ ✲

相信挽救地球迫在眉睫的人，看著某些上市公司不再投資化石燃料，必然會覺得大受鼓舞。遺憾的是，私募股權掠奪者通常虎視眈眈等著買這些資產，並延長這些資產的壽命，因為這樣可以滿足公司立即獲利的商業模式。這些掠奪者預期著用短短幾年從這些投資當中把錢榨出來，他們才不在乎營運會造成那些長期影響。等到出了任何事，他們就計劃帶著利潤速速逃離。

研究機構「能源經濟與金融分析研究院（Institute for Energy Economics and Financial Analysis）」的能源財務分析師克拉克．威廉斯—德利（Clark William-Derry）說，不是所有私募股權公司都是掠奪者，但他也補充，有些確實是。「當私募股權公司進入能源業，只想用最簡單的方式撈走公司和員工的價值，無所不用其極從公司榨出最多現金，才會真正發生問題。」威廉斯—德利說，而且，更糟糕的是，「有些私募股權公司收購其他公司後，就竭盡折騰之能事，留下一大堆問題讓別人收拾。」

舉例來說，二〇一六年，波士頓的私募股權公司「弧光資本合夥事業（ArcLight Capital Partners）」，買下美屬維京群島聖克魯斯島（St. Croix, U.S. Virgin Islands）的煉油與儲油企業「萊姆樹灣公司（Limetree Bay）」。萊姆樹灣公司發生過幾次有毒物質外洩事件，之後破產，但二〇二一年二月又重新營運。然而，三個月之後，萊姆樹灣公司居然下起了氣勢磅礴的石油雨，落在附近地區，讓很多居民生病，因此再度關門。二〇二一年七月，司法部控告這家煉油廠「對公共健康與環境造成迫在眼前且嚴重的危險」。當月，煉油廠再度申請破產。

很多時候，私募股權巨頭繼續營運對環境不友善、原本應該要除役的資產，比方說骯髒的燃煤火力發電廠。「私募股權巨頭認為，他們可以多壓榨這些公司幾年。」非營利消費者倡議團體「公民（Public Citizen）」的能源方案主任泰森・斯洛庫（Tyson Slocum）說，「而且他們通常不用面對投資人的壓力。」

截至二〇一四年，燃煤電廠排放的煙灰估計導致美國一・五萬人英年早逝。很多業務是因私募股權投資業者才得以苟延殘喘，燃煤電廠便是一例。舉例來說。二〇一五年，KKR連同其他三家投資人，買下一家位在西維吉尼亞麥什維爾（Maidsville, West Virginia）燃煤發電廠「長景電力公司（Longview Power）」。七年後，就算川普總統承諾要重振煤礦業、回到過去的輝煌年代，這家公司仍二度申請破產。

長景電力公司第一次破產之前，僅營運了約一年半。這座電廠的廠區結構有問題，由於耗損之故，電廠的營運產能僅有六十八%。「這座電廠樂於廣告說自己是最乾淨的燃煤發電廠，但這仍是在地社區最大宗的溫室氣體排放、卡車交通流量與噪音來源。」西維吉尼亞大學（West Virginia University）的副教授吉姆・科特康（Jim Kotcon）說。一開始，這家電廠本來是要以「煤礦口電廠（mine-mouth coal facility）」的形式運作，這是指，煤礦會從礦坑直接進到電廠。但之後附近的煤礦場關閉了，長景電廠就必須從其他礦場運來煤礦，還要爬一段陡峭的上坡路。

「他們把路壓得粉碎，嚴重衝擊當地居民。」科特康說，「電廠本來就位在相對貧窮的地區，KKR在二〇一五年時注資，給了電廠一條路活下去。如果沒有這些投資，現在電廠就不會再運作了。」讓這座電廠除役會失去一百五十個職位，讓當地的經濟狀況陷入嚴峻。同樣地，為了留下一百五十個職缺，放過可能對地球造成汙染的電廠，值得嗎？

二〇二二年八月，評等機構穆迪投資者服務公司調升長景電廠的債券評等，但加了附註：「長景嚴重暴露在環保風險之下，包括碳轉型的風險，也面臨和燃煤發電相關的、極為不利的人口與社會趨勢。」

KKR多年來深耕化石燃煤產業，以至於二〇一三年時其能源投資部前主管都說，這家公司「是一家小型的石油與天然氣公司」。KKR啟動一項大型頁岩油和水力壓裂投資案，二〇〇九年時投資賓州石油與天然氣探勘公司「東方資源（East Resources）」。這家公司的創辦人叫泰倫斯．裴古拉（Terrence Pegula），他在阿帕拉契山（Appalachia）擁有六十五萬畝的馬塞勒斯頁岩（Marcellus Shale）岩層，而KKR注資三．三億美元的現金，推動該公司增加開挖的水平井數目。短短一年之後，KKR和裴古拉用四十七億美元把東方資源公司賣給「荷蘭皇家殼牌（Royal Dutch Shell）」，KKR拿到了超過十億美元，換算下來，不到一年的報酬率就達到三七一%。

二〇一〇年六月，KKR花了四億美元投資「希克普資源公司（Hilcorp Resources）」，這家公司開挖德州南部的鷹堡頁岩層（Eagle Ford Shale）。拿到KKR的資金之後，希克普公司又增加了四座水平井，一年之後，「馬拉松石油公司（Marathon Oil）」用三十五億美元買下這家公司。在這場交易中，KKR拿到十一．三億美元。

ＫＫＲ看來靠頁岩油賺得輕鬆愉快。但局面正要變得棘手，之後幾年，ＫＫＲ有三項能源投資都申請破產，投資人的報酬也因此大幅縮水。

ＫＫＲ最大的失敗，是加入四百八十億美元的「能源未來控股公司（Energy Future Holdings）」投資案，當中牽涉到二〇〇七年收購德州最大的零售電力供應商「德州電力（Texas Utilities）」，用電戶共有兩百一十萬戶。這樁交易規模很大，甚至超過二十年前讓ＫＫＲ闖出名號的雷諾納貝斯克公司。ＫＫＲ、ＴＰＧ和高盛組團，投資八十億美元現金，其他的則以四百億美元的沉重債務融資。

七年後，在天然氣價格下跌與收購交易中加上的巨額債務束縛之下，能源未來控股公司倒閉破產。ＫＫＲ在過程中一直有收到費用，但投資本金最後盡數虧損，ＴＰＧ和高盛也一樣。

ＫＫＲ第三樁能源投資案破產發生在一年之後，二〇一五年時，石油與天然氣公司「森松資源公司（Samson Resources）」倒了。ＫＫＲ與一群投資人之前花了七十二億美元買下這家家族企業，這是規模最大的石油與天然氣生產商槓桿收購案。這群投資人支付的現金約為收購價的一半，森松公司舉債以支應剩下的。被收購之前，森松手邊的現金差不多足以清償全部負債，但借了新的債之後，一年要支付的利息成本就達幾億美元。

完成收購之後，天然氣價格跌到十年來史上最低價。這項打擊，加上森松公司如今帳上掛著高額的負債，拖垮了這家公司。從能源未來控股公司到森松能源公司這段期間內，ＫＫＲ與其投資人至少虧了四十億美元。

ＫＫＲ操作能源業，受害的不只有該公司的投資人。私募股權利害關係人專案做了一項研究，發現森松公司被環保署裁罰。二〇一三年，森松公司支付七・五萬美元罰款，兩年後，又發生南尤特印第安保留地（Southern Ute Indian Tribe reservation）管線毒水外溢事件，被罰一・二一萬美元。

ＫＫＲ擁有的另一家公司「策馬前進能源公司（Spur Energy）」，在新墨西哥州二疊紀盆地（Permian Basin）經營石油與天然氣相關業務。策馬前進能源公司於二〇一九年五月被收購，在新墨西哥州的艾迪郡（Eddy County）和利亞郡（Lea county）均有據點，這裡是大型拉丁社區的大本營。二〇二〇年時，這家公司在艾迪郡和利亞郡外洩超過兩千一百桶的汽油和毒水。二〇二一年最初的兩個月，這家公司發生了差不多二十起外洩事件，新墨西哥石油保護部（New Mexico Oil Conservation Division）的報告中說，其中約有三分之一被視為「重大」事件。

即便成績很難看，ＫＫＲ還是一直從CalPERS以及其他號稱重視環保與社會議題的公家退休基金手上拿到投資案。私募股權掠奪者就靠他們的偽善了。

第十五章

「躲在背後，絕少負責」

從聯邦醫療保險方案裡淘金

這些收購大亨對國家福祉造成的有毒影響，在二〇二〇年新冠疫情引發的醫療保健危機當中逐漸明顯。受到最嚴重打擊的，莫過於安養院的住民。「美國聯邦醫療保險和補助服務中心（Centers for Medicare and Medicaid Services）」說，截至二〇二二年九月中，這群人中有十五．八萬人死於新冠肺炎，在美國的疫病死亡總數中占了十五％。

疫情期間，安養院住民可能是最活受罪的一群人。但是，如果擁有安養院的私募股權業主在疫情前幾年，沒那麼拚命想把安養院每一分錢都榨出來，本來可以避免某些死亡。人事費是安養院運作中最大項的費用，縮編人員這種事就變得稀鬆平常，至於維修與建築物保養的相關成本，這些金融家寧願不付。

疾病管制局說，美國的安養院約有七十％由營利事業經營，研究此領域的學者則說，在這當中，據估計有十一％的業主是私募股權公司，但他們也說，由於所有權的數據模糊不清，這個比例很可能實際上更高。

加州安養院改革倡議團體的專職律師湯尼．齊柯特說：「安養院的業主剝削了已經建立起來的系統，私募股權公司剝削起來更是專業又精準。安養院裡有各式各樣的把戲，在追求最大利潤的目標下提供照護，不在乎結果。」

這些把戲代表安養院必然準備不足，無法因應疫情對住民造成的衝擊。住民家屬告訴我們，在某些時候，早先做的財務決策在危機期間讓住民陷入更悲慘的苦難。

新冠疫情一爆發，黛博．提姆絲（Deb Timms）就很擔心老邁的姑姑，她姑姑住在加州吉爾羅伊（Gilroy, California）的「吉爾羅伊健康照護與復健中心（Gilroy Healthcare and Rehabilitation Center）」。當她聽到吉爾羅伊中心接收附近醫院的病患，就趕忙要把姑姑接走，擔心長輩會被新進住民感染病毒。

「那對他們來說就是外面進來的錢。」提姆絲告訴我們，「這一切看來又是跟財務獲利有關，根本不管安危。」

遺憾的是，提姆絲無法及時把姑姑接走。好的安養院本來就難找，疫情期間更難了。她姑姑很快就被驗出陽性，二〇二〇年九月過世，享年九十四歲。

「我覺得自己親眼看著姑姑坐在一輛衝向懸崖的車子裡，我完全沒辦法讓車子停下來。」提姆絲說。

吉爾羅伊中心屬於「盟約照護公司（Covenant Care）」，經營安養院的盟約照護公司，業主是一家位在紐約與洛杉磯的私募股權公司「中心合夥事業（Centre Partners）」。中心合夥事業的官網上寫其創立於一九八六年，自此之後拿出二十億投資八十家公司，而該公司有三十家安養院，分別位在加州與內華達州。

政府的紀錄顯示，提姆絲的姑姑住的安養院吉爾羅伊中心有一百三十四張床，死亡率比很多地方都低。到了二〇二一年七月底，該中心提報九個新冠肺炎死亡案例，其確診病例死亡率（這是政府使用的一個指標）為八%。當時全美安養院提報的確診病例死亡率平均值約為二十%，相比之下好太多了。

然而，提姆絲憂心吉爾羅伊中心是根據利潤來提供照護，也並非空穴來風。政府資料顯示，二〇二〇年九月，吉爾羅伊中心新入住的病患中，之前曾住院接受新冠病毒治療的人數大增。這個月，新入住的新冠肺炎病患從本來的十人變成了二十九人。提姆絲的姑姑也在本月過世。

截至二〇二二年三月，在美國聯邦政府安養院評比的網站上，吉爾羅伊在五顆星中拿到三顆星，這是聯邦醫療保險方案認定為「平均」的評等。吉爾羅伊的員工比也是平均水準，但聯邦醫療保險方案說，其衛生檢查的紀錄低於平均。（到了二〇二二年十月，吉爾羅伊的評等提高到四顆星，其衛生檢查的紀錄也提高到平均水準。）

二〇二一年春天，汪達．瑪麗克（Wanda Malik）讓媽媽住進加州莫德斯托（Modesto, California）的「古風安養院（Vintage Faire）」，她樂觀看待。她聽過這家安養院很多好話，她媽媽之前大中風，之後需要物理治療。古風安養院也是盟約照護公司旗下的安養院。但瑪麗克觀察到，馬上就出現問題了。她媽媽要求要喝水時，常常沒人理，其他的需求也被視而不見。瑪麗克回憶道：「他們說：『抱歉，我們現在人手不足。』」

瑪麗克的媽媽入住三天後，就從床上摔下來，跌在地板上。

「我們以為可以相信古風安養院會好好照顧我媽，」瑪麗克對我們說，「但他們只是把病人當錢看而已。」

齊柯特說，瑪麗克跟古風安養院打交道的經驗，在營利性安養院很常見。「人員是他們最大的成本，」他指出，「獲利最好的辦法就是縮減人力，或是當病患的需求沒那麼急迫時忽略不管。」齊柯特補充，對於要求多一點關心的病患與家屬，安養院的員工把他們視為威脅，因為他們打破了照護病患與賺取利潤的平衡。

政府資料顯示，二〇二一年時，古風安養院裡新冠肺炎的確診病例死亡率來到十九．六%。隔年，這家安養院在聯邦醫療保險的評等落入平均以下（為兩顆星），評比安養院的網站也提出警示，指有人指稱這家安養院虐待住民。網站說，其衛生檢查報告的評等低於平均，人員配置則僅有平均水準。

盟約照護公司的發言人並未回應我們請其就這些情況發表意見的要求。

學界、智庫和美國政府做的研究，也支持齊柯特對營利性安養院的看法。二〇二一年時指出私募股權公司擁有的安養院死亡率高於十%的研究，殺傷力當然最大。但也還有其他類似的研究。舉例來說，十年前，美國政府問責署發現，營利性的安養院（包括被頂尖私募股權公司收購的安養院），總缺失高於非營利性的安養院。政府問責署的結論是，私募股權公司擁有的安養院利潤率比較高，總護理員工比率比其他安養院低，包括營利性的安養院。

二〇一七年有另一項研究，追蹤被私募股權公司收購的安養院之後怎麼了。艾琳．博絲和夏琳．哈琳頓兩位學者檢視二〇〇〇年到二〇一二年間的交易，發現收購之後總人力資源配置與每病患每天能分到的照護人員，都大幅下降。

《美國醫學會健康論壇期刊》（*Journal of the American Medical Association Health Forum*）二〇一二年一項研究發現，被私募股權公司收購之後，安養院病患掛急診的次數、住院的次數與聯邦醫療保險的成本都提高了。該研究檢視的期間為二〇一三年到二〇一七年，與非由私募股權公司擁有的營利性安養院相比，巨型私募股權公司擁有的安養院住民，因為急性冠狀動脈疾病掛急診的情況高了十一．一%，因為相關問題住院的情況多了八．七%。本項研究指出，這些安養院的聯邦醫療保險成本也比同業高了四%。美國人金融改革教育基金（Americans for Financial Reform Education Fund）二〇二〇年針對紐澤西州安養院做了一項分析，發現與營利性、非營利性與公家安養院相比，州內六十一家由私募股權公司擁有或背後有其支持的安養院，住民的感染率和死亡率都比較高，確診新冠肺炎與因此死亡的比例也比較高。這類安養院裡有五分之三的住民都感染新冠肺炎；與整個州的安養院平均感染率相比，幾乎高了二十五%，比公家安養院高了五十七%。以住民人數來計算的新冠肺炎相關死亡率，私募股權公司擁有的安養院也高了三十三%。

「長照社群聯盟（Long Term Care Community Coalition）」是倡導更優質安養院照護的非營利性組織，在一份二〇二〇年的報告中，該聯盟提到雖然安養院的照護問題由來已久，比較近期的照護失當起因，則是「愈來愈多安養院的營運在管理、所有權或金融安排上出現了根本性的問題。安養院產業愈發成熟，導致某些業主得以槓桿操作與指示資產使用方向，用以追求最大利潤，卻不對安養院的品質擔負實質的責任。」

聽起來很耳熟嗎？

齊柯特工作時常看到的問題之一，是所謂「丟包病患（dumping）」，這是指安養院趕走即將失去聯邦醫療保險全額給付福利的病人。衛生與公眾服務部的主計長說，二〇二二年，聯邦醫療保險方案裡有超過一百四十萬受益人住在安養院。

聯邦醫療保險只有在病患住進安養院的前二十天才全額給付，之後，就會開始有自付額，很多住民都負擔不起或無法馬上付錢。安養院把這類住民趕走，用可以收到全額給付的住民取代適用自付額的住民，就可以讓聯邦醫療保險的給付源源不絕進來。然後，同樣的過程不斷循環。

「我們看到很多很不當、很匆促的出院要求，」齊柯特說明，「匪夷所思地把人送到街友庇護所或飯店。如果他們讓住民留下來，不用有資格領取聯邦醫療保險全額給付的人取而代之，一天最多會少收一千美元。」

齊柯特說，安養院也因為病患很難相處或家屬要求太多而把他們踢出去，也會發生不當驅逐的事情。

這也是艾迪．馬丁尼茲（Eddie Martinez）跟他媽媽瑪利亞（Maria）的親身遭遇；瑪利亞是加州卡皮托亞（Capitola, California）「太平洋海岸莊園（Pacific Coast Manor）」的住民，這也是盟約照護公司旗下的安養院。齊柯特幫忙處理這個案子，在馬丁尼茲把媽媽碰到的照護問題講出來之後，她才得以住下去，他也可以繼續去探望她。瑪利亞在太平洋海岸莊園住了五年，馬丁尼茲幾乎每天都去看她。二〇一六年時她因為中風而癱瘓，他很注意她受到的照護。當他發現缺失，他就會通知安養院的行政人員或照護人員。

「我不是愛抱怨的人，」馬丁尼茲告訴我們，「但如果事關我媽媽，我的第一要務就是要確認她有得到適當的待遇。」

馬丁尼茲說，多年來，安養院的管理階層對這些與照護他母親相關的要求甚感氣惱。一位員工對他說，如果他不喜歡他母親得到的待遇，就應該把她移到他處。「我以為提出疑慮他們會處理，」他說，「但反而變成一場戰爭。」

安養院行政人員的一份備忘錄顯示，二〇一九年，太平洋海岸莊園想要把瑪利亞趕走，並指有人「申訴馬丁尼茲以恐嚇、攻擊和不適當的行動對待員工」，藉此禁止他來探望她。只有當齊柯特代表他說情之後，馬丁尼茲才能繼續探望他媽媽。

兩位太平洋海岸莊園的前員工對我們說，他們從來沒看過馬丁尼茲難相處或惡意對待員工，兩人都證實安養院的業主看來比較在意的是削減成本，而不是照護病患。

海倫娜．盧娜（Helene Luna）是其中一位員工。她是一位有證照的護理助理，二〇一五年時任職於太平洋海岸莊園，但僅做了一年半。「他們不在乎住民或員工，」她說，「那裡總是人手不足，流動率很高，沒有人想待。」

安養院另一位前任員工說，管理階層一再延後維修工作，以壓低成本，包括五年都沒有好好修理屋頂漏水。「我們必須多次關閉餐廳，因為我們擔心石膏板會掉下來打到人。」他說，「好幾年，那個地方都用帆布蓋起來。如果你要經營這樣的事業，你得讓住民有個乾爽的地方住。」

這位前員工說，建築物裡本來應該有七部暖氣，但其中三部很多年都不能用。「很多地方太熱，其他地方太冷，沒有人住的舒服。」他說，「他們只是什麼都要便宜，結果省小錢，花大錢。」

疫情爆發之後，馬丁尼茲看到一大群人進進出出安養院，他心生警覺。他說，安養院的行政人員告訴他這些人是護理系的學生，他很擔心他們會把病毒帶進安養院。

二〇一九年九月，馬丁尼茲的媽媽因為呼吸窘迫入院，太平洋海岸莊園的行政人員禁止她再回來。根據我們檢視的一份行政人員備忘錄，那位行政人員說，她要回來只有一個辦法，就是馬丁尼茲同意遠離安養院，不要再替他媽媽承擔起家屬的責任。

齊柯特說：「對家屬提出這種要求實在太可怕了。」但他補充說安養院很常申請禁制令，尤其是家屬點出缺失時。「當來探望的人很在意自己的至親至愛受到的照護，員工或管理階層就會把這位住民當成箭靶，視為挑釁。」齊柯特說，「你每天都要來？你這是強迫我們用我們不想用的方式提供照護。」

在齊柯特的組織介入後，瑪利亞得以回到安養院，而且沒有任何限制。

二〇二〇年十一月某天，馬丁尼茲去探望他媽媽，透過她在太平洋海岸莊園的房間窗戶相見。因為疫情之故，家屬不得進入安養院，他只能用這種方式見到瑪利亞。幾分鐘後，一位警官過來找馬丁尼茲，太平洋海岸莊園的幹部叫警察來把馬丁尼茲趕走。馬丁尼茲說，等他跟警察說他是來探望重病的媽媽時，對方就讓他待著。警察覺得很不齒，批評安養院管理人員報警的行徑。馬丁尼茲回憶道：「警察跟他們說：『不要再叫我來騷擾家屬。』」

瑪利亞二〇二〇年十二月死於新冠肺炎，享年八十四歲。聯邦政府的文件說，至二〇二一年七月底，太平洋海岸莊園總共提報了十四件和新冠肺炎有關的死亡案例，她就是其中之一。政府統計資料顯示，她過世時，安養院的確診病例死亡率為二十三％。截至二〇二一年七月底，安養院的確診病例死亡率已降至十八％。

馬丁尼茲只收到太平洋海岸莊園一通打到他手機的留言，跟他說媽媽過世的消息，並留言問他何時過來收拾她的遺物。

✵ ✵ ✵

國會預算辦公室在二〇〇六年的報告中就預測，美國的醫院準備不足，根本就應付不了像二〇二〇年這樣的疫情。病患承受後果中最慘痛的部分，但醫療保健產業的員工也被壓垮了。醫師、護理師與技師受到不當對待、超時工作，以及如果他們敢把話傳出去，就會被減薪或解雇的故事層出不窮，比方說華盛頓州貝靈罕市林明醫生工作的急診室就有這種事。

「美國醫院協會（American Hospital Association）」說，美國目前有六千家醫院，約有一半為非營利，有一千兩百家為投資人擁有的營利性醫院，剩下的醫院業主則是聯邦、州或地方政府。從歷史上來看，多數醫院的業主都是公家與非營利事業。

新冠疫情爆發時，私募股權公司擁有的醫院首先調降員工的薪水與福利，而非必要性的手術因為疫情延期，導致他們賺不了這麼多錢。背後有私募股權公司投資的醫療保健人力資源公司「阿特昂健康公司（Alteon Health）」，就砍了醫師的福利以因應新冠疫情，二〇二〇年四月一日《波士頓環球報》（*Boston Globe*）旗下的醫療保健專題網站《統計網》（*Stat*）上刊出一篇文章，就說到這件事，並說「業主根本不管這些醫生當中，有很多人為了治療病患也感染了病毒。」

總部在馬里蘭州的阿特昂，在全美各地的醫院急診室聘用了約一千七百位急診醫學以及其他專科醫師，《統計網》報導，該公司為了因應疫情採取了一系列措施，包括：暫停有薪假、停止提撥雇主配比到員工的401(k)退休帳戶、也取消發放特別獎金，也說將會縮短某些臨床醫師的工時，「減至醫療保險可承保的最低工時」。行政人員的薪資也調降二十%，高階主管則調降二十五%。

疫情爆發兩年後，之前擁有阿特昂的私募股權公司新山資本公司和「佛瑞澤醫療保健合夥事業（Frazier Healthcare Partners）」把這家公司賣了。買方是誰？「美國急性照護解決方案（US Acute Care Solutions）」。這套醫療系統由阿波羅提供融資，至於融資的條件是什麼，並未揭露。

「背後有私募股權公司投資的醫療保健系統，對病患和醫生來說都是災難。」田納西大學（University of Tennessee）急診醫學住院醫師培訓方案主任馬克·賴特（Mark Reiter）說，「很多針對實際狀況所做的決策，考量點都是要讓私募股權公司賺到最高利潤，而不是對病患來說怎樣最好、對社群來說怎樣最好。」

來看看二〇二〇年四月二日發生在麻州東北部郊區一家社區醫院的例子。新冠病毒正在轉移，但私募股權巨頭博龍資本擁有的「史都華醫療保健公司（Steward Health Care）」，忽然間就要求旗下的「納舒巴谷醫療中心（Nashoba Valley Medical Center）」急診部暫停收治病患。該院總裁的一份備忘錄顯示，這家位在麻州艾爾市（Ayer, Massachusetts）、有七十三張病床的社區醫院，悄悄把設備和人員挪到他處以因應疫情需求，讓當地在確診病例攀高時，完全沒有加護病房。這家公司「把所有的服務都掏空了，」一名在該院任職很久的註冊護理師奧黛莉．絲普拉格（Audra Sprague）說，「如果有誰需要加護照護，我們不提供，我們不能收留病人。」

麻州的法規規定，醫院如要終止某項服務或關閉某個單位，至少要在九十天前知會該州的「公共醫療部（Department of Public Health）」，並至少在計畫關閉前六十天召開公眾聽證會。但二〇一一年買下醫院的史都華醫療保健公司兩件事都沒做，在全球疫情一開始時就把加護病房關掉了。此舉惹來員工與公眾的憤怒。

絲普拉格在納舒巴谷醫療中心工作的這些年，醫院的業主向來都是營利性公司以及私募股權公司。她說，私募股權比較糟糕。「就算你指出某些事情很不安全，也改變不了什麼。」絲普拉格講的是她們醫院那些私募股權公司派來的經理人，「如果有利可圖，那他們就會動手。他們不管做什麼，沒有哪一件不是讓他們有利可圖的事，這最首要也最重要。」

史都華醫療保健公司的發言人達倫．格魯伯（Darren Grubb）說，暫停行動「並未影響納舒巴谷院區的病患照護」，並說絲普拉格的看法是「沒有根據、選擇性、嚴重以偏概全」的主張。

但絲普拉格說對了這家公司著眼的是利潤，這代表他們很少會把錢拿出來投資醫院的實體建築和設備。他們賺快錢的戰術，導致對抗新冠疫情必要的呼吸器、口罩和其他設備不足。研究發現，就算私募股權公司擁有的醫院減薪與削減院區和設備的投資，病患要支付的費用還是高於其他院所。賓州大學華頓學院（Wharton School）的劉桐（Tong Liu，音譯）二〇二一年做了一項研究，發現私募股權收購醫療院所之後，導致投保私人醫療保險的病患醫療保健總費用提高了十一%。他說，成本提高，多數是因為私募股權業者要求提高醫院的服務價格。

他也提了一項建議。禁止私募股權公司收購醫院「可以提升相當於十．七%醫療費用的病患剩餘（patient surplus）[26]。如果審查購併的反托拉斯主管機關，忽略了有私募股權背景收購方獨有的特點，就很可能嚴重低估醫院併購方造成的衝擊。」

✵ ✵ ✵

二〇二〇年與二〇二一年新冠病毒大行其道，做購併交易的人也一樣；數據公司「推演劇本（PitchBook）」說，醫療保健業的收購案大增至三千億美元，遠高於二〇一八年和二〇一九的兩千兩百五十億美元。私募股權大盜一發現聯準會隨時準備拯救他們擺脫糟糕的交易，他們又回到錢槽裡拼命撈，而且是報復性地撈。

而且誰都阻止不了他們。掠奪者近年來花了幾千億收購醫療保險公司，反托拉斯的監理單位基本上什麼都沒說。即便證據明確指出產業的高集中度與壟斷傾向導致顧客要支付更高成本，但美國的反托拉斯炮口從來沒有瞄準過這些私募股權大亨。他們本可阻止交易、拆分高度集中的公司或針對任何反競爭的操作採取行動，但他們沒有。

最後的結果，就是導致龐大的醫療保健產業持續不斷出現有害的集中狀況。加州大學哈斯汀法學院（University of California, Hastings College of Law）[27]的學者二〇一八年時研究全美大都會區醫療保健的集中度，他們發現，這些地區都有非常集中的醫院和專科醫師市場。

集中會怎麼樣？病患要支付更高的成本，但得到的照護卻更少了。研究人員說：「因應

26 譯註：病患剩餘（patient surplus），從經濟學中的「消費者剩餘（consumer surplus）」延伸出來的概念，用來衡量病患在接受醫療服務時，實際所獲得的效益超過他們實際支付金額的那部分價值。

27 譯註：二〇一三年更名為加州大學舊金山分校法學院（University of California College of the Law, San Francisco）。

醫療保健供應商與保險業市場持續不斷整合，決策者需要更多的選項，以保護大眾免於承受愈來愈高的醫療保健價格與劣質的照護。」

簡單來講，由於醫療保健產業的收購案以金額來說規模相對小，私募股權公司所做的交易通常逃過了反托拉斯監理單位的法眼。在聯邦規範之下，從事收購的公司僅在價格超過一．〇一億美元（這個數字每年調整，一九七〇年代末期一開始時訂為五千萬美元）時，才需要向監理機關報備。以醫療保健產業近年來金額最高的收購案來說，比方說皮膚科和急診醫師等標的，很多收購案都還達不到標準，特別是，很多收購方還用不同的實體進行收購以模糊所有權，繞過企業不得行醫的規定。嚴格上來說，這種小型的收購案並沒有提高產業的集中度，也因此，交易都可免於遵循要向反托拉斯監理機構申報的規定，整合在鬼鬼祟祟的模式之下持續進行。

再來看看安寧照護的持續變遷；這裡住客是另一個弱勢病患群體。從二〇一一年到二〇一九年，私募股權公司擁有的安寧照護機構多了三倍；到了二〇一九年，有超過三百家這類機構為超過十一．二萬名可以領取聯邦醫療保險給付的病患提供照護。二〇一九年時，聯邦醫療保險方案裡有一百四十六萬名安寧病患，那十一．二萬人占比不到八％，但代表了掠奪者涉入臨終照護的程度提高了超過三〇〇％。同樣的，安寧照護會吸引這些買家也是有理由的：這是能產生豐厚利潤的地方。金融家很清楚要如何善用聯邦醫療保險。確實，私募股權利害關係人專案的艾琳．歐格拉蒂（Eileen O'Grady）說，二〇一三至二〇二〇年之間，有二十五家背後有私募股權投資的醫療保健公司，被控詐領政府的補助方案，支付了總金額超過五．七億美元的和解金。

聯邦醫療保險方案一般給付給所有安寧病患同額的每日看診費用，不考慮病患的個別醫療需求。「聯邦醫療保險顧問委員會（Medicare Payment Advisory Commission）」指出，在二〇一九年死亡的聯邦醫療保險方案被保險人中，有五十一％在過世時已經是登記有案的安寧照護病患，高於二〇一七年的四十八％。人口結構的變化也造成了影響。大批嬰兒潮世代已經處於或接近人生的終點，他們很有可能要求安寧照護，這個領域的獲利潛力也愈來愈大。

紐約「西奈山伊坎醫學院（Icahn School of Medicine at Mount Sinai）」的研究副主任瑪麗莎．奧卓芮琪（Melissa Aldridge），在二〇二一年一項研究中，總結私募股權在安寧照護界造成的劫掠：「在醫療保健產業裡，講到追求最大利潤的誘因和醫療品質之間的不協調造成的衝擊，很難找到另一個領域比安寧照護受到更嚴重的影響。」

糟的是，沒有人要聽。

✲ ✲ ✲

如果你對於靠醫療保健致富還有一絲疑惑，且看看家用醫療保健設備供應商「阿帕瑞醫療保健集團（Apria Healthcare Group）」的「病患探勘（patient mining）」方案，你就會茅塞頓開了。

二〇〇八年時被黑石集團收購的阿帕瑞集團，專攻居家病患的呼吸治療需求，包括氧氣機與非侵入式呼吸器。這家當時總部設在加州森湖市（Lake Forest, California）的公司，提供呼吸器設備與相關用品，並教導病患和照護者使用方法。阿帕瑞集團也協助病患向保險公司、聯邦醫療保險公司以及其他付款方申請醫療保險理賠給付。

黑石集團以十七億美元收購公開上市的阿帕瑞集團，立即開始收取管理費，並在公司的董事會裡安插董事。到了二〇二一年，阿帕瑞集團董事會裡有三位黑石集團的高階主管。阿帕瑞要付給黑石集團的各種費用金額極高，耗盡了阿帕瑞的資源。

黑石集團的壓榨流程有幾項特色。第一，收購交易達成時，他們收取了一千八百七十萬美元的交易費。接下來是管理費，黑石集團在二〇〇八年時僅擁有阿帕瑞集團三個月，但是阿帕瑞還是支付了全年一百二十三萬美元的管理費給黑石。之後，阿帕瑞每年還要支付七百萬美元或公司營業利潤二％的管理費，從中選金額較高者。這項政策拉低了阿帕瑞的財務表現，但對收購大王有好處，從中也可以明顯看出他們的先後順序。

二〇〇七年，阿帕瑞還沒有被黑石集團收購，該公司根據一般公認會計原則（generally accepted accounting principles，簡稱CML）算出來的淨利是八千六百萬美元，二〇〇九年全年則轉為虧損四百萬美元。績效不彰的情況繼續，二〇一一年根據一般公認會計原則結算的虧損擴大為七．五億美元，二〇一二年則為虧損二．六億美元。在二〇一三年的前九個月，阿帕瑞又虧了五千四百萬美元。

阿帕瑞在被黑石集團收購之後的虧損是有意涵的。司法部之後說，阿帕瑞的高階主管從二〇一四年開始找到一種方法，可以「快速改善公司的營收、利潤與現金部位」。政府說，很快地，這家公司就開始向聯邦醫療保險榨取本來不應該領取的給付。在阿帕瑞案的訴狀裡，聯邦調查人員提到該公司員工人數不足，無法訪視病患、親自去判定病患的需求與設備使用狀況，因此不符合聯邦醫療保險給付規定的條件。檢察官說，透過二〇一五年到二〇一七年「一系列精簡成本措施」，阿帕瑞「持續減少」負責確認向聯邦醫療保險申請的費用是否適當的員工人數。

政府在訴狀裡說，「阿帕瑞內部普遍都知道」少做了訪視。舉例來說，政府提到一項該公司的內部分析，顯示二〇一六年十二月時，該公司的臨床程序要求要訪視病患，但在其三個營運區域內，阿帕瑞的員工「完成的訪視還不到一半」。

司法部對阿帕瑞的指控，讀起來像是剖析醫療保健業所遭受劫掠的指南。來看看該公司如何因應聯邦政府對於呼吸器設備給付條件的規範。像阿帕瑞這樣的公司，為病患提供非侵入式呼吸器並向聯邦醫療保險申請給付收款之前，必須先判定病患的醫生有要求病患使用這些設備。這是有原因的：非侵入式呼吸器是一種相對新穎且相對複雜的科技，使用這些設備的病患給付金額比較高（每個月一千美元或更高），相對之下，使用其他設備的給付額為一百到三百美元。此外，非侵入式呼吸器額度的給付期間比其他設備長很多，聯邦醫療保險對這類設備的給付期間是五年，其他則是十三個月。這些政策導致非侵入式呼吸器對供應商來說比其他設備更好賺。

你可能猜到事情發展的走向了。

政府的調查人員說，阿帕瑞被黑石集團納入旗下幾年後，二〇一四年四月起，該公司的高階主管開始做內部策略審查。他們開始討論新的非侵入式呼吸器租賃業務應不應該變成公司的高優先要務。一個重要的元素貫穿這些會議，那就是聯邦醫療保險系統對於非侵入式設備的高額給付。

就是這個！這些高階主管體認到，推廣非侵入式呼吸設備很可能就是啟動公司營收、獲利與現金的機器。調查人員說，也因此，當年八月，阿帕瑞的資深高階主管把擴大這項業務當成公司第一要務。這些人為阿帕瑞設定了一個目標，租賃該設備的業務營收要成長，二〇一四年為五百萬美元，到了二〇一五年躍增為三千萬美元，這是很可觀的跳躍。

阿帕瑞的高階主管也指示經理人，要開始對業務人員設定目標，提振非侵入式呼吸器的訂單量，並找到使用這類設備的新病人。聯邦調查人員發現，找到大量新使用者的業務人員拿到高額的年度獎金，上看「幾萬美元」，無法達成銷售目標的人則「有被解雇的風險」。

前景看好。為了租出最大量的非侵入式呼吸器，阿帕瑞啟動了一項「病患探勘」方式，名稱聽起來很有歐威爾主義（Orwellian）的風格。阿帕瑞所做的病患探勘，是由業務與臨床人員從醫療紀錄中爬梳，找出使用比較便宜設備的病患，然後由銷售人員想辦法把比較高價的非侵入式呼吸器推銷出去。

政府規定，給付的條件是要確保病患「醫學上有必要」使用非侵入式呼吸器，但阿帕瑞才不管。該公司的員工並沒有做該做的確認必要性訪視，不只這樣，調查人員還發現，就算比較便宜的設備就已經能滿足病患的需求，阿帕瑞還是給病患非侵入式呼吸器，然後向聯邦醫療保險拿錢。

阿帕瑞對聯邦醫療保險提出幾千件不實的申請案，領取幾百萬美元的不當給付。當然，又是納稅人替這場敲竹槓買單。

二〇二〇年十二月正值疫情期間，阿帕瑞和政府達成和解，同意支付四千零五十萬美元，並承認就算公司知道客戶已經停用他們的呼吸器，仍繼續向政府申請給付。同樣地，阿帕瑞並沒有承認這些作法不合法或有什麼不適當之處。

然而，就跟展望健康照護中心被逮到不當地讓病患住院、以收取較高額的聯邦醫療保險給付金額時一樣，阿帕瑞也和衛生與公眾服務部簽署了企業誠信協議，這是和解的條件之一。協議效期五年，要求該公司落實全面性的監督，由獨立監督人執行聯邦醫療保險給付申請流程，並採取「其他法律遵循行動，以利加強遵循聯邦醫療照護方案的規範」。

阿帕瑞這個案子，是檢察官第二度追查黑石集團旗下的醫療保健實體。從二〇〇四年到二〇一三年屬於黑石集團的「先鋒醫療系統（Vanguard Health Systems）」，也因被指控向聯邦醫療保險系統不實申報而接受調查，二〇一五年時達成和解；此事發生期間有一部分與黑石集團擁有該公司的時間重疊。他們遭到的指控如下：向聯邦醫療保險申請的費用中，有些服務並無專科醫師的適當監督或者未由醫療人員執行，但申請費用時卻指稱有專科醫生在場。還有另一項指控：病患要支付的金額遭灌水，因為院方在列帳時使用的代碼並未確實反映專科醫師所做的工作。

先鋒根據協議支付了兩百九十萬美元，政府說，這「不代表先鋒承認應該負責，也不代表美國政府有所退讓，認為相關指控的基礎不穩固。」黑石集團二〇一三年把先鋒賣了，賣價比買價高了兩倍有餘。

政府的訴狀上沒有提到黑石集團，該公司的發言人說：「沒有任何政府機關主張黑石集團知悉、參與、默許或未採取適當措施，以至於無法阻止任何被指控的不當行為。」

里海大學的蘿拉．歐爾森教授認為，讓人氣餒的是，每一次出現詐騙指控，很少揪出這些公司背後的金融家，想到正是這些人不斷逼迫他們旗下的企業拼命賺錢，就更讓人不平了。歐爾森說，這些撈錢的人與公司之間的關係，通常被複雜的所有權架構遮蓋起來，其目的就是要替收購方企業擋下他們該為相關行動負起的責任，並避開華爾街所說的「上報風險」或負面聲浪。

「私募股權公司可以做出非常、非常可怕的行為，但要負責任的都是被收購的公司，不會牽扯到後面的私募股權公司。」歐爾森說，「如果私募股權公司業主要負責任，不用說，他們在劫掠旗下公司與剝奪公司提供適當照護能力時就會更謹慎一點。」

二〇二一年二月，就在阿帕瑞和檢察官和解之後幾個月，這家公司首次公開發行股票，籌得約一・五億美元的資金。到了當年十一月，黑石集團在公開市場把部分的阿帕瑞股份賣掉，拿到超過五億美元。他們仍有四十%阿帕瑞的股份，價值約五億美元。

我們就來算一算：二〇一三年，黑石集團用二十一億美元賣掉了阿帕瑞的家用輸液（home infusion）業務。之後，從二〇一八年到二〇二〇年，黑石從阿帕瑞榨出了四・五億美元股利。我們所知黑石收取管理費的總金額至少六千三百萬美元（另外還有一些申報文件上沒有，所以我們看不到），賣股票則拿到了五億美元。

還不只這樣：黑石集團成為阿帕瑞的業主之後，還因為阿帕瑞向集團內部其他公司購買商品和服務而獲利。從二〇一七年到二〇二一年，監管機關的文件中顯示，阿帕瑞支付四千六百萬美元給九家黑石集團擁有的公司，名目是收帳服務、供應鏈管理軟體、辦公空間以及其他服務。黑石集團的發言人說這些都是「正常的企業交易」，對交易兩方公司以及投資黑石集團的人都有利。

二〇二二年一月，阿帕瑞宣布，醫療保健物流的「歐文斯麥納公司（Owens & Minor）」以十四・五億美元收購該公司。即便阿帕瑞被指控詐欺也簽了企業誠信協議，但黑石的發言人說，黑石集團投資阿帕瑞還是賺到比本金高三倍的回報。他說：「這項投資非常成功。」

第十六章

「既特殊也共生」

阿波羅回歸根本

二〇二一年，距離經理人壽那場大崩壞已經過了三十年了，幾乎已經沒人記得其投保人被迫吞下了多少損失，或萊昂．布萊克以及他新成立的合夥事業從中到底賺進了幾個億。金融家摸走經理人壽組合裡本應該屬於投保人的好東西之後，發現原來他們可以逃掉懲罰。明明保險公司的顧客就是被剝削的對象，還是有人兜著彎把交易說成對他們有好處，這也成為購併交易者長驅直入美國企業界時重複使用的公關花招。舉例來說，如今私募股權業的遊說人士會說他們強化了醫療保健業並「拯救了人命」。那是他們的說法，而且他們自己深信不疑。

當然，也有些人永遠忘不了經理人壽一案造成的後果，比方說蘇和文斯．華森、莫琳．

瑪爾、祖．安．賈可伯森。然而，這些壽險公司倒閉與被收購的故事（以及關於保險公司的投資會對投保人帶來哪些風險的重要教訓），大部分都已經被人拋諸腦後了。

世人的健忘，對布萊克和阿波羅來說都是好事。

二〇〇九年開始，在房貸危機的嚴重餘波之中，阿波羅就準備成立自家的保險公司。當時保險公司都正在倒閉當中，因此布萊克認為，「拯救」他們是一個獲利的好機會，他早就驗證過了，這是一套很好的交易模式。為了能配得上集團名稱中偉大的希臘神祇設定，他們將新的保險公司稱為雅典娜。（不要把這和奧羅拉保險公司搞混了，奧羅拉是經理人壽被收購後成立的保險公司。）雅典娜保險公司跟經理人壽的業務相同，都專攻銷售年金給趨避風險、希望在退休後有穩定的收益流的投資人，也向「洛克希德馬丁（Lockheed Martin）」和「必治妥施貴寶（Bristol Myers Squibb）」等公司買進幾十億美元的退休金義務，復刻經理人壽的操作，讓成千上萬的退休人士陷入風險。創辦雅典娜保險公司時，阿波羅也回到了其源頭，或者，就像莫琳．瑪爾說的，回到其最初的罪孽上。

從許多面向而言，成立一家保險公司對阿波羅來說都是很巧妙的一步。一開始，阿波羅就展現向來的作風，向雅典娜收手續費。雅典娜每年以「資產管理服務」為名，繳交幾億美元的費用給阿波羅。隨著雅典娜壯大，費用也跟著水漲船高，因為計費的標準本來就是保險公司向投保人收到的資產金額。舉例來說，二〇一九年，雅典娜支付給阿波羅的投資管理費，在阿波羅收的此類費用總額中占比達二十七%。截至二〇二〇年的三年間，雅典娜支付了十億美元管理費給阿波羅。

然而，這個源源不絕的費用水龍頭，只是阿波羅致富計畫的起點。在和雅典娜談的條件中，更大的好處或許是這家保險公司成為阿波羅的儲藏室，放置阿波羅很難賣給別人的資產。阿波羅也把雅典娜當成工具，在他們認為有可能獲利時，就搶在投資人之前或跟著投資人一起投資自家的私募股權基金。

保險公司有一項任務：要有足夠的錢以支應投保人的理賠申請。要做到這一點，就要有可以創造收益的投資。阿波羅有很多投資標的可以賣，有什麼比一家隨時準備好接手阿波羅倒貨的受控保險公司更好？

但就像經理人壽大潰敗所證明的，保險公司也必須衡量買進投資的風險。投資標的風險愈大，萬一市場出錯，或者，更糟糕的是萬一保險公司倒閉，投保人虧損的機率就愈大。

舉例來說，在阿波羅旗下的雅典娜保險公司，可以買進阿波羅收購公司發行的高風險證券，或是阿波羅旗下的放款機構核貸的房貸。如果阿波羅難以把這些資產賣給外部投資人，或是擔心這些資產對他們偏愛的私募股權基金投資人造成風險，就可以把這些標的偷偷混進去，賣給雅典娜公司渾然不覺的保險顧客。

雅典娜之於阿波羅，就好比經理人壽之於德崇證券：雅典娜持續買進阿波羅的貨，就像經理人壽變成德崇證券堆垃圾的地方。

二〇一九年十月，布萊克講到阿波羅和雅典娜的關係時，多次用了「既特殊也共生（special and symbiotic）」一詞。布萊克的定調，讓人想起了聯邦存款與放款調查員比爾・萊德（Bill Rider）描述第一經理人壽與德崇證券間的關係：「緊密到幾乎分不開（so close as to be almost inseparable）」。

「既特殊也共生」在實務上對雅典娜的投保人來說代表什麼意義？監理機關的檔案給了答案。二〇二〇年，雅典娜控股公司旗下主要的保險公司「雅典娜年金與人壽保險公司（Athene Annuity & Life）」，擁有資產五百四十億美元，其中的四十一億美元為相關實體（也就是其「母公司、子公司和關係企業」）發行的股票、債券和房貸。反之，雅典娜的競爭對手「保德信年金人壽保險公司（Prudential Annuities Life Assurance Corp.）」二〇二〇年時擁有五百四十億美元資產，但僅有二・三一億美元是投資母公司、子公司和關係企業。

二〇二〇年春天，股市與債市因為新冠疫情引發的恐懼而大跌，雅典娜一家「關係企業」的股票重挫，導致這家保險公司大虧。雅典娜也提報，其手上持有七%的阿波羅股票虧損了三億美元，在其提報的十一億美元虧損中占了快三分之一。雖然在聯準會祭出極誇張的因應疫情措施後股市反彈，但這短暫讓人驚嚇的時刻，讓我們窺見在未來市道險惡時，雅典娜與阿波羅之間「既特殊也共生」的關係對投保人而言代表了什麼。

雅典娜和經理人壽還有其他相似之處。舉例來說，雅典娜積極利用再保險公司來替其擔負的投保人義務「背書」，經理人壽也曾這麼做。請記住，雅典娜的再保險公司是在這家保險公司需要解決問題的時候，才會介入撐住雅典娜和其相關義務。與其他較保守的保險公司相比，差別是雅典娜的後擋來自於自家關係企業。這種關係企業間的盤根錯節，有違再保險的目的：再保險本來是要把風險平攤到無相關性且財務穩健的實體上。

二〇二〇年，在雅典娜年金人壽保險公司的再保險與共保險交易中，九十五%的交易方都是關係企業，總交易金額五百七十億美元，關係企業交易達五百四十億美元。相對之下，穆迪與標普評等最高（比雅典娜高）的「紐約人壽保險公司（New York Life Insurance Company）」，沒有任何和關係企業達成的再保險或共保險交易。

雅典娜的再保險公司所在地也很有問題：都在境外，逃避了詢查。這就比經理人壽更過分了，佛瑞德．卡爾找的再保險公司至少在境內。

母公司雅典娜控股公司以及其再保險公司的總部，都設在百慕達（Bermuda），他們的交易不受境內監理單位管轄，還披上了保密的外衣，因為百慕達並不要求再保險公司對公眾大量揭露相關訊息。雅典娜每年呈報給百慕達的文件只有五頁，沒有什麼細節，相較之下，雅典娜愛荷華的子公司呈交給州政府的資料，文長千餘頁。

境外保險公司很難在境內的保險公司出事時投入資金，因此，如果出了狀況，雅典娜的投保人會發現難以從境外再保險公司手上把錢拿回來。確實，一件由某退休基金代表雅典娜股東對阿波羅提出的訴訟，主張雅典娜支付「金額過高且昂貴」的費用給阿波羅，但因為法官說雅典娜在百慕達登記，非原告所能及，就這樣被駁回了。

最後，就像經理人壽一樣，雅典娜也偶爾會碰上積極的保險監理單位，必須小心以對。之後會再詳談這一點。

經理人壽與雅典娜的成立，還有另一個有趣的緣分，牽涉到了阿波羅選任負責成立雅典娜保險公司的高階主管詹姆士．畢拉迪（James Belardi）。畢拉迪之前是「美國陽光人壽保險公司（Sun Life America）」的高階主管，總部設在洛杉磯的陽光人壽保險公司，大老闆是艾利．布洛德。你應該還記得，布洛德曾經為了經理人壽的債券組合要賣給萊昂．布萊克一事勸告過州政府保險監理官加拉門迪。他說，賣價太便宜了。之後，布洛德拿到大量奧羅拉（這是經理人壽的後繼公司）的股份。

顯然，阿波羅公司非常樂於其金融服務領域能有一家受控的保險公司，但對投保人來說就是另一回事了。雅典娜的投保人就跟經理人壽的投保人一樣，如果出了任何差錯，幾乎就只能自己承擔了。

「當你檢視這些人使用的業務模式，在我看來，不管他們是大幅提高債券組合中哪個部分的風險，早晚都會自食惡果。」雅典娜成立三年之後，一位基金經理人派翠克．多德（Patrick Dodd）在二〇一二年對《彭博新聞社》說，「如果順利的話，一切好處都會歸於雅典娜。如果不順利的話，所有壞處都會落到年金持有人頭上。」

多德知道他在講什麼。截至二〇一一年四月，他都在南卡羅萊納州格林維爾（Greenville, South Carolina）的「自由人壽保險公司（Liberty Life Insurance Co.）」監督投資事務，重點放在他稱之為「純潔無瑕」的投資組合：州政府和財務穩健大企業發行的債券。彭博社報導，自由人壽保險公司賣出了二十八億美元年金，給想要在退休時彌補社會安全金之不足的顧客。

後來，二〇一一年時，雅典娜收購了自由人壽保險公司，多德說，自由人壽的持有部位幾乎隨即丕變。現在，他們持有的投資標的包括由次級房貸、分時度假屋（time-share vacation home）以及哈薩克的鐵路做擔保的證券。

對照之下，佛瑞德．卡爾的投資風格顯得極為睿智。

✲ ✲ ✲

雅典娜自二〇〇九年成立之後就出現爆發性成長，到了二〇一三年，該公司又以六十一億買下三家大型保險公司的未到期年金。又過了四年後，二〇一七年時，雅典娜開始買進企業的退休金義務，讓成千上萬的退休人士暴露在他們之前從未遭遇過的風險當中。

這番大規模的成長讓阿波羅和布萊克賺飽飽，他的私募股權投資同道也注意到了。在雅典娜成立後的十年間，黑石集團、凱雷和KKR也都買了保險公司。現在，輪到投保人變成掠奪者的囊中物了。

保險公司的投資持有部位造成的影響很快就顯現出來了。頂尖的保險公司評等機構「貝氏評等（AM Best）」說，被私募股權公司收購的保險公司，第一年內投資組合的殖利率平均成長〇．三三％，增幅反映出的是他們投資風險較高的標的。貝氏也提到，在私募股權公司入主的第一年內，多數保險公司提報的風險導向資本都變多了，主要是「對應的投資組合風險提高了」。

州政府的監理單位也監督著阿波羅在保險業的竄起，有些人開始表達疑慮。二〇一三年，美國保險監理官協會組成一個工作小組，分析私募股權公司涉入保險業帶來的風險。

美國財政部也有其顧慮，他們在二〇一四年提到，經營年金業務以及長期義務需要卓越的風險管理能力，但短期導向的私募股權群體並不具備。就連平常渾渾噩噩的聯準會，都對私募股權業者收購保險公司敲響警鐘。

「有些人相信，保險業的屬性可能不契合私募股權公司的商業模式，」財政部官員用典型的輕描淡寫表述，「因此，在私募股權公司收購承銷年金的保險公司時可能會引發危機，監理機構應該監督及／或緩解。」

二〇一六年十二月，雅典娜首次公開發行股票。到最後，投資人終於可以一窺阿波羅內部用來創造現金的機器。如果你之前認為雅典娜是安全的投資，這麼一窺之後可能會讓你焦慮不安。《退休金與投資雜誌》（*Pensions & Investments*）裡的一篇報告提到，當時，雅典娜的獲利大增主要是因為其七百二十億美元的投資組合報酬豐碩，「當中包含著數量高到非比尋常的垃圾等級債券」以及其他複雜證券。

喬治華盛頓大學（George Washington University）的教授羅倫斯・康寧漢（Lawrence Cunningham）對《退休金與投資雜誌》說：「這正是許多私募股權公司的特色，他們不斷把極限往外推，在內部弄出錯綜複雜的金融關係，通常的目的就是為了讓私募股權公司整體來說能收到更多費用。」

喬瑟夫・貝爾斯（Joseph M. Belth）是印第安納大學（Indiana University）保險學榮譽教授，也是老資歷的產業分析師。一九八〇年代，貝爾斯比其他人更早找出經理人壽經營手法裡的風險。「我認為私募股權公司會進入保險這一行為的是要賺快錢，這就讓我覺得很困擾。」貝爾斯說，「他們有興趣的是短期利潤，但保險公司不是這樣，那麼，這就變成了製造問題的組合了。」

那麼，特別以雅典娜這家公司來說呢？貝爾斯說：「投保人落到布萊克這種人手中，就成了人質。」

幾十年來，私募股權業者收購公司、甚至整個產業，摧毀了工作、稅收與繁榮。現在，他們要控制退休人士的存款了。讓人不樂見的結果幾乎已成定局，但同樣的，沒有人要出手阻止這些花招，金融監理機構不動，國會不動，也沒有任何一位檢察長出手。這些人都放任門戶大開，讓掠奪者控制退休人士的存款，在這條毀滅性的路上為所欲為。

一定會再出現像經理人壽事件這種大災難，時間早晚而已。

✲ ✲ ✲

到了二〇二二年中，約有四十一萬位企業退休人士託付給雅典娜，盼望這家公司給他們美好的退休人生。在這方面，他們別無選擇。他們的前任公司把退休金賣給了雅典娜，卻不給他們任何拒絕的權利。這些公司從交易中的獲利明顯可見：賣方的短期利益是拿到雅典娜支付給他們的金額，長期好處是不用再支應本來答應要付給退休人士的錢。把退休金義務移轉給雅典娜，代表了「美國鋁業（Alcoa）」、必治妥施貴寶、「奇異（General Electric）」和洛克希德馬丁終於可以擺脫前員工了。

這讓退休人士陷於極高的風險當中，因為雅典娜買入這些退休金義務會造成很多問題：比方說，轉賣之後如果有問題政府就不會出手，不像他們請領企業發起的退休基金之時。有一個聯邦機構退休金福利擔保公司負責支撐有問題的退休基金，並保證退休金請領人未來能領到一定的金額。退休金福利擔保公司之於企業界的退休人士，就好比「聯邦存款保險公司（Federal Deposit Insurance Corporation）」之於銀行存戶。在阿波羅蹂躪過諾蘭達公司之後，就是這個機構出來拯救該公司的退休金請領人。

當然，被迫接受退休金移轉到雅典娜公司的退休人士，都得到信誓旦旦的保證說一切都沒問題。洛克希德馬丁公司說：「本項交易中所涵蓋的退休基金參與者請放心，他們拿到的退休金福利金額相同，時程一樣，現在領到什麼就是什麼。」

然而，這些退休金交易有一個道盡一切的名稱，叫做「退休金風險移轉（pension risk

transfer）」，而這就是問題所在。出售退休金義務的公司，是把和未來要支付這些錢相關的風險移轉給另一個實體。當然，對賣方公司是好事，但對退休金請領人有利嗎？先別急著下定論。沒了退休金福利擔保公司撐腰，這表示，退休的人就要看買下這些義務的保險公司臉色。如果保險公司倒了，他們就慘了。

當本來服務的公司把退休金義務賣給雅典娜，退休的人就不知道該找誰負責了。他們不知道，決定自己的退休所得安不安全、穩不穩健的公司，正是三十年前掠奪了成千上萬經理人壽投保人的公司。

一九八〇年代末期，經理人壽也幫忙企業用年金取代退休金。經理人壽倒閉事件中涉及了雷諾納貝斯克公司，一九九八年有一樁代表後者一千五百名退休金請領人提起的訴訟是一則警世範例，讓我們知道把退休金移轉給從事高風險操作的保險公司會帶來哪些風險。

企業退休金自一九八〇年代初起就開始奄奄一息，因為企業從那時就理解到這些長期義務有多沉重。找到方法擺脫沉重的退休金承諾，對企業來說是很有利的操作，根本不管拋掉這些義務會讓自己信用破產。

一九八六年秋天，雷諾納貝斯克公司董事會投票決定中止某些子公司的退休金方案。在這當中，屬於「美國獨立石油公司（American Independent Oil Company，簡稱 Aminoil）」

的退休金方案資金過剩，這表示，其資產高於必須支付出去的義務。雷諾納貝斯克公司決定買下一檔金額等同於公司欠受益者的年金，然後把多的資金留給自己。

雷諾納貝斯克要決定要把退休金義務賣給哪家年金公司，請來一位顧問分析整個市場，此人當時讓五家保險公司像選美比賽一樣競爭。一件訴訟案中提到，這五家都具有最高等級的安全性評等、償付年金的能力，而且也「非常適合」經營年金業務。經理人壽是其中一家，另外還有歷史更悠久的「安泰（Aetna）」和保德信。

隨著顧問繼續做分析，浮出的結果是經理人壽贏得這個案子。這家保險公司出的價格最高，也滿足雷諾納貝斯克提出的所有其他條件。

一九八七年，經理人壽買下五千四百萬美元的年金，至於幾年後發生了什麼事，你早就知道了。約翰·加拉門迪後來把經理人壽的債券組合賣給萊昂·布萊克和阿波羅公司，雷諾納貝斯克某些受益人最後平均僅拿到本來該領到退休金的五十七%。

雷諾納貝斯克公司退休金的受益人知道自己要承受這麼大的損害大為震驚，於是控告前公司，主張前公司選擇經理人壽作為年金供應商違反了對退休人士的責任。他們也控告公司過失、輕率，而且「行事時不顧美國獨立石油公司退休金方案成員的安全」。他們希望雷諾納貝斯克承擔因為經理人壽出亂子害他們遭受的損失。

遺憾的是，他們輸了。德州南區地方法院（Southern District Court of Texas）審理此案法官的結論是，雷諾納貝斯克已經盡了對退休金請領人的責任。即便經理人壽用「躁進」的態度做投資，但法官裁定，這家保險公司「在促請加州保險監理官掌管該公司之後的一年內，已經回補了市場上的虧損。」

「經理人壽持有的債券並未違約，」女法官繼續說，「並沒有任何特定的借款人無力償付。在市場上，憂心違約一般會導致放款人在收購債券時，願意支付給其他放款人的錢少一點，加州政府還在這個時候去插上一腳。市場下跌，拉低了經理人壽的債券組合價值，跌至不足以支應其支付義務。」她繼續講到加拉門迪，「不是每個債券持有人都和監理官一樣，會在市場下跌時過度反應，拋售手邊的投資組合。如果監理官遵循經理人壽的原始策略，那每個人早就可以拿回全額的支付款了。」

這位法官的結論是：「加州政府的好人（換言之，也就是加拉門迪）把一個短期問題變成了一場長期災難。」雷諾納貝斯克公司的退休金請領人虧了錢，也打輸了這個案子。

✡ ✡ ✡

二〇一一年三月，阿波羅和雅典娜兩者合併，交易金額為一百一十億美元。這項交易有一個立即性的好處：阿波羅的股票現在可以在股票指數中占有一席之地，擁有這個絕佳地位，代表模擬指數（比方說標普五百指數）表現的共同基金就要買進阿波羅的股票。之前，阿波羅不符合被納入指數的標準，但現在，合併之後的股票就符合了。如果指數基金經理人必須買進雅典娜的股票，就會衝高其股價。

公布合併案時，好像沒人在意雅典娜的年金與人壽保險公司之前才因為向另一家保險公司買進年金契約時轉換不當，和德州州政府簽下了合意處分令（consent order）。這家公司發送不正確的資訊給持有契約的人，未能及時發送年度對帳單與處理貸款還款金額，並且延遲發放年金。雅典娜支付了四十萬美元罰款，他們可樂得支付這種小錢。該公司並未承認違反德州保險規範。

紐約的「金融服務部（Department of Financial Services）」多年來都在調查雅典娜的退休金風險移轉業務，在該合併案前一年和雅典娜達成了和解。監理單位認定該公司厚顏無恥地違法該州法律：執行退休金相關活動的雅典娜子公司，懶得在紐約州申請執照，但和位在紐約的幾千位投保人做生意。雅典娜同意支付四千五百萬美元罰金。

阿波羅的女發言人拒絕評論雅典娜。

最後，二〇二一年九月，各州的財政局開始憂心私募股權業者會如何糟蹋退休金請領人的投資。科羅拉多（Colorado）、伊利諾和威斯康辛（Wisconsin）各州的官員致函「勞動部（Department of Labor）」，「全力擁護相關的政策與實務，以有序、透明且擔負信託責任的方式確保退休資產安全」。這些財政局長在聯名信中提到，背後有私募股權公司的保險業者在退休金市場影響力日深，他們的奇特投資為請領人帶來的風險也愈趨嚴重。這封信引用了「美國財政部聯邦保險處（Federal Insurance Office）」的研究，指稱「背後有私募股權的保險公司，在無流動性且對總體經濟很敏感的資產市場裡成為重要投資人，比方說主要貸放給私募中層市場國內外企業的商用房貸（commercial mortgage loan，簡稱CML）以及私募資本配售。」

聯名信的作者群指出，市場下跌時，這類投資可能會重挫。

在二〇二一年即將結束時，美國保險監理官協會宣布他們組成了一個任務小組，要「深入檢視」愈來愈多由私募股權公司掌控的保險公司。《國家法律評論期刊》（*National Law Review*）登出一篇講述相關發展的報告，提到：「顯然監理機關最關心的是人壽與年金保險公司。」

但監理機關又再一次縮手了。隔年夏天，保險監理官協會任務小組編纂出一份供各州保險局遵循的建議，協助他們評估與監督背後有私募股權公司的保險公司相關操作風險。其中一個關注面向，是保險公司做出和私募股權公司有關的投資時，有沒有揭露可能的利益衝突。但光是建議不太可能阻止得了私募股權公司投入保險業的風潮。一家備受尊敬的「威凱律師事務所（Willkie Farr & Gallagher）」在附註裡對客戶說：「監理機關並未阻擋私募股權公司進入這個市場，事實上，他們相信，整體來說，私募股權公司的成長很可能帶來正向發展。」掠奪者又贏了一次。

第十七章

「沒有證據指向有行爲不當之處」

萊昂・布萊克的退場

川普在眾人的震驚與驚嚇之中衝進白宮。他如何贏得夠多的選票、把自己推進橢圓辦公室（Oval Office），將會是持續多年的嚇人話題。

但金融家的感受不同，他們知道川普跟他們是一國的。二〇一七年黑石集團的總裁湯尼・詹姆斯在法說會上就對記者說：「川普與保羅・萊恩（Paul Ryan）[28]所講的那些政策，如果通過的話，對我們旗下的公司有益。這放鬆了某些扼住很多企業的法規。」

詹姆斯的合夥人蘇世民成為川普的重要經濟顧問之一，在和商業會談場合拍照時就坐在總統旁邊。從二〇二〇年七月十九日到二〇二一年三月，蘇世民捐了將近六百萬美元給川普以及各「政治行動委員會（political action committee，簡稱PAC）」，替總統和共和黨做宣傳。《金融時報》（*Financial Times*）報導，川普輸掉二〇二〇年的大選之後，蘇世民在十一月六日和其他商界領袖通話時說川普有權質疑選舉結果。這位億萬富翁花了兩周才接受川普輸了二〇二〇年大選。

《內幕》（*Insider*）二〇二〇年十二月一篇報導指蘇世民說：「人民可以支持總統。」

蘇世民希望川普連任的理由很明顯。在第一任任期上，川普放寬對於私募股權公司的種種法規限制，讓他們大大受惠。他也確保散戶投資人（華爾街的人有時候把這些人的資金稱為「笨錢」〔dumb money〕）可以拿他們辛辛苦苦賺來的退休金去投資私募股權交易。事實就是，這些大亨想要新的「符號」（也就是錢），散戶投資人顯然就是他們的下一個選擇。

發起散戶投資人退休帳戶的企業，只能提供明智且相對安全的投資，而且必須遵守由美國勞動部制定與實施的規定。這個機關施行一九七四年的《員工退休所得保障法案》（*Employee Retirement Income Security Act*，簡稱ERISA），制定的目的是要保護投資人免於因為退休存款詐騙事件而遭受虧損。幾十年來，根據《員工退休所得保障法案》處理投資人

---

28 譯註：共和黨眾議員。

401(k)與其他退休帳戶的公司，不可以提供私募股權投資或避險基金。此類投資項目的風險、高成本、不透明與不具備流動性（亦即無法快速變現），根據法律，並不適合退休金存戶。

但川普任內的勞動部改變了局面，這個單位於二〇二〇年中發布一篇所謂資訊函文（information letter），被私募股權業當成剝削散戶投資人及其退休帳戶的許可證。記者大衛・席洛塔（David Sirota）當時寫道：「這封函文可以幫助川普的私募股權捐款人剝削一億名勞工」。發布函文帶來的，是蘇世民在川普再度參選時又捐了三百萬美元。勞動部發函是為了回應川普的要求，這位總統說，各政府部門「要撤除障礙，運轉起這個世界所知最偉大的經濟繁榮引擎：美國人民的創新、進取與幹勁。」

發布資訊函文時，勞動部說他們會「幫助為了退休而存錢的美國人民，讓他們有管道投資那些通常能創造強勁報酬的另類投資」，並且「確保為了退休而投資的一般人得到他們需要的安穩退休機會。」學術研究指出私募股權投資的報酬遠不及低成本的股票指數基金，別管了；這些投資要收各式各樣的手續費而且根本不可能賣掉，別管了；一般人的金融素養根本不足以分析這些交易，別管了；推銷這些投資的公司幫忙製造出巨大的貧富差距，讓美國人民分屬兩個不同的世界，更別管了。此時時機正好，能給這些撈錢的人一條通往新財富的路：動用放在個人退休存款帳戶裡的七兆美元。

川普任內的證交會主席傑．克萊頓（Jay Clayton），長久以來都支持勞動部的變革，並說這給了散戶投資人絕佳的新機會。克萊頓在一次接受採訪時說：「我們希望能確保沒有把零售投資丟下不管。」他用的這個詞就是散戶投資人的口語說法。

克萊頓在川普選舉失利後離開證交會，二〇二一年三月時加入阿波羅的董事會，擔任其首席獨立董事。他的薪酬沒有揭露出來，但阿波羅其他董事一年賺二十九萬美元，克萊頓身為首席獨立董事，有可能賺更多。

克萊頓進入阿波羅董事會的時機，正當萊昂．布萊克因為傑佛瑞．艾普斯坦事件陰影下台之際。在一份公開的備忘錄中，布萊克容許針對他和艾普斯坦之間的關係所做的調查「深入查探我和我的家人」。他說，即便內部報告最後總結認為「沒有證據指向我有行為不當之處」，但壓力「有損我的健康，讓我想要離開公眾視線一陣子，擺脫因為我的家族與這家偉大的上市公司之間的關係而引來的關注。退開一步，有段時間不公開露面，對我和我的家人都是好事。」

布萊克總結道，隨著公司更換領導階層，阿波羅將「攀上新的高峰」。布萊克說，此時既甜蜜又苦澀，創立阿波羅「是我職業生涯中最大的成就」。

* * *

當勞動部廣開大門，讓金融大亨進一步剝削一般人時，也開始出現一些阻礙。私募股權公司幾十年來巧取豪奪之後，到了二〇二一年時，終於有人質疑起他們的霸道、威嚇和權勢。強而有力的第一炮，是紐約南區（Southern District of New York）一位備受敬重的聯邦法官杰德．拉科夫（Jed Rakoff）二〇二〇年十二月做出的裁決。拉科夫之前一直在主理一樁因為「玖熙鞋業（Nine West）」倒閉引發的爭議，自然而然，這家鞋廠倒閉之前的業主就是一家私募股權公司。這是一樁迭有爭議的倒閉案，某些債權人指控公司的私募股權業主搬光並捲走公司最有價值的品牌，留下沒什麼用的單位挑起收購交易留下來的失控債務負擔。換言之，就是掠奪者的慣用手法。

這個案子的源頭，是二〇一四年專攻收購消費性與零售業企業的「西卡摩合夥事業（Sycamore Partners）」用二十億買下玖熙鞋業，而鞋廠四年後倒閉。西卡摩有一百億美元資產，二〇一一年起將總部設在紐約市。在這樁收購交易中有一項附加交易（side deal），玖熙鞋業將兩個頂尖品牌「思緹韋曼（Stuart Weitzman）」和「庫爾特蓋革（Kurt Geiger）」賣給一家西卡摩的關係企業。

玖熙鞋業申請破產之後，其債權人主張兩個品牌賣給西卡摩關係企業時價格太低了，使得玖熙剩下的營運無法承擔過重的槓桿收購債務。投資銀行家對玖熙鞋業的董事會說，公司能撐住的負債水準是現金流的五倍，但在西卡摩的交易中，負債總額差不多是現金流的八倍。董事會核准收購案時，並未針對賣出思緹韋曼和庫爾特蓋革兩個品牌以及沉重的債務融資表達意見，就同意了根據西卡摩向玖熙的股東開出的價格完成收購。

拉科夫說，這還沒完。董事本來應該分析收購的財務結構，看看是否穩健、未來是否可行。玖熙的債務確實過重，逼得公司一敗塗地。

拉科夫的裁決重點投下了一顆震撼彈，震動了一看到高價就核准收購、荷包賺飽飽後繼續過日子的人。他主張，玖熙的董事應該要對把玖熙賣給西卡摩這件事擔負起責任，因為造成倒閉的原因正是收購案中債務沉重的融資架構。

拉科夫說，董事「很輕率」，沒有研究過公司在新的財務架構之下是否能存活。他還補充說董事不可以「用經營判斷法則（business judgment rule）當保護傘躲在背後」，這一條法則通常讓董事無須為自己的行為多年後造成的結果擔負責任。

律師界說，拉科夫的判決改變了私募股權世界的遊戲規則。把公司賣給其他公司的董事，如果之前沒有好好分析收購的財務面向以確定交易合理且可行，之後有可能遭訴。董事核准的購併案如果多年後因為沉重的負債而失敗，他們再也無法逃避責任。

拉科夫的判決僅涉及一個案子，但做好了鋪陳培養出新的認知，講出了收購方會對債權人、員工、退休金請領人和納稅義務人造成哪些影響。當拉科夫指出董事如果沒有分析公司在新業主之下能否好好活下去，可能會有責任，也否決了企業董事會的基本概念：董事對公司的股東要擔負的唯一責任，就是在賣東西時拿到最好的價格。現在，因為拉科夫之故，也必須考量其他的利害關係人與公司的未來。

本項判決讓人想起一九八九年印第安納州為了控制多年前開始的第一波收購潮而實施的法律。交易律師提出警告，指拉科夫的判決可能會對槓桿收購造成寒蟬效應，這會變成一件壞事。

在大家開始接受拉科夫裁定董事要為收購案負責的判決之後，金融家的鎧甲上又出現了另一條縫，學界研究指出，私募股權公司大吹大擂的豐厚報酬並不準確。一項研究發現，自二〇〇六年以來，持有低成本股票市場指數基金的股份，投資報酬率和成本高昂且會造成損害的私募股權不相上下。這個產業早年或許可以創造出超額報酬，但這種優勢如今已經消失了。

績效下跌成為焦點的時候，川普的勞動部也正好開始容許私募股權投資工具深入退休金帳戶，這創造出絕佳時機，讓華爾街再次吃乾抹淨一般人。

一些曾經被私募股權強盜迫害的員工也起身行動。勞工運動人士發現，背後有私募股權的公司是一塊推動運動的沃土，因為員工都已經非常厭倦業主的剝削式操作。二〇二一年，包括林明醫師在內的團隊健康急診部門醫師團結起來，想要從掠奪者手上搶回他們的業務。他們成立了一個團體「把行醫搶回來（Take Medicine Back）」，努力凸顯私募股權公司利潤至上從而傷害了病患。當年稍後，一個醫師聯合團體提出訴訟控告KKR擁有的急診部人力資源公司展望醫療保健，指控展望公司控制急診部違反了州政府規定企業不得行醫的法律。加州在醫療保健議題上是態度比較積極的州之一，原告希望他們的案子可以鼓勵州檢察長針對企業行醫提出告訴。

監理機構也開始從渾渾噩噩中清醒。由拜登總統（President Biden）任命的琳娜·汗（Lina M. Khan），帶領聯邦貿易委員會開始潤滑已經生鏽的反托拉斯機制，誓言要把她主掌的機構帶回二十世紀初的根源：當時的聯邦貿易委員會很積極，為了減少失業與降低經濟上的貧富不均揮舞著反托拉斯大刀。聯邦貿易委員會早期的焦點之一是醫療保健的整合，尤其是皮膚科與麻醉科等醫師的小型診所。讓政府來檢核這一行，是革命性的創舉。

傑·克萊頓離開證交會加入阿波羅後，新任的證交會主席蓋瑞·根斯勒（Gary Gensler）推出了精確瞄準私募股權業者的監理改革。二〇二二年九月，他去國會作證，談到要求私募股權公司提高透明度與揭露程度，尤其是他們收取的費用以及個人自肥方案。

在根斯勒談到的變革中，有一項是要強化私募股權基金績效的透明度。他建議，要求這些公司為投資人提供可比較的數據，就像共同基金的買方也會拿到的報表一樣。他也警告，證交會將懲罰掠奪者與投資人之間的利益衝突，並大力推動強化監理查核，緊盯這些基金所使用的、可能對整體金融系統造成風險的操作手法，一如行事草率，引發二〇〇八年房貸危機的房貸公司所作所為一樣。

證交會也實施新規則，禁止「提早收取監督費」，這類花錢買寂寞的費用替私募股權業的掠奪者白賺進了幾百萬美元。證交會二〇一六年鐵腕執法，起因就是他們指控阿波羅沒有告知投資人有收取這種費用。

當然，這些監理改革的言論也促使私募股權公司補足銀彈，大力推動遊說工作。非營利性的政治研究機構「響應性政治中心（Center for Responsive Politics）」說，光二〇二一年，黑石集團就在遊說上花了約五百五十萬美元，高於二〇一九年他們的老朋友川普還在任時的三百七十萬美元。在黑石集團旗下的公司中，團隊健康二〇二一年的遊說費用最高，總金額達一百三十萬美元。黑石集團所擁有、二〇二〇年向聯邦醫療保險方案報假帳的阿帕瑞醫療保健公司，二〇二一年支付了十萬美元給遊說人士。

響應性政治中心說，二〇二一年，KKR花了四百五十萬的遊說費用，其急診醫療人力資源公司展望醫療保健，則花了一百一十三萬美元。

而阿波羅全球管理公司在遊說狂潮中力壓群雄，二〇二一年時花了七百一十萬美元，還高於前一年的四百七十萬美元。資料顯示，二〇二一年時，阿波羅的醫院事業生活要點健康付了約八十萬美元給遊說人士。遊說人士努力奔走的議題，都圍繞在聯邦醫療保險方案與聯邦醫療補助方案（Medicaid）的行政和立法層面。阿波羅聘用的遊說人士，也非常積極對抗任何意在寬免助學貸款的法規，以免阿波羅的營利性學店鳳凰大學（University of Phoenix）核發的助學貸款無人償還。

最後，二〇二一年時，兩黨的政治人物開始發出疑問，探究私募股權業者在各個產業究竟對消費者造成了哪些傷害。私募股權業者買下獨戶住宅出租，這件事備受攻擊，被認為是拉高了房客的成本並傷害了中低階層的家庭。

私募股權公司整合醫院，對民主黨與共和黨來說都是另一個引爆點。康乃狄克州民主黨人理察．布魯蒙索（Richard Blumenthal），以及二〇二一年一月六日首先在國會山莊（Capitol）發難、後來又因為害怕而倉皇躲避的密蘇里州共和黨人賈許．霍利（Josh Hawley），兩人同屬參議院「反托拉斯次委員會（Senate Antitrust Subcommitee）」，在二

○二一年四月的聽證會上，他們講出私募股權公司擁有醫療保健公司會引發的問題。布魯蒙索說：「私募股權基金的誘因和自利特質，帶動的是財務，而不是尊重與關懷來看病的病患或確保優質醫療照護的專業人員。」

這些破壞性行動會不會被擋下來？現在時間還太早，很難斷言。但這些情勢發展總算是一個開始。

也有其他跡象指出掠奪成性的資本家可能感受到壓力愈來愈大了。舉例來說，私募股權公司白人男性主導的模式，如今已經不再無往不利了。上市公司努力提高員工與高階主管的多元性，私募股權公司則彷彿停留在石器時代。二○二一年六月，「波士頓顧問公司（BCG）」調查了超過四千名在私募股權公司工作的人之後做出分析，發現私募股權公司比較少有鼓勵多元性的方案。說自己曾在職場中親眼看到歧視的私募股權員工，比上市公司員工高了十三%。這份報告也提到，在此同時，私募股權公司的員工也比較少能安心地舉報他們看到的事。

「私募股權擁有的公司，在採取行動方面落後於上市公司。」這份報告得出結論，「這要改變。」

數據公司普瑞金二○二一年三月提出一份報告，指出性別多元化是另一個問題。私募股權公司的員工中女性僅占二十%，高階職務裡僅有十二%是女性。美國企業界在性別平等方面不算典範，但表現都比私募股權公司好：二〇二二年，「長」字輩的職務裡有二十四%是女性；如果以管理職來算，女性則占四十%。

或許是體認到從公司以及員工身上榨取財富並非可長可久的商業模式，一家大型私募股權公司（也就是KKR）開始發公司的股票給某些單位的低階員工做為獎勵。舉例來說，KKR於二〇一五年買下一家做住家與商用車庫門的製造商「奇捲門（C.H.I. Overhead Doors）」，奇捲門有八百名員工，年薪在十萬美元以下者都可以拿到公司的股票，奇捲門跟KKR說，這不是用來代替福利、薪資或加薪。KKR於二〇二二年五月出售奇捲門，領時薪的員工和貨運司機平均可以領到十七·五萬美元的股票，外加KKR擁有這家公司時他們的股票賺得的九千美元股利。

KKR說，從二〇一一年到二〇二二年中，該集團根據這類安排發出了總共「幾十億美元」的股票，「發給二十五家超過四·五萬非高階員工」。KKR的官網顯示，該集團在這段期間總共投資了約兩百五十家公司，發放股票給員工的公司總共約占十%。無可否認，這當然是很值得讚揚的作法，但並無法彌補私募股權掠奪者幾十年來造成的損害。

我們針對本書做研究時，私募股權業裡的大型遊說團體美國投資委員會建議我們去讀一讀一項近期的學術研究，當中顯示背後有私募股權的公司職場安全紀錄比較好。這篇報告二〇二一年十月發表於《金融研究評論》（*Review of Financial Studies*），分析資產至少一千萬美元的五百六十家公司職場安全數據，期間為一九九五年到二〇〇七年。研究發現，公司被私募股權收購之前的四年到收購之後的四年間，每位員工每年的公傷平均減少了〇·七四到一個百分點。

這當然是好消息，我們也深入鑽研這份研究。後來發現當中有一些要注意的地方。研究的作者群發現，如果收購交易的槓桿率較高，收購之後公傷率下降的幅度比較低，他們說：「職場的公傷率在收購之後下跌，有一個可能的解釋是系統自動化或把危險的工作移往海外。」研究也總結道，比較危險的場所，在收購之後公傷率下降的幅度比較小。

該研究的主持人強納森·柯恩（Jonathan Cohn），是德州大學奧斯丁分校（University of Texas, Austin）「希斯、謬思、泰特與佛斯特私募股權財務研究中心（Hicks, Muse, Tate and Furst Center for Private Equity Finance）」學術主任，該中心說其宗旨是要為學生提供「私募股權力量訓練」，確保他們「做好充分的調整，培養出對私募股權市場的深度理解以發展職涯。」

顯示私募股權公司認知到他們有公關危機問題的另一個範例，可能是他們最近成立了某些基金會以嘉惠比較弱勢的人。這種洗白有問題活動的作法自古以來就有，而當這些金融家看到自己的行動遭到愈來愈多檢視，就更頻繁使用這一招。

舉例來說，二〇二二年二月，阿波羅成立了「阿波羅機會基金會（Apollo Opportunity Foundation）」。宗旨是什麼？「推動經濟繁榮與擴大機會。」公司說，他們計劃分十年拿出一億美元，「資助那些致力為弱勢群體拓展機會的非營利組織。」

基金會官網上寫滿了陳腔濫調，但下面這一段或許最適合其純然的偽善：「我們體認到自己有責任帶動社會的正向改革，我們正以整個阿波羅生態體系借力使力，創造可長可久的價值。」

網站上沒講的是，利用這個新的基金會，阿波羅可以靠著捐掉一小部分多年來巧取豪奪的錢贏得讚賞（以及讓人開心的抵稅額度）。

一億美元聽起來很多，但對阿波羅來說是九牛一毛。比方說，阿波羅光一年（二〇一三年）跟六家已經賣掉、因此根本不需要再監督的公司收取的監督費，就有一．二六億美元，比一億美元多了不少。

二〇一六年被阿波羅推入倒閉命運的諾蘭達鋁業公司，一億美元只是阿波羅從中榨取股利的四分之一。這筆錢也差不多等於阿波羅一年裡從短暫擁有的塔明哥化學公司吸走的交易費、監督費和法律服務費。

最後，我們還可以拿另一個範例來和阿波羅新成立基金會大講特講的一億美元來做比較：這筆錢比萊昂．布萊克多年來支付給傑佛瑞．艾普斯坦以換取其舉世無雙的稅務建議費用少多了，他總共付了一．五八億美元。

✵ ✵ ✵

三十多年前，美國財政部長尼可拉斯．布拉迪預言，「市場」會修正槓桿收購領域的過分行為。布雷迪說，這股對於員工、退休金甚至納稅人來說極具毀滅力量的風潮很快就會止息，因為當中的經濟因子無法長久運作下去。

布雷迪的預言顯然錯了，或者說，他這話只是早講了三十年罷了。

這些私募股權業者最初是從德崇證券撈到錢的企業掠奪者，他們這個小小的叛逆世界，最後變成一個管理一千兩百萬名員工、創造出美國六．五%國內生產毛額的產業。私募股權公司控制的資產，都是社會創造美好安康局面所必要的資產，私募股權業贏者全拿的模式危害了我們的未來。

而這個產業在其他方面有了改變。早期，有利可圖的交易俯拾皆是，因為他們看重的是在公開市場裡被低估的標的。如今，到處都是有樣學樣的人在做交易，由於他們在交易中需要動用的槓桿倍數或是要借的錢更多了，潛在的報酬風險也更高了。

重點在於：槓桿會提高風險，如果要用更高的利率借來更多錢才能賺到同樣的報酬，交易風險就更大。承擔的風險提高，也代表著交易當中的經濟力量開始變質，或者是資金太浮濫了，但能做的交易數量也就只有這麼多。

當太多資金湧進同樣多的交易裡，結果永遠都一樣：嚴重虧損。想一想二〇〇八年的房貸熱，想像二〇〇〇年的網路泡沫。

一九七〇年代末期與一九八〇年代，掠奪者收購的是身陷困境或是價格與同業相比出現折價的公司。收購大亨買進標的之後，再把公司好好打扮一番並推動首次公開發行，賺到估值提高的部分。

長期下來，早期這些輕鬆的交易變成稀有品，想謀取暴利的人必須更努力尋找標的公司。如果找到了，他們必須更積極管理買下來的公司：他們會刪減成本、解雇高薪的工會員工與調降員工福利，他們會關閉比較不賺錢的部門，或者收購對手以鞏固自家擁有公司的定價能力。等到所有機會都耗盡了，他們就會開始買進一些毒性太強、其他企業不想持有的汙染性資產，例如煤礦場。

當這些金融家繼續搜尋豐厚的利潤，也會去涉入長久以來被視為負擔社會功能的產業，例如醫療保健和教育。這類產業本來就比較沒有效率，利潤本來也比較低，因為他們必須隨時做好準備服務社會。為了滿足這項目的，他們需要有超額的產能或備用的存貨，這兩者都要花錢。

「精簡」這些產業的私募股權公司，推銷欺騙學生但不提供教育的營利性學校。他們為醫療保健產業帶來的效率，消除了「超額」醫院病床、護理師和呼吸器，也傷害了病人和家庭醫師之間的個人關係。

今天，我們已經接近掠奪者生命周期的新階段了，這個時候，這些人已經沒了外界的食物來源，因此開始自我反噬。全球疫情以及其對於經濟活動的攻擊、企業估值偏高與貨幣政策緊縮等因素又加快了變化的速度。

某些赫赫有名公司的創辦人下台了，讓位給下一代的打劫人。二〇二一年秋天，亨利·克拉維斯和喬治·羅伯茲宣布他們要從KKR的共同執行長位置上退下來。當時，一位KKR的代表對《紐約郵報》（*New York Post*）說，這兩人還會積極參與營運。

美國現在有超過五千家私募股權公司，比十年前多了兩倍。可供收購的目標太少，潛在的買家卻太多。就連名人金·卡戴珊（Kim Kardashian）也跳進了這一行，二〇二二年夏天宣布和一位前凱雷合夥人合作，創立自己的私募股權公司，她打算投資媒體業、消費財和電子商務。

私募股權產業喧嚷競爭的態勢，陡然拉高了私募股權業者支付給收購對象的金額。二〇〇九年，一般的收購案價格約是公司獲利的八倍，現在這個數值來到了十四倍。二十年前，一檔一般的收購基金通常投資十到十二家公司，到了現在，六到八家才是慣例。

賽巴斯汀．坎德里（Sebastien Canderle）是一位私募資本業的顧問，他也在商學院教書，還寫了《私募股權之美、之惡與之醜陋》（*The Good, the Bad and the Ugly of Private Equity*），並在金融專業人士組成的全球性機構「特許分析師學會（CFA Institute）」贊助的論壇上定期撰寫部落格文章。二〇二二年二月，他在一篇題為「市場飽和醞釀出失控的交易」的部落格文章中主張，這些掠奪者的世界目前「單純就是在做完全沒有必要或有害的交易活動，甚至連進行交易的當事人都講不清楚為何要去做。」

坎德里說，舉例來說，有更多收購交易發生在私募股權公司之間，而不是和企業等策略性買方做交易，也沒有想要進行首次公開發行把股份賣給新投資人。一家掠奪性的私募股權公司把標的賣給另一家，這類交易稱之為次級收購（secondary buyout，簡稱ＳＢＯ）。回顧二〇二一年，當時這種次級收購的占比不到五％，到了現在，以全世界的私募股權交易來說，至少占了四十%。

此外，這種兜圈圈式的次級收購開始瘋狂地旋轉，很多私募股權公司只能把自己擁有的公司賣給其他自己經營的基金。他們做的交易，都是把自家基金中的某家公司賣給另一檔基金，全部都在一個大家庭裡。這是一種典型的謀私交易範例，但反正在這個掠奪者的世界裡，什麼事都有可能。此外，這麼做對交易各方來說還有諸多好處。

在新冠疫情期間與剛剛結束之後，經濟世界一切暫停，這便成了愈來愈常見的操作。忽然之間，私募股權業者買進來的公司賣不掉了，得由他們自己的基金持有，但這導致他們預期能給投資人看的投資報酬率變低了，他們不願接受現實，反而在自家的基金之間把公司賣來賣去。

這些交易獲利豐厚。其一，在不同的基金之間移轉公司時，交易當事方可以收取交易費。而且這類交易中買賣公司的價格通常會高於之前的價格，因此這些私募股權大亨可以賺到績效費。至於價格比較高到底公不公平或正不正確，那就不知道了。

二〇二一年，全球這種謀私交易收購的總金額達到四百二十億美元，比前一年高了五十五%，比二〇一九年更是高了一八〇%。這類交易也讓私募股權業者可以透過所謂的「存續（continuation）」基金每年收取管理佣金，如果把公司賣給第三方，就賺不到這項費用了。

坎德里指出，然而，這種戰術最麻煩的是，不管是買基金還是賣基金的投資人，都不知道交易價格是否公允。這些買賣並未根據所謂的獨立交易基礎（arm's-length basis）進行，支付的價格合不合理完全是個謎。當然，交易的當事方早就替這個問題準備好答案了，他們說，有「獨立」律師和稽核檢核這些交易。做交易的公司支付了多少錢給這些律師和稽核以換取他們的意見，就別管了吧。

二〇二一年，阿波羅就做了一樁這類交易，把旗下的巨型醫院企業生活要點健康從一檔阿波羅基金手上賣給另一檔。阿波羅買下這家公司時才花了不到十億，之後這家公司就由二〇一三年成立的「阿波羅VIII號基金（Fund VIII）」納入囊中。二〇二一年阿波羅把生活要點健康賣給阿波羅IX號基金（Fund IX），交易的價格為二十六億美元。當然，這樁買賣讓阿波羅VIII號基金的投資人開心得不得了，因為這可賺飽了。但阿波羅IX號基金的投資人怎麼知道用二十六億美元買生活要點健康合不合理？

我們拿這個問題去問CalPERS（這是大型的公家退休金）的人。他們是這兩檔基金的投資人，阿波羅VIII號基金賣掉生活要點健康讓他們大賺一筆，但以IX號基金的投資人來說，支付的買價可能太高了。遺憾的是，CalPERS拒答我們的提問。

事實仍是，這類內線交易充滿了各種衝突。但阿波羅從來不去閃避利益衝突。事實上，這家公司擁抱利益衝突，從該公司的第一樁交易（經理人壽垃圾債券投資組合）中，我們就看到了這件事。

阿波羅的女發言人被問到生活要點健康交易中潛在的利益衝突時，她對《彭博新聞社》說：「我們和基金投資人、獨立顧問與多方新共同投資人合作，讓這樁交易對兩檔基金來說都是公平且有吸引力的生意。」

換句話說，答案就是：相信我們。

✵ ✵ ✵

蘇格蘭裔的財經作家伯蒂．查爾斯．富比士（Bertie Charles Forbes）一九一七年創辦了《富比士》雜誌，並且以對商業世界發表的錦言佳句而聞名。富比士講過的名言，包括「希望別人想到你時都是好的念頭，為人處事時就要想到別人」以及「鑽石就是堅持把自己的事做好的煤」。富比士當然是支持商業的人，但他也體認到在產業裡大肆劫掠的危險。

富比士一九五四年過世，那時現在這一批聚積財富與搶奪別人珍寶的掠奪者還不知道在哪裡，但富比士很清楚這一類人，他說：「昧著良心賺得千百萬的人，是失敗的人。」

萊昂．布萊克辭職離開自己一手創辦的阿波羅時，並不是在功德圓滿的狀況下退場，但他也不承認有任何道德上的缺失或他自己有任何該受譴責之處。事實上，布萊克提到，公司內部在檢視他和艾普斯坦的關係時，並沒有任何證據指向他有任何行為不當之處。

就跟許多高階主管被迫提早退休時常會講的場面話一樣，布萊克離開時也說，他打算多花點時間陪陪妻子和家人，到頭來，他多花了很多時間與律師團共度。二〇二一年七月，他決定反控之前的情婦，對方指控他在他們多年的婚外情中強暴她而且對她性虐待。布萊克說她恐嚇他並勒索他，還涉及詐騙。訴狀上說前情婦跟他要了一億美元，布萊克也告了她的律師事務所。

二〇二二年一月，這個案子更醜惡了。布萊克提出新的法律文件，控告共事非常久的同事、同時也是阿波羅三位創辦合夥人之一的喬許·哈里斯，指控他為情婦提供資金幫她打官司。布萊克退下來後沒有把阿波羅的大位交給哈里斯，哈里斯就離開了，而布萊克宣稱他會為了一點點小事就生氣，還會展開行動「暗中刺傷」布萊克的人格。布萊克引用文學的橋段，在狀子中寫道：「他就像莎士比亞劇中的人物伊阿果（Iago），因為沒能得到拔擢而心生怒意，把他的憤怒對準他的人生導師和長官。」

哈里斯的反應是，說這些指控「非常可悲且完全不實」。哈里斯補充道，他從來沒有見過這位情婦或她的代表人，也沒和他們談過，而且也沒有參與她提起的訴訟。二〇二二年六月，監督這樁共謀訴訟案的法官撤銷本案，說布萊克的主張「顯然非常有問題」。沒關係，布萊克誓言會繼續這場法律之戰。

紐約的八卦專欄把事情的發展拿來好好利用了一番。對外面的人來說，布萊克這樣指控共事三十年的前合夥人，顯得他失常又小心眼。羅馬詩人尤維納利斯（Juvenal）說，報復是狹隘心靈的脆弱喜悅。

關於布萊克離開阿波羅以及他那些下流猥褻的法律麻煩，蘇．華森有不同看法。「地獄有個地方專門收這些惡賊，」她說，「他們人現在就在那裡！」

結語

誰來止血？

二〇二二年中，新冠疫情消退，這個世界正努力回復常態，有一些晦澀難解的法律文件悄悄送進了德拉瓦州衡平法院（Delaware Chancery Court）。多數美國大企業都在該州註冊，因此，涉及這些巨型企業的爭議通常會送到這裡的法院。

這些案子關係到的是近期阿波羅和凱雷集團高階主管之間的交易，提出告訴的是持有這兩家公司股份的退休基金請領人（消防人員、警察以及其他工會勞工）。控告凱雷的原告說，他們遭到一系列有益於該公司高階主管（包括億萬富翁創辦人大衛．魯賓斯坦）的複雜交易剝削，他們說手上有其公司內部文件可茲證明。

根據訴狀所言，阿波羅與凱雷悄悄變更了高階主管契約條款，讓這些富有的金融家得以賺取驚人的高薪，但讓股東付出代價。

文件中詳細列出細節，指控阿波羅的布萊克、馬克・羅恩以及其他人，再加上二〇二一年選上維吉尼亞州長的凱雷前任共同執行長格倫・楊金（Glenn Youngkin），使用一種新穎又大膽的自肥戰術。這些交易支付了幾億美元現金給這些人（布萊克拿到二・八三億美元，魯賓斯坦拿到七千零五十萬美元），他們還巧妙地把前任高階主管大量的公司股票變成免稅股份，代表這些人賣股票時也不需要支付聯邦稅金。這些交易代表公司（以及股東）要為了高階主管免除的納稅義務損失幾億美元的利益。

把股票轉換成免稅，持股人未來賣股時聯邦政府一毛錢的稅金都收不到，這已經很糟糕了，更糟的是，如果布萊克和他那些同事把股份捐給慈善機構，因為這些交易之故，還可以拿到很高的抵稅額。因此，這些交易剝了納稅義務人兩次皮，掠奪者則怎麼樣都賺。

少有人注意到這些交易，部分原因是這些牽涉到複雜難懂的稅法。交易能躲過關注的另一個原因，是私募股權公司從未對股東把話講清楚。事實上，退休基金的律師會看出來，是因為他們精通主管交易的相關法規，知道要拿到哪些文件以確認他們的懷疑。代表退休基金請領人控告凱雷的律師在訴狀中說，該公司的高階主管做了這些事卻不用受懲罰，讓人既震驚也無法接受。律師團說，這些提告人「要靠金融市場的正直誠實，才能替他們的退休生活做準備」。

被問到相關指控時，公司以及創辦人的代表都說這些內容毫無意義，他們會在法庭上奮戰。一位楊金的發言人在一項聲明裡說，交易有利於凱雷的股東，公司董事會中有一個獨立特別委員會，「請來獨立的專家與顧問考量與核准」該項交易。

這些案子最後的結果如何，暫時還不可知，凸顯了一項和掠奪者事業有關的讓人喪氣事實：在試著讓這些有權有勢的人負起責任這件事上，民間的訴訟人遠比監理機構和其他政府官員更厲害。雖然這些原告不像證券監理單位、反托拉斯官員或聯邦檢察官可以揮舞著大刀開鍘，但他們做了更多事，讓光射進這個產業的黑暗角落。

工會和學界也大有貢獻，讓社會大眾理解這些公司對於員工、顧客和退休金請領人造成了哪些衝擊。研究指出，經營安養院的公司若背後有私募股權公司，死亡率會比同業高十%，這讓人訝異，也透露出很多事。之後針對這些掠奪者如何衝擊其他醫療保健公司所做的研究，也很有啟發性。

而每一個和私募股權產業有往來的當事人，幾乎都可說是助紂為虐的幫兇，公家的退休基金和大學捐贈基金就是很明顯的例子：這些基金每年給了私募股權產業幾十億的錢，就是讓他們活下去的氧氣。如果這些投資人切斷資金流，未來就可以大幅降低這些操作造成的損害。公家的退休金為何如此甘受私募股權公司支配，向來是個謎。公家人員在產業的劫掠中受創最深。有鑑於目前私募股權基金能創造的報酬率已經很低（基本上和標普五百指數基金一樣），放棄私募股權應該不是什麼有爭議的決策。

州檢察長也可以加把勁落實現有法規，例如反托拉斯法或是禁止企業行醫的法規。當他們成案時，設定的罰款金額應該要高到一個地步，讓這些富有的公司不得不注意。各州的醫療委員會也可懲戒幫助企業行醫的醫師。

有些國會議員嘗試過抑制這些撈錢人的權勢，但都不成功。二〇〇九年，羅德島民主黨參議員傑克・瑞德（Jack Reed），提案要提高這些公司的揭露程度與相關透明度。新法案將會撤銷某些私募投資顧問免向證交會註冊的特權，並授權給證交會，要求投資顧問提交紀錄，供聯邦政府監督系統性風險。後來石沉大海。

二〇二一年，美國參眾兩院都引進了瞄準私募股權多行不義的法案。法案名為《阻止華爾街掠奪法案》（*Stop Wall Street Looting Act*），將會提高基金可能要承擔的法律責任，提高企業破產時員工的薪酬優先權，並禁止在完成收購後兩年內支付股利給基金和公司（想想諾蘭達案）。這套法律也要封掉附帶權益的稅收漏洞，並對私募股權和其高階主管拿到的錢課徵一般的所得稅（目前這些錢都適用稅率比較低的資本利得稅）。

這些法案也在龐大的遊說壓力之下無疾而終。私募股權業的遊說團體美國投資委員會，警告說這樣的法案會威脅到經濟、創新和工作，而且會「重挫投資」。對商界很友善的「美國商會（U.S. Chamber of Commerce）」，也發表了他們自己針對法案所做的「經濟衝擊分析」，指稱法案的「限制與稅賦衝擊很大，如果施行，即便是在很溫和的狀況下，長期來說，本國的勞工會少掉約六百萬份工作，聯邦、州以及地方政府的稅收每年會短少約一千零九十億美元。」

這些數字正確嗎？不重要。一旦講出來了之後，華府就會把「分析」當成事實。我們曾經和幾位幫忙起草《阻止華爾街掠奪法案》或提供諮商的前幕僚人員談過，他們告訴我們，當他們開始起草法案以加強對收購大亨的規範管理時，就像去參加一場疊疊樂大賽，每一項行動影響的，都不只是眼前這一塊而已。他們發現，如果要封閉稅賦上的漏洞與消除私募股權業者的「有限責任」身分，也會傷害到和這個產業無關的小企業與其他商業實體。這些掠奪者的遊說人士主張，法案可能衝擊到無辜的企業，因此對美國大眾有害。

事實上，不管是封閉稅賦漏洞、提高對大眾的揭露程度，還是防止他們捐政治獻金給和他們有生意往來的官員，每當民選官員或監理單位試著抑制這些掠奪者，就會凸顯出這些公司在政治上多有力。其他金融企業（共同基金、創投公司和避險基金）的策略和利益相當分散，通常不會聯合起來對抗華府，但這一群求便宜行事撈錢的菁英團體不一樣。以他們榨取財富的標準方法來說，每一次這套戰術遭受威脅，都會靠經過協調、快速行動的遊說來化解。

近年來，隨著這些交易者造成的有害後果愈發明顯，左派團體與議員成為最大聲批評這個產業的人，然而，在愈來愈響亮的譴責聲浪中，這些人也不可思議地贏得右派盟友。我們大概不會認為伊莉莎白・華倫（Elizabeth Warren）和塔克・卡森（Tucker Carlson）[29]在任何面向上能達成協議，更別說金融監理了，但在二〇一九年底時，卡森也攻擊「禿鷹」資本主義，指這種膜拜「冷酷經濟效率」的商業模式完全不顧「某些他們應該承擔的國家責任」。一群保守派年輕人也迎戰這個議題，看來決心想要把共和黨從文化戰爭上推開，回到聚焦在家庭、勞工以及經濟穩定等更貼近人民的相關事務上。私募股權公司、他們的遊說人士以及產業協會向來可以輕輕鬆鬆把左派民粹主義斥為反商或極端社會主義，現在，他們可能要面對來自右派民粹主義的意識形態壓制了。

共和黨陣營難得有人發聲警告私募股權造成的弊病，其中一人卻居然是產業中最大型公司裡（貝恩資本）的老將。歐倫・克斯（Oren Cass）在貝恩資本工作十年，之後，在二〇一二年米特・羅姆尼（Mitt Romney）參選總統時成為他的內政主任。二〇二〇年，克斯創辦了保守派的智庫「美國指南針（American Compass）」，使命為「重新導引政治焦點，從為成長而成長轉向讓眾人分享經濟發展」，以利家庭和社群。該機構對私募股權公司的掠奪行為提出的解決方案，契合強調革新的民主黨提案，也納入了立法要求這些公司破產時要對員工負起財務責任、取消附帶權益稅收漏洞、大幅提高基金的揭露程度、禁止買回庫藏股與開徵金融交易稅。

《美國展望》（*American Prospect*）雜誌執行編輯兼私募股權評論者大衛・戴恩（David Dayen），建議撤銷一九九六年《全國證券市場改善法案》（*National Securities Markets Improvement Act*）中至關重要的條款：這條法律容許投資經理人向眾多投資人推銷私募基金，只要買方都「符合資格」或很有經驗就可以了。戴恩表示，撤銷這條法律可以減少這些金融家可以拿到的資金。

雖然任何明顯針對私募股權的立法注定失敗，但長期下來，左派和右派的人有可能競相推動「支持勞工」和「支持家庭」的議案。在此同時，我們也要仰賴監理機構啟動變革。

二〇二一年十月，川普指派的證交會委員、同時也是之前的代理主席艾利森・赫倫・李（Allison Herren Lee），發表了一篇引人注目的演說。她在演說中強調，要根據證交會

29 譯註：華倫為民主黨參議員，立場偏左派，卡森為新聞記者，立場偏共和黨右派。

一九三四年《交易法案》（*Exchange Act*）重新思考私募股權公司的揭露準則，並提高與他們的營運相關的透明度。

李提到的法案，確立了公司一定要向證交會註冊證券的治理門檻。如果規定一定要註冊，就可以強化發行證券實體的營運透明度。李正在推動大幅度檢修揭露標準，以利掌握新訊息以保護員工、投資人、退休金請領人，還有，最終保護到納稅義務人。

她將自己的演講題目訂為「黑暗將至：私募市場的成長與對投資人以及經濟造成的衝擊（Going Dark: The Growth of Private Markets and the Impact on Investors and the Economy）」，並在演講時提到目前金融市場缺乏透明度，恰如一九二〇年代，那個時代金融操控的情況非常嚴重，從而催生出目前使用的證券法律架構。美國經濟有愈來愈多活動在暗處運作，她說，「這都是證交會扶植的，相關的作為和不作為都是罪魁禍首。」

李不是黨派論者，之前民主黨主政時，她是證交會的委員，之後又獲得川普總統任命，而且參議院全體一致通過。她也曾在證交會執法部門的複雜金融工具組擔任美國聯邦檢察官特別助理與資深大律師。

要求私募股權公司提高透明度，代表他們必須揭露旗下擁有的每一家行醫公司、醫院或安養院。他們無法再用子公司與控股公司網絡隱藏這些投資的所有權，必須公諸於世讓大眾看到，還有，更重要的是，要讓聯邦貿易委員會審查。

演講之後，二〇二二年二月時，證交會提議制定主管私募股權基金的新規則，禁止某些危害性高的活動，包括不得對旗下的公司收取花錢買寂寞的監督費、防止基金經理人得以逃脫重大過失的法律責任，以及禁止顧問向客戶借錢。依照慣例，證交會徵詢各方對新規的意見。

有一封提交給證交會表達支持新規的信函，裡面有二・二萬人簽名。這封信要傳達的信息很明確：「私募股權基金利用造成誤導的成本與誇大的報酬資訊，吸走幾千億退休人士的辛苦錢，並損害勞工與社群的生計和福祉。簡單來說，華爾街已經找到方法利用目前與未來退休人士存下來的資金，大力強化讓高階主管賺飽、但摧毀曾經繁榮興盛企業的商業模式。感謝各位近期的提案。」

雖然這個案子建議的改革內容大部分沒有爭議，但很快也碰上有權有勢公司的強力反彈。在新規拍板定案之前，保守的美國最高法院發布了一項判決，投下了一顆震撼彈，讓證交會要頒布任何規定時多了一層顧慮。這項判決牽涉到環保署，但也向美國的各監理單位發出信號，讓他們知道頒布任何規定都有可能遭到法律系統挑戰然後被廢止。

這個案子是《西維吉尼亞州等訴環保署等》（*West Virginia et al. v. Environmental Protection Agency et al.*），涉及二〇一五年環保署的《潔淨能源計畫規定（clean power plan rule）》，該規定限制現有燃煤與使用天然氣的電廠（比方說KKR擁有的那些電廠）能排入空氣中的二氧化碳量。最高法院二〇二二年六月三十日說，只有國會可以決定工廠能排放的汙染量，除非國會針對這類「重大問題」特別授權給監理單位，不然的話，監理單位無權制定此等會對經濟造成影響的規定。

美國投資委員會利用這項判決發了另一封信函給證交會，批評該會提議制定要求私募股權基金提高揭露程度的規定。「如果國會真的打算授權給委員會，『從基本面大幅改變監理制度』以改變這項非常重要的產業，並多花幾十億美元監理成本施以重擊，國會就會提出『明確的國會授權』以達此效果。」該委員會的主席氣憤難耐地說，「本案是一種『道盡一切的指標』，指向現有的提案『把手伸入監理機關合法管控範圍之外』。」

不意外，最高法院的判決讓證交會重新思考每一步動向。證交會一位內部人士告訴我們，這個單位現在都要從訴訟風險來看要做的每一件事，特別是，去思考哪一件事會不會被激進的最高法庭挑中當作法例。

然而，即便證交會積極尋求運用各種合法權力頒布各種有實質意義的規定，管制私募股權公司的費用、揭露和利益衝突，但仍有一個未解的問題：如何落實規則。如果過去是指標，那就代表了證交會的執法利牙並不如人們想的那麼犀利。

簡單來說，證交會的委員並非主導大局的人。這些由民選總統任命、由參議院核可的官員，並非證交會裡做日常決策的人。為了調整五位委員的工作負擔以求達到最高效率，國會容許證交會把多數權力下放給事務官。權力一旦放下去，很少能收得回來，也因此，證交會各部門（包括投資管理、執法、市場與交易）的事務官擁有廣泛的權力，可以決定標準、何時執行或撤銷規定、何時起訴或不起訴違法行為與違法的人。

如果發生某個重大議題關係到之前已經下放給事務官的權力（即便這是幾年前的事），通常就會送交特定部門的主管或部門的法務顧問。部門主管會告知法務長他們打算如何決定。如果事務官之前決斷過這個議題，部門的法務顧問通常就會發送備忘錄給委員，告訴他們事務官根據所謂的「已下放權力」打算怎麼做。這種備忘錄有兩種形式，一種是所謂的「行動」備忘錄，基本上就是在說「嘿，我們得決定要怎麼處理提上來的問題，但我們希望做決定時請你提供參考意見。」或者，事務官會發出「建議」備忘錄，基本上是讓委員知道會如何決定某個議題，並且請他們如有異議要在幾周內提出。一位委員的前任顧問告訴我們：「我在證交會那幾年，只見過一次『行動』備忘錄。」此人繼續說，建議備忘錄比較常見，覆函通常都以「我這裡沒什麼意見」的語調寫成，支持事務官打算做的決定，也限制了提出質疑的機會。

這個流程基本上的意義是，就算備忘錄通過了事務官來到這些委員的桌上，委員也很少反對事務官棄守證交會規定的決策。當然，如果委員想要的話，他們也可以阻止沿用這種事務官導向的判斷。舉例來說，委員可以要求事務官針對特定議題拿出每一份授權備忘錄，比方說棄守證交會關於利益輸送的規定。接著，委員可以強制要求整個證交會針對每一個相關的決策投票。他們也可以知會證交會主席，說他們不想再看到建議備忘錄，反之，希望所有關於利益輸送規定的裁決，都要交付整個委員會表決。

考量到私募股權產業的範疇與權力愈來愈大，金融監理機構也應該思考把一些大型金融機構納入要密切監督其營運的清單中（尤其是受掌控的保險公司以及管理退休金與散戶退休資產的企業），因為他們也可能對整個金融體系造成損害。這些企業稱之為「系統重要性金融機構（systemically important financial institutions，簡稱ＳＩＦＩ）」。二〇〇八年爆發房貸危機，大家才看清出美國的金融體系彼此之間如何錯綜複雜、環環相扣，之後才出現了這個類別。監督系統重要性金融機構的，是「金融穩定委員會（Financial Stability Board）」的工作，這是一個國際組織，監督全球金融體系並針對其運作的安全性提出建議。

主管反托拉斯的監理機構也能幫忙止血，比方說，聯邦貿易委員會的主席琳娜．汗，就討論過要加強檢核私募股權交易。二〇二一年秋天，汗在一份送給幕僚的備忘錄中寫下了貿易委員會的優先事項，她寫道：「私募股權與其他投資工具的角色愈來愈有分量，促使我們去檢視這些商業模式如何扭曲了一般的誘因、以至於消除了有生產力的產能，很可能也促成了不公平的競爭手段與違反保護消費者的相關原則。」

二〇二二年六月，聯邦貿易委員會宣布了一項具有指標性意義的行動，要處理小型收購案的問題，這些交易的規模還不到要接受檢視的門檻，但有可能是反競爭的活動。私募股權公司「JAB消費者合夥事業（JAB Consumer Partners）」及其子公司「全國獸醫協會公司（National Veterinary Associates Inc.）」，就和貿易委員會達成合意協定（consent agreement），委員會要求該公司分割其旗下在德州和加州的獸醫診所，未來要收購任何特殊專科或急診獸醫診所時，也要事先獲得同意。「愈來愈多私募股權公司從事匯總（roll up）收購，在不受委員會監督之下累積市場力量。」委員會競爭局（Bureau of Competition）的局長荷莉・維多瓦（Holly Vedova）說，「事前通知並取得許可的條款，將確保委員會可以完整看到未來的整併並有能力加以因應。」

有些吹哨者律師說，司法部也從渾然不覺中清醒，改變對待私募股權公司的態度。二〇一八年，司法部罕見地針對一家私募股權公司提出告訴，指稱其旗下的一家公司觸犯了詐騙聯邦醫療保險的罪名。這是一個檢察官爬上企業天梯、把金融家揪下來受罰的出色範例。當事公司叫「洛杉磯瑞歐登、路易斯與哈登公司（Riordan, Lewis & Haden of Los Angeles）」，是一家相對默默無名的小公司，與阿波羅或黑石集團的影響力不能相提並論。然而，檢察官指稱，這家公司涉入了一場回扣詭計，詐騙為軍隊、退伍軍人以及軍眷提供醫療保險的聯邦系統。這家公司及其旗下的公司，同意支付兩千一百萬美元以達成和解。檢察官指稱，這家公司「知悉且同意本項計畫」，並且「提供資金支付回扣」。但他們也補充說道：「相關責任尚未釐清。」

二〇二一年七月，司法部控告一家由私募股權公司擁有的全國性腦電波檢查公司「同伴家族聯盟有限公司（Alliance Family of Companies LLC）」，指控該公司支付回扣，並對聯邦醫療保險方案提出不實的請款申請。檢察官說，持有該公司少數股權的「安可爾資本公司（Ancor Capital）」投資之前做了盡職調查，發現了本項不當行為。政府說，安可爾資本公司不但沒有阻止他們這麼做，還透過與同伴家族聯盟有限公司簽署的持續性管理合約，延續有問題的行為。安可爾和同伴家族聯盟兩家公司同意和解，支付了一千五百萬美元，但兩家都沒有承認指控的罪名。

非營利性的「納稅義務人反詐騙組織（Taxpayers Against Fraud）」的傑布・懷特（Jeb White）說，他相信，司法部終究會對背後有私募股權公司的醫療保健詐騙案嚴加查核。

「司法部最近變了。」二〇二二年中時懷特對我們說，「他們樂於直搗這些公司的組織圖上層，逮到帶動非法操作的私募股權公司。」但他也補充，要成案的話恐怕還要花上很多年。

司法部的反托拉斯調查人員，也加強檢核私募股權公司在他們擁有的公司裡安插的董事。二〇二二年十月底，彭博社一則報導指阿波羅、黑石和ＫＫＲ都面臨司法部的調查，要查他們如何在屬於相同產業、本來應該彼此競爭的公司裡安插董事。彭博社報導：「在同一產業的對手公司裡安插董事，就會對這些公司有影響力，讓各家公司都能用創造最大利潤的方式行事，而不是激烈競爭、給消費者最好的服務或最低的價格。」報導說，這些公司拒絕發表意見。

只要有一、兩個案子，就能讓這些掠奪者小心了。那麼，我們就等著，希望著。

致謝

新聞業不只是肉搏戰，也是團體戰。我們非常感謝各位專家與市場參與者，幫助我們理解私募股權裡誰贏誰輸。感謝艾琳．阿佩包姆和蘿絲瑪莉．芭特的開創性研究，深入探討這個產業引發的弊病；也感謝蘿拉．歐爾森、布萊恩．阿亞什、盧多維克．法里普（Ludovic Phalippou）、薩布琳娜．豪威爾、查德．舍夫勒（Richard Scheffler）以及其他無法一一列名的學者，他們的研究讓我們以及全世界知道私募股權業如何衝擊人性。

在團體合作這方面，「西蒙與舒斯特出版社（Simon & Schuster）」的團隊最棒了。我們非常感激我們的編輯史黛芬妮．佛瑞琪（Stephanie Frerich）體認到本書的價值，也感謝她在編輯上的才華、熱情與指引。她知道如何化繁為簡，讓非財經專業的人能理解複雜的材料。我們很愛她的義憤填膺，以及不時出現在書緣上的「唉！」。

西蒙與舒斯特出版社的所有人員都該得到熱烈掌聲。編輯部的布蘭妮・雅達梅斯（Brittany Adames）、艾蜜莉・西蒙森（Emily Simonson）、普莉希拉・潘頓（Priscilla Painton）和強納森・卡普（Jonathan Karp）；行銷部的史蒂芬・貝德佛（Stephen Bedford）；公關部的布莉安娜・夏芬伯格（Brianna Scharfenberg）和茱莉亞・普瑟（Julia Prosser）；製作編輯菲爾・梅塔卡夫（Phil Metcalf）；編輯主任專家群阿曼達・穆荷蘭（Amanda Mulholland）、麥斯威爾・史密斯（Maxwell Smith）和羅蘭・戈梅茲（Lauren Gomez）；設計部的保羅・迪波利托（Paul Dippolito）和藝術總監艾莉森・佛娜（Alison Forner）；排版的梅爾・普波西（Meryll Preposi）、文案編輯瑞克・威利特（Rick Willet）、製作柔伊・凱普蘭（Zoe Kaplan）；電子書部的米凱拉・畢羅斯基（Mikaela Bielawski）、需求規劃的琳西・布魯格曼（Lyndsay Brueggemann）和薇諾娜・盧基托（Winona Lukito）；以及子版權事務的瑪麗亞・佛洛里歐（Marie Florio）和美寶・塔維拉斯（Mabel Taveras）。

感謝「作家代表公司（Writers Representatives）」替我們找的出色文學經紀人，感謝他們多年來的擁護、敏銳與支持。感謝「紐約米勒、柯曾尼克、索莫斯、雷曼律師事務所（Miller Korzenik Sommers Rayman LLP）」的傑夫・米勒（Jeff Miller），謝謝他對稿件提出的法律專家建議與相關的指引。

我們也感謝各位不具名的消息來源，各位都知道我們在說誰了。感謝大家提供的觀點與給予的信任。

葛雷琴．摩根森的謝詞

我非常尊敬也極為感謝莫琳．瑪爾，她試著改正錯誤，訪談一九九〇年代經理人壽的投保人，並好好保存和這家保險公司強取硬搶的行為有關的驚人資料庫。她說她不是財經專家，但顯然她只要看到就知道有故事了。

感謝華森一家珍惜你們的女兒凱蒂，並不惜一切代價為她奮戰，直到她的生命終點。我向各位致敬，過了這麼多年之後，各位仍對經理人壽的大崩壞滿懷義憤。

我感謝「NBC新聞調查部（NBC News Investigations）」的理查．格林伯格（Richard Greenberg）、羅伯．迪姆波（Robert Dembo）、馬克．蕭內（Mark Schone）和瑞奇．沙皮諾（Rich Schapiro），感謝他們相信報導私募股權公司對美國造成的衝擊很重要。感謝NBC新聞準則部的資深總監史帝夫．索德（Steve Thode），謝謝你讀了稿子並給予意見。

在我的職涯中扮演最重要角色的人莫過於《富比士》雜誌的編輯吉姆・麥克斯（Jim Michaels），他教會我如何堅守不容妥協的財經報導。麥克斯當時就看出了經理人壽—萊昂・布萊克故事的輪廓，比任何人都早。一九九〇年經理人壽瀕臨倒閉時他派我去採訪佛瑞德・卡爾，當時我還不知道三十多年後我會寫一本書回頭來檢視這件事。但麥克斯可能知道，因為，嗯，他是個天才。也感謝史帝夫・富比士（Steve Forbes）信任我的報導。

我要向提姆・奧布萊恩（Tim O'Brien）和溫妮・歐凱莉（Winnie O'Kelley）致上最深的敬意，他們兩位是我在《紐約時報》時最棒的前任編輯，也是我幾十年來的老友。我也要感謝二十年來我在工作上從《紐約時報》得到的支持：感謝各位編輯主管喬・萊利維爾德（Joe Lelyveld）、比爾・凱勒（Bill Keller）、吉兒・亞伯拉森（Jill Abramson）和狄恩・巴奎特（Dean Baquet）以及調查編輯麥特・波帝（Matt Purdy）。感謝財經日與周日財經的編輯群葛倫・克拉孟（Glenn Kramon）、艾莉森・考安（Alison Cowan）、茱迪・多布辛斯基（Judy Dobrzynski）、吉姆・斯坎特（Jim Schachter）、湯姆・瑞邦（Tom Redburn）、吉姆・因波卡（Jim Impoco）、賴瑞・印葛拉西亞（Larry Ingrassia）、狄恩・墨菲（Dean Murphy）、傑夫・桑默（Jeff Sommer），都幫助我成功成為一位記者。

大衛・麥克勞（David McCraw）是至今仍在世的偉大〈第一修正案〉（First

Amendment）律師，值得獨得一聲感謝以及他自己專屬的一段。

坦普大學的羅伯．麥克馬拉和把行醫搶回來的米契．李醫師（Dr. Mitch Li），教會我企業行醫的危險，也做了很多了不起的事，嘗試從營利的掠奪者手上把醫療保健體系搶回來。我要向雷．伯洛方特醫生、林明醫生、克莉絲汀．莉比克和許多醫師以及醫療保健產業的專業人士致敬。當私募股權公司的老闆要求他們犧牲正直誠實時，他們沒有，未來也不會。

約書亞．羅斯納的謝詞

感謝已故的史丹利．史波金，他在二十多年前免費把自己借給我，支持我為了提供獨立研究所做的一切。如果沒有他的才華、對透明度的堅持、正直，沒有了他強大的信念，這個世界就會少一點光亮。

感謝過去幾十年來我認識的許多全心奉獻、誠實誠懇守住公眾信任的人。不論是在國會山莊還是聯邦政府機構，這份信任都是各位掙來的。感謝各位用知識與洞見支持我所做的事。

感謝達蒙·西爾弗斯（Damon Silvers）廣博的金融史知識，以及他提出公正觀點的能力。

感謝泰勒·蓋拉什（Tyler Gellasch）的友誼、指引和洞見。

感謝許多同事以及現在和過去的客戶，他們總是撐住我，支持我努力去做對的事。

注釋、延伸閱讀

緒論

- 國會研究服務處的報告題為「槓桿收購與藏金罐之夢」: Leveraged Buyouts and the Pot of Gold (Economics Division of the Congressional Research Service, December 1987).
- 《紐約時報》（New York Times）報導，從事收購交易的人積極遊說以反對制定新規：David E. Rosenbaum, "Legislation On Buyouts Is Unlikely," New York Times, November 6, 1989.
- 財政部長尼可拉斯．布拉迪：同上。
- 私募股權公司旗下安養院的住民：Atul Gupta, Sabrina T. Howell, Constantine Yannelis, and Abhinav Gupta, "How Patients Fare When Private Equity Funds Acquire Nursing Homes," NBER.org
- 另一項研究則指出，當安養院納入私募股權公司旗下：Amy Stulick, "Private Equity Ownership Linked to Higher Medicare Costs, Increased Hospitalization," Skilled Nursing News, November 21, 2021.
- 研究顯示，除了醫療保健這個金融家主力投資且造成了巨大破壞的產業之外：Brian Ayash and Mahdi Rastad, Leveraged Buyouts and Financial Distress (Social Science Research Network, July 20, 2019), papers.ssrn.com.
- 史丹利．史波金是一位積極：Sam Roberts, "Stanley Sporkin, Bane of Corporate Corruption, Dies at 88," New York Times, March 24, 2020.
- 她說醫院因此停她的職：Andrew Wolfson, Louisville Courier-Journal, April 6, 2020.
- 幾個月後，在愛達荷州：Brady Frederick, KLEW-TV, July 28, 2020.
- 一項以位在奧勒岡州麥克明維爾……：Jesse M. L. Mensik Kennedy, report by the Oregon Nurses Association, March 2021.
- 像阿波羅這種斤斤計較的金融業者：Joseph D. Bruch, Suhas Gondi, Zirui Song, "Changes in Hospital Income, Use, and Quality Associated with Private Equity Acquisition," JAMA Internal Medicine, August 2020.
- 即便拿到這麼多錢，生活要點健康還是大砍了……：Eileen O'Grady, "Apollo Global Management Completes Merger of Kindred Healthcare and LifePoint Health, Shifts Some Hospitals to New Company," Private Equity Stakeholder Project, January 31, 2022.
- 二〇二一年，持有生活要點健康股份的阿波羅把股份賣掉了：Sabrina Wilmer, "Private Equity Powerhouse Books $1.6 Billion Profit Selling Hospital Chain—to Itself," Bloomberg News, July 29, 2021.
- 二〇二〇年秋，新冠疫情肆虐全美："Record Acquisitions and High Evictions by Corporate Landlords Draw Scrutiny from Congress," Private Equity Stake holder Project, January 31, 2022, https://pestakeholder.org/news/record-acquisitions-and-high-evictions-by-corporate-landlords-in-2021-draw-scrutiny-from-congress-2/.
- 在二〇二〇年三月到二〇二一年七月……："A Report on Abuses by Four Corporate Landlords During the Coronavirus Crisis," Staff Report, House Select Subcommittee on the Coronavirus Crisis, July 28, 2022,https://coronavirus.house.gov/sites/democrats.coronavirus.house.gov/files/2022.07.28%20SSCC%2 0Staff%20Report%20Examining%20Pandemic%20Evictions.pdf.
- 喬爾．赫辛格，宣布與博盛結盟時熱情地說："Pretium and Ares Management Announce $2.4-Billion Take- Private Transaction with Front Yard Residential," Pretium press release, October 19, 2020, https://pretium.com/pretium-and-ares-management-announce-2-4-billion-take-private-transaction- with-front-yard-residential/.
- 克莉絲蒂娜．薇勒絲和女兒：Gretchen Morgenson, "Large Corporate Landlords have Filed 10,000 Eviction Actions in Five States Since September," NBC News, October 26, 2020.
- 「這些醫院過去是修女經營的，」：Author interview (Morgenson).
- 當年（二〇二一年）很多美國人都在擔心：Dawn Lim, "Blackstone's Schwarzman Collects $1.1 Billion in Dividends, Pay," Bloomberg News,

February 25, 2022.

- 這一群人裡面身價達到十億美元的人：Ludovic Phalippou, “An Inconvenient Fact: Private Equity Returns & the Billionaire Factory,” June 10, 2020, https://papers.ssrn.com/sol3/papers.cfm? abstract_id=3623820.
- 舉例來說，聯準會二〇一九年做了一項研究：“Report on the Economic Well-Being of U.S. Households in 2018,” Board of Governors of the Federal Reserve, May 2019.
- 加州大學爾灣分校哲學教授亞倫．詹姆斯發明了一個詞：Aaron James, Assholes: A Theory (Doubleday, 2012), https://catalog.libraries.psu.edu/catalog/9022369.
- 加州州立理工科技大學二〇一九年的一項研究發現：Ayash and Rastad, Leveraged Buyouts and Financial Distress.
- 從二〇〇三年到二〇二〇年二月間：Americans for Financial Reform, United For Respect Report, “Double Exposure Retail Workers Hammered by Private Equity,” https://ourfinancialsecurity.org/wp-content/uploads/2020/12/double-exposure-PE-retail-jobs-12- 2020-1.pdf.
- 除此之外，還有幾家由同一私募股權擁有的連鎖速食餐廳：Government Accountability Office, “Federal Social Safety Net Programs: Millions of Full-Time Workers Rely on Federal Health Care and Food Assistance Programs” October 19, 2020, https://www.gao.gov/products/gao-21-45.
- 在禁止驅逐租客令期間：Laura Strickler, “Four Corporate Landlords Engaged in 15,000 Evictions Despite CDC Moratorium, House Report Says,” NBC News, July 28, 2022, https://www.nbcnews.com/politics/congress/four-corporate-landlords-engaged-15000-evictions- cdc-moratorium-house-rcna40360.
- 從一九九〇年到二〇一八年：Juliane Begenau and Emil Siriwardane, “How Do Private Equity Fees Vary Across Public Pensions?,” March 15, 2022, https://papers.ssrn.com/sol3/papers.cfm? abstract_id=3526469.
- 這十三萬四千名退休人士從退休金拿的福利每年都要少一千零六十七美元：Annual Report, STRS Ohio, https://www.strsoh.org/employer/publications/annual-reports.html.
- 但，那一．四三億用來買寂寞的錢還是要付給金融家：Gretchen Morgenson, “Private Equity and Hedge Funds Invested Cash for Retired Ohio Teachers,” NBC News, June 9, 2021, https://www.nbcnews.com/business/personal- finance/private-equity-hedge-fund-firms-invested-pension-cash-retired-ohio-n1269885.
- 舉例來說，勞工開始因為企業收購而丟掉飯碗：Chibuike Oguh, “Blackstone CEO Schwarzman Took Home $610.5 Million in 2020,” Reuters, March 1, 2021, https://www.reuters.com/article/us-blackstone-group-ceo- compensation-idUSKBN2AT2V7.
- 光二〇二〇年，蘇世民就賺了六．一億美元：Securities and Exchange Commission filings.
- 這些公司的產值在美國國內生產毛額中占六．五%：Gretchen Morgenson, “Working for Companies Owned by Well-Heeled Private Equity Firms Can Mean Lower Wages for Employees,” NBC News, October 9, 2021, https://www.nbcnews.com/business/personal-finance/working-companies-owned-well-heeled- private-equity-firms-can-mean-n1281146.
- 二〇〇五年開始，撈錢的人……：Bain & Co., “Global Healthcare Private Equity and Corporate M&A Report 2020,” https://www.bain.com/globalassets/noindex/2020/bain_report_global_healthcare_private_equity_and_corporate_ma_report_2020.pdf.
- 這些收購活動的結果，是醫療價格上漲：Yale School of Public Health, “Yale Study Sheds Light on ‘Surprise’ ER Billing,’” November 17, 2016, https://ysph.yale.edu/news-article/yale-study-sheds-light-on- surprise-er-billing/.
- 美國本來是禁止把利潤放在照護病患之前的：“Understanding the Corporate Practice of Medicine Doctrine,” Nelson Hardiman Healthcare Lawyers, June 25, 2022, https://www.nelsonhardiman.com/hc-law- news/understanding-the-corporate-practice-of-medicine-doctrine-and-the-role-of-the-management- services-organization/.
- 一位法官針對牙醫為營利性公司工作的例子發表意見：State v. Bailey Dental Co., 211 Iowa 781, 785 (Iowa 1931).
- 事實上，到了二〇二二年：See three members of the Maryland Board of Physicians, https://www.mbp.state.md.us/, and the president of Texas State Medical Board, https://www.tmb.state.tx.us/.
- 二〇二〇年春天，公司債市場拿到：Federal Reserve press release, “Federal Reserve announces extensive new measures to support the economy,” March 23, 2020, https://www.federalreserve.gov/newsevents/pressreleases/monetary20200323b.htm.
- 政府確實因為疫情替勞工與小企業：Gretchen Morgenson, “Some Firms Thrived During Covid and Then Got Their PPP Covid Relief Loans Forgiven,” NBC News, November 18, 2021, https://www.nbcnews.com/

news/firms-thrived-covid-got-ppp-covid-relief-loans-forgiven-rcna5697.

- 二〇二〇年，阿波羅是第一批推動華府遊說：Ken Dilanian and Stephanie Ruhle, "Seeking Coronavirus Relief, Investment Firm with Ties to Kushner Emails Kushner, Trump Administration," NBC News, April 4, 2020, https://www.nbcnews.com/politics/white-house/seeking-coronavirus-relief-investment- firm-ties-kushner-emails-kushner-trump-n1176686.
- 阿波羅為了確保他們的訊息引起共鳴：OpenSecrets lobbying database, accessed September 20, 2022, https://www.opensecrets.org/federal-lobbying/clients/summary?cycle=2015&id=D000021845.
- 這家YRC公司甚至還因為向政府溢收：Alan Rappeport, "Trump Officials Awarded $700 Million Pandemic Loan Despite Objections," New York Times, April 27, 2020, https://www.nytimes.com/2022/04/27/us/politics/trump-pandemic-loan-yrc.html.
- 二〇二二年三月，YRC付了六百八十五萬美元："Freight Carriers Agree to Pay $6.85 Million to Resolve Allegations of Knowingly Presenting False Claims to the Department of Defense," Press release, Department of Justice, March 14, 2022, https://www.justice.gov/opa/pr/freight-carriers-agree-pay-685-million- resolve-allegations-knowingly-presenting-false-claims.
- 在一九九三年到二〇一八年間，阿波羅與：Subsidy Tracker at website Good Jobs First, https://subsidytracker.goodjobsfirst.org/parent/apollo-global-management.

第一章：「Pizza the Hut」必勝客

- 凱蒂．華森是亞利桑那州鳳凰城的幼童：Author interview (Morgenson).
- 二〇〇八年，加州對這筆交易的審計結果顯示：Department of Insurance, "Former Executive Life Insurance Company Policyholders Have Incurred Significant Economic Losses, and Distributions of Funds Have Been Inconsistently Monitored and Reported," California State Auditor, January 2008, https://www.bsa.ca.gov/pdfs/reports/2005-115.2.pdf.
- 有些人稱之為「世紀交易」：Barry Rehfeld, "Profile/Leon Black; Dealmaker in the 1980's, Empire Builder in the 1990's," New York Times, February 2, 1993, https://www.nytimes.com/1993/02/21/business/profileleon-black-dealmaker-in-the-1980s-empire- builder-in-the.html.
- 二〇二一年，加州一家法院：Author interview with Cynthia Larson, Orrick lawyer representing California Insurance Department (Morgenson).
- 該交易發生十多年後，聯邦檢察官仍認為這是詐欺："Second Year Report to the President, Corporate Fraud Task Force," July 20, 2004, https://www.justice.gov/archive/dag/cftf/2nd_yr_fraud_report.pdf.
- 儘管美國司法部追查布萊克：Myron Levin, "California Amends Credit Lyonnais Suit," Los Angeles Times, February 1, 2002, https://www.latimes.com/archives/la-xpm-2002-feb-01- fi-black1-story.html.
- 《吶喊》是極具代表性的肖像畫，布萊克……：WSJ Staff, "Leon Black, The Man Who Bought 'The Scream,'" July 11, 2012, https://www.wsj.com/articles/BL-SEB-70776.
- 他與妻子黛博拉捐贈四千萬美元：Robin Pogrebin, "Collectors Leon and Debra Black Give $40 Million to MOMA," New York Times, November 19, 2018, https://www.nytimes.com/2018/11/19/arts/design/collectors-leon-and-debra-black-museum-of- modern-art.html.
- 一九七五年二月，悲劇降臨於這個家庭：Peter Kihss, "44-Story Plunge Kills Head of United Brands," New York Times, February 4, 1975, https://www.nytimes.com/1975/02/04/archives/44story-plunge-kills-head-of-united-brands-united-brands-head.html.
- 他用公文包砸碎位於曼哈頓中城四十四樓……：Alan Riding, "Honduran Army Ousts Leader Named in Bribery Case in U.S.," New York Times, April 23, 1975, https://www.nytimes.com/1975/04/23/archives/honduran-army-ousts-leader-named-in-bribery-case-in-us-honduran.html.
- 儘管他獲得哈佛大學工商管理碩士學位：Caleb Melby and Heather Perlberg, "Nobody Makes Money Like Apollo's Ruthless Founder Leon Black," Bloomberg News, January 16, 2020, https://www.bloomberg.com/news/features/2020-01-16/nobody-makes-money-like-apollo-s- ruthless-founder-leon-black?sref=lnrir5K3.
- 布萊克轉而在一家普通的會計師事務所：同上。
- 他汲汲營營在截止日期前努力完成併購交易，因此贏得「必勝客」的綽號：Bob Ivry, "Leon Black in Winter," Town & Country, June 3, 2021, https://www.townandcountrymag.com/society/money-and-power/a36492766/leon-black-epstein- scandal.
- 他不具任何資歷，一九七〇年代：Gregory Zuckerman and Khadeeja Safdar, "Epstein Flourished as He Forged Bond with Retail Billionaire," Wall Street Journal, July 12, 2019, https://www.wsj.com/articles/epstein-flourished-as-he-forged-bond-with-retail-billionaire- 11562975711.
- 兩年後，阿波羅全球管理公司：Preeti Singh, "Apollo LPs Raise

Concerns over Leon Black's Relationship with Jeffrey Epstein," Private Debt Investor, July 30, 2019, https://www.privatedebtinvestor.com/apollo-lps-raise-concerns-over-leon-blacks-relationship-with-jeffrey-epstein.
●二〇一一年，艾普斯坦的一個投資部門：Matthew Goldstein, Steve Eder, and David Enrich, "The Billionaire Who Stood by Jeffrey Epstein," New York Times, October 12, 2020, https://www.nytimes.com/2020/10/12/business/leon-black-jeffrey-epstein.html.
●二〇一一年，阿波羅首次公開發行其股票時："Investigation of Epstein/Black Relationship and Any Relationship Between Epstein and Apollo Global Management, Inc.," Dechert Inc., January 22, 2021, https://www.sec.gov/Archives/edgar/data/1411494/000119312521016405/d118102dex991.htm.
●這一次，布萊克謹慎地透過由他控股：Rebecca Davis O'Brien and Jenny Strasburg, "Jeffrey Epstein Used Opaque Charity Account at Deutsche Bank for Own Benefit," Wall Street Journal, September 12, 2019, https://www.wsj.com/articles/jeffrey-epstein-used-opaque-charity-account-at-deutsche-bank- for-own-benefit-11568286004.
●五年間，布萊克支付了驚人的一億五千八百萬美元："Investigation of Epstein/Black Relationship."
●布萊克聲稱自己因健康因素將從阿波羅退休：Matthew Goldstein, "Leon Black Leaves Apollo Sooner Than Expected," New York Times, March 22, 2021, https://www.nytimes.com/2021/03/22/business/leon-black- apollo.html.
●更糟的是，一位曾是他情婦的前時尚模特兒：Jonathan Stempel: "Russian Model Suing Leon Black Alleges Billionaire's Ties to Jeffrey Epstein," Reuters, August 10, 2021, https://news.yahoo.com/russian-model-suing-leon- black-143425969.html.
●對蘇．華森來說：Author interview (Morgenson).
●都被描述為「掠奪者」：Peter T. Kilborn, "Suicide of Big Executive: Stress of Corporate Life," New York Times, February 14, 1975, https://www.nytimes.com/1975/02/14/archives/suicide-of- big-executive-stress-of-corporate-life-suicide-of-a-top.html. See also Ivry, "Leon Black in Winter."
●伊萊自殺身亡數十年後……：Melby and Perlberg, "Nobody Makes Money Like."
●聯合果品公司從所謂的「大白艦隊」抽調兩艘船：Thomas P. McCann and Henry Scammell, An American Company: The Tragedy of United Fruit (Crown Publishers, 1976).
●一九六八年，聯合果品公司面臨種植及出口香蕉：同上。
●投資者相信伊萊將「為老牌聯合果品：Peter Chapman, Bananas: How the United Fruit Company Shaped the World (Canongate U.S., 2009).
●「伊萊無法經營公司，他證明了這一點。」：McCann and Scammell, An American Company.
●一些人視他為「掠奪者」：Kilborn, "Suicide of Big Executive."
●伊萊急切想減少聯合品牌的高昂香蕉稅：Robert J. Cole, "Direct Bribe Bid Is Laid to Black," New York Times, May 17, 1975, https://www.nytimes.com/1975/05/17/archives/direct-bribe-bid- is-laid-to-black-honduran-says-expresident.html.
●他公事包裡的文件飄落到地上：Chapman, Bananas.
●最初的報導指出，伊萊……：See Kilborn, "Suicide of a Big Executive."
●伊萊的葬禮在曼哈頓舉行："Eli Black's Rites Attended by 500," New York Times, February 6, 1975.
●這個被揭開的真相影響深遠：See Cole, "Direct Bribe Bid."
●三年後，該公司承認犯下共謀罪及電信詐騙罪：Arnold H. Lubasch, "Guilty Plea in Foreign Bribe Case," New York Times, July 20, 1978.
●美國國會召開關於美國企業賄賂問題的聽證會："The Activities of American Multinational Corporations Abroad," Hearings before the Subcommittee of International Economic Policy, the Committee on
●International Relations, U.S. House of Representatives, July and September 1975, https://babel.hathitrust.org/cgi/pt?id=pur1.32754077072001&view=1up&seq=34&skin=2021.
●最終，國會議員於一九七七年：G. C. Hufbauer and J. G. Taylor, "Taxing Boycotts and Bribes," Denver Journal of International Law & Policy, January 1977, https://digitalcommons.du.edu/cgi/viewcontent.cgi?article=2106&context=djilp.
●麥肯在法案通過前一年出版的書中回憶道：McCann and Scammell, An American Company.

第二章：貪婪是好事

●一九八九年九月，德崇證券承認六項詐欺罪名：Stephen Labaton, "Drexel, As Expected, Pleads Guilty to 6 Counts of Fraud," New York Times, September 12, 1989.
●德崇公司著名的垃圾債券交易部門主管：Scott Paltrow, "Sobbing Milken

Pleads Guilty to Six Felonies," Los Angeles Times, April 25, 1990, https://www.latimes.com/archives/la-xpm-1990-04-25-mn-322-story.html.

- 證券監管機構調查德崇證券醜聞中的布萊克：Leon David Black, Biographical affidavit, Form 11, National Association of Insurance Commissioners, January 5, 2018.
- 一九九〇年三月，一個誘人的前景出現了：All references to the early days of Black's new partnership and his creation of Apollo (pages 50 to 53) come from court documents related to the Executive Life seizure and sale, from the California Insurance Regulator Conservatorship and Liquidation Office website, https://www.caclo.org/perl/index.pl? document_id=6b1a89cbf49a48717fffe54fdea89577#start, testimony in the California state attorney general's lawsuit, investigator interviews conducted with participants after the takeover, and author interviews (Morgenson).
- 就在米爾肯認罪六天後：Letter dated April 30, 1990, setting forth "the general guidelines we have agreed upon pursuant to which Mr. Leon BLACK and Mr. John HANNAN" propose "to organize a limited partnership investment fund," produced in lawsuits involving the Executive Life transaction.
- 但其中一個是「西聯匯款」：Confidential interview.
- 一九九六年，勒博及布萊克陪同唐納德．川普前往莫斯科："Russian Active Measures Campaigns and Interference in the 2016 U.S. Election Volume 5: Counterintelligence Threats and Vulnerabilities," Senate Committee on Intelligence, August 18, 2020.
- 這個名字有另一個更深層的意義：Confidential interview.
- 「我認為貪婪很健康，你可以貪婪……」：Boesky commencement address at the UC Berkeley's School of Business Administration, May 18, 1986.
- 舉例來說，一九七〇年，社會安全局的數據顯示：Walter W. Kolodrubetz, "Two Decades of Employee-Benefit Plans, 1950-70: A Review," Social Security Bulletin 1972, www.ssa.gov/policy/docs/ssb/v35n4/v35n4p10.pdf.
- 401(k)計畫施行後，那些對投資技巧與陷阱知之甚少：https://www.morningstar.com/articles/1000743/100-must-know-statistics-about-401k-plans%2056.
- 同年，美國政府修改了聯邦法規：Nancy L. Ross, "Eased Pension Fiduciary Rules Urged," Washington Post, April 25, 1978, www.washingtonpost.com/archive/business/1978/04/25/eased- pension-fiduciary-rules-urged/e6734ee8-9a90-43c4-82ca-041b208bbffc/.
- 一九八七年正值併購狂潮的高峰：https://www.ftc.gov/sites/default/files/documents/reports_annual/10th-report-fy-1987- 86/10annrpt1986-87_0.pdf.
- 往往可能是展開調查的第一步：https://www.ftc.gov/sites/default/files/documents/reports_annual/12th-report-fy- 1989/12annrpt1989_0.pdf.
- 然而，二〇二一年在拜登政府領導下："FTC Adjusts Its Merger Review Process to Deal with Increase in Merger Filings," FTC press release, August 3, 2021, www.ftc.gov/news-events/news/press-releases/2021/08/ftc-adjusts-its- merger-review-process-deal-increase-merger-filings.
- 一九八一年，雷根提名華爾街「英富赫頓公司」："Regulating the Regulators: The Executive Branch and the SEC, 1981-2008," Securities and Exchange Commission Historical Society, https://www.sechistorical.org/museum/galleries/rtr/rtr03b_shad_commission.php.
- 一九八四年，KKR公司斥資十一億美元：Sydney Shaw, "FCC Approves $1 billion Wometco Buyout," UPI, April 13, 1984, https://www.upi.com/Archives/1984/04/13/FCC-approves-1-billion-Wometco-buyout/5642450680400/.
- 同年，索爾．史坦伯格也對華特迪士尼公司發起三十五億：Al Delugach, "Disney, Raider to Pay Investors for 'Greenmail': $45-Million Settlement Seen as First of Its Kind," Los Angeles Times, July 13, 1989.
- 一九八六年的稅務變革限制甚至取消了……："The Role of the Interest Deduction in the Corporate Tax Code," Mercatus Center, March 15, 2018, https://www.mercatus.org/publications/government-spending/role-interest-deduction-corporate- tax-code.
- 債務推動的收購狂潮導致近一．五兆美元的併購交易：Andrei Shleifer and Robert W. Vishny, "The Takeover Wave of the 1980s," Science, New Series 249, no. 4970 (August 17, 1990).
- 因此，布萊克決定虛張聲勢：Ivry, "Leon Black in Winter."
- 一九八四年，米爾肯的薪資及獎金：Federal Deposit Insurance Corporation v. Milken et al., January 18, 1991, U.S. District Court, Southern District of New York, p. 72.
- 到了一九八九年，傑羅姆：Josh Kosman, The Buyout of America (Portfolio, 2009).
- 一九八五年，美國收入位居後九成的家庭：Gabriel Zucman, "Rising Wealth Inequality: Causes, Consequences and Potential Responses" (Research Publications, Poverty Solutions at The University of Michigan, 2015).
- 到了二〇一六年，美國收入位居後九成的家庭持有的財富：同上。

●聯準會記錄的第三個指標：Alexandre Tanzi and Mike Dorning, "Top 1% of U.S. Earners Now Hold More Wealth Than All of the Middle Class," Bloomberg News, October 8, 2021, https://www.bloomberg.com/news/articles/2021-10-08/top-1-earners-hold-more-wealth-than-the- u-s-middle-class?sref=lnrir5K3.

●正如德崇證券投資銀行主管克里斯：Portia Crowe, "'Every Night, We Were in the Polo Lounge, Drinking Cristal' and Other Amazing Quotes About the Reign of the Junk Bond King," Business Insider, April 1, 2015.

●一九八七年初，國會召開聽證會探討這個狂熱現象："Examination of the Need for Reform of the Procedures and Practices of Insider Trading, Financing of Hostile Takeovers, and Their Effects on the Economy and International Competitiveness, January 28, March 4, and April 8, 1987," Senate Committee on Banking, Housing and Urban Affairs.

●加州州立理工大學金融學教授布萊恩．阿亞什多年後判定：Ayash and Rostad, Leveraged Buyouts and Financial Distress.

●一九八八年，史上規模最大且最大膽的企業大戰：Bryan Burrough and John Helyar, Barbarians at the Gate: The Fall of RJR Nabisco (Harper & Row, 1989).

●收購公司「希克斯-繆斯-塔特-福斯特」的創辦人查爾斯．塔特明確指出："The Deal Decade: Verdict on the '80s," Fortune, August 26, 1991.

●一九七〇年代，在債務引發的收購狂潮發生前："Defaults and Returns on High-Yield Bonds Through the First Half of 1991," Edward Altman, Financial Analysts Journal 47, no. 6 (November- December 1991): 67-77.

●至少有一個州不願坐等國會有所作為：Stuart Taylor, Jr., "High Court Backs State on Curbing Hostile Takeover," New York Times, April 22, 1987.

●美國證券交易委員會新主席大衛．魯德嘲諷印第安納州的措施：Ruder nomination hearing, United States Senate Committee on Banking, Housing and Urban Affairs, July 22, 1987, https://www.sechistorical.org/collection/papers/1980/1987_0722_RuderHearing.pdf.

●一九八七年股市崩盤後，國會議員……：Gary Klott, "Tax Bill Revision Seen on Takeovers," New York Times, October 31, 1987.

●學術研究後來證明，大多數收購：S. Jarrell, "The Post-Merger Performance of Corporate Takeovers," Semantic Scholar, July 1, 1996, https://www.semanticscholar.org/paper/The-Post- Merger-Performance-of-Corporate-Takeovers- Jarrell/dd0610f49f96c6de08432443a014400b07672caf.

●雷根時期的美國證券交易委員會主席約翰．沙德曾是敵意收購的忠實信徒：Letter to James A. Baker III, Chief of Staff, The White House, from John Shad, June 14, 1984, https://www.sechistorical.org/collection/papers/1980/1984_0614_BakerShadLeveraging.pdf.

●兩年後，一顆重磅炸彈落下：John M. Doyle, "SEC Files Insider Trading Charges Against Drexel, Milken," AP News, September 7, 1988, https://apnews.com/article/25a91d986437b80a5d401f7683c0e2ea.

第三章：「救星計畫」

●在野心勃勃的基金經理佛瑞德．卡爾領導下：Carol Loomis, "What Fred Carr's Fall Means to You," Fortune, May 6, 1991, https://money.cnn.com/magazines/fortune/fortune_archive/1991/05/06/74977/index.htm.

●經理人壽的高報酬產品吸引：California Insurance Office filings.

●與大多數產業一樣，過去三十年：Annual financial report of Northwestern Mutual Life Insurance Co., https://www.northwesternmutual.com/assets/pdf/financial-reports/results/nm-annual- statement.pdf.

●德崇證券破產時，垃圾債券已占經理人壽：Executive Life Insurance Company in Conservation, Attachment to Consolidated Proofs of Claim of the Resolution Trust Corporation, Affidavit of Bill Rider, Senior Analyst, June 2, 1992, Los Angeles, CA.

●這兩個實體緊密相連：同上。

●布萊克認識卡爾，他推銷德崇證券的交易時經常遇到這位保險業高層：Confidential interview.

●到了一九九〇年，布萊克已經在經理人壽：同上。

●一九九〇年八月，布萊克的合夥公司：Confidential interview.

●一舉收購大量投資組合會容易得多：Confidential interview.

●經理人壽交易的內部名稱？：Confidential interview.

●與此同時，經理人壽在六十億美元：First Executive Life Annual Statement to California Regulators, 1990.

●加州保險局也是如此：Author interview with Roxani Gillespi (Morgenson).

●加州保險局開始調查經理人壽時：Confidential Memorandum to All Insurance Commissioners, from the Non-Investment Grade Bond Working Group, State of Illinois Insurance Department, December 27, 1990.

●加拉門迪已經表達對經理：John Garamendi speech in Monterrey to Independent Insurance and Brokers of California, October 16, 1990.

●加拉門迪畢業於加州大學柏克萊分校：Garamendi court testimony, Garamendi v. Altus SA, et al., Consolidated with Sierra National Insurance Holdings, Inc., et al. v. Credit Lyonnais, SA, et al., March, 2, 2005.
●他以消費者權益倡導者的身分參選：Author interview with Roxani Gillespi (Morgenson).
●一九八八年，他倡議修改州稅法，讓德克薩斯州的巴斯兄弟：Tom Furlong, "Garamendi Will Back Bill to Help Bass Acquire S&L," Los Angeles Times, August 5, 1988.
●加拉門迪幾乎從擔任保險監理官的第一天起：Garamendi court testimony, Garamendi v. Altus SA, et al.
●鮑姆的經歷是房地產開發，不是保險：Redwood Trust press release, September 24, 2012, https://ir.redwoodtrust.com/news/news-details/2012/Redwood-Trust-Announces-Departure-of- its-Chairman-George-Bull-and-Election-of-Richard-Baum-as-Chairman-and-Douglas-Hansen-as- Vice-Chairman-of-the-Board-of-Directors/default.aspx.
●一九九一年三月初，布萊克的合夥人羅恩：Letter from Rowan to Henin, March 5, 1991.
●加拉門迪擔任保險監理官的最初數個月裡：Garamendi court testimony, Garamendi v. Altus SA, et al.
●卡爾向這位保險監理官及其團隊介紹里昂信貸銀行：同上。
●一九九一年四月四日，紐約州保險局：Harry DeAngelo, Linda DeAngelo, Stuart C. Gilson, "Perceptions and Politics of Finance," Journal of Financial Economics 41 (1996),
●http://marshallinside.usc.edu/ldeangel/Publications/FirstCapital.pdf.
●六天後，一手讓經理人壽高速成長而如今走向衰落的卡爾：Letter to John Garamendi from Fred Carr, April 10, 1991.
●加拉門迪在四月十一日的記者會表示："Statement by Insurance Commissioner John Garamendi regarding Executive Life Insurance Company," California Department of Insurance, news release, April 11, 1991.
●就在這項交易敲定之際，垃圾債券開始反彈：Edward I. Altman, "Defaults and Returns on High Yield Bonds Through the First Half of 1991," Financial Analysts Journal, November-December 1991.

第四章：「我真的必須了解妳在做的事」

●該團隊「正全心投入第一經理人壽的交易……」：Minutes, Management Committee Meeting of April 15, 1991, 245 Park Avenue; present P. Souviron, L. Black, J, Hannan.
●早在加拉門迪接掌經理人壽之前：Garamendi court testimony, Garamendi v. Altus SA, et al.
●後來曝光的事實顯示，里昂信貸："Credit Lyonnais and Others to Plead Guilty and Pay $771 Million in Executive Life Affair," FBI press release, December 18, 2003, https://archives.fbi.gov/archives/news/pressrel/press-releases/credit-lyonnais-and-others-to-plead- guilty.
●聯準會一直遲遲未批准：Meeting Minutes, April 15, 1991.
●「德崇證券透過代理人行事，」：Author interview (Morgenson).
●他們只是在「律商聯訊」的資料庫搜索：Confidential interview.
●布萊克派科古特擔任代理人與加拉門迪合作：Confidential interview.
●除了擔任羅威爾．米爾肯及麥可．米爾肯的律師之外：Mary Zey, Banking on Fraud: Drexel Junk Bonds and Buyouts (Routledge, 2017).
●同年，「德州聯合儲蓄協會」倒閉：Texas Federal Deposit Insurance Corporation, as Manager of the FSLIC Resolution Fund; Plaintiff-Appellant V. Maxxam, Inc v. Charles E. Hurwitz et al, No. 05-20808, United States Court of Appeals for the Fifth Circuit, www.ca5.uscourts.gov/opinions/pub/05/05-20808-CV0.wpd.pdf; Hart Holding Co. v. Drexel Burnham Lambert Inc., No. 11,514, Court of Chancery of the State of Delaware, New Castle, May 28, 1992, Delaware Journal of Corporate Law, Unreported Cases, Vol. 18, 1993.
●後來，他作證指稱羅威爾．米爾肯：Scott Paltrow, "A Drexel Lawyer Accuses Milken's Brother of Deceit," Los Angeles Times, October 23, 1990.
●布萊克是其中一些合夥公司的普通合夥人：Federal Deposit Insurance Corporation v. Milken et al, January 18, 1991, U.S. District Court, Southern District of New York.
●舉例來說，政府表示米爾肯兄弟：U.S. v. Milken, No. SS 89 Cr. 41 (KMW), United States District Court, S.D. New York, December 13, 1990. Note 5, https://law.justia.com/cases/federal/district- courts/FSupp/759/109/1473275/.
●一九九一年四月十六日，他從阿波羅……：Confidential Memorandum to Jean- François Hénin from Eric Siegel and Craig Cogut, April 16, 1991.
●莫琳．瑪爾很擔心：Author interview with Maureen Marr (Morgenson).
●數百人參加，其中一位是文斯．華森：Author interview with Vince Watson (Morgenson).

●加拉門迪出席了這場會議：Author interview with Maureen Marr (Morgenson).
●這位律師曾在美國證券交易委員會執法部門工作八年半：SEC News Digest, May 1991, www.sec.gov/news/digest/1981/dig052181.pdf, and Bloomberg News bio of Hartigan, https://www.bloomberg.com/profile/person/14013054?sref=lnrir5K3.
●他們採取典型的旋轉門策略：Interview with Hartigan, Los Angeles Business Journal, Monday, September 15, 1997.
●她後來得知，一些遺失的經理人壽權證：Confidential interview.

第五章：賤賣策略

●加拉門迪在一份詳述經理人壽……：Memo from Garamendi, May 21, 1991, to "Parties Interested in Financial Participation in Executive Life Insurance Rehabilitation Plan, General Statement of Objectives and Terms."
●該保險公司持有超過七百種不同的公司債：Amended and Restated Agreement of Purchase and Sale in Connection with the Rehabilitation of Executive Life Insurance Company, January 29, 1992.
●「我們在出售該投資組合時，並未對其定價，」：Court testimony, Garamendi v. Altus SA, et al.
●多年後，該單位的金融監理主管諾里斯．克拉克告訴調查人員：Confidential interview.
●另一個嚴重的監管失誤：Howell E. Jackson and Edward L. Symons, Jr., Regulation of Financial Institutions (West Group, 1999).
●其調查結果指出，該保險公司五十七%的債券："Executive Life Insurance Company Analysis of ELIC in Conservation and Aurora Under the MAAF/Altus Proposal," Salomon Brothers, November 1991.
●正如參與分析經理人壽投資組合的某位人士數十年後告訴我們的那樣：Author interview (Morgenson).
●另一個跡象表明，吸引更多競標者……：Garamendi court testimony, Garamendi v. Altus SA, et al.
●無論如何，加拉門迪給予布萊克一夥人的優勢：Harry DeAngelo et al, "The Collapse of Executive Life Insurance Co. and Its Impact on Policyholders," Journal of Financial Economics, December 1994.
●但一個新障礙又出現了，那就是：Meeting minutes July 9, 1991.
●然而，眾所周知的是，聯邦存款保險公司： Federal Deposit Insurance Corporation v. Milken et al.
●來自競爭買家的威脅並不是問題：Meeting minutes July 9, 1991.
●雙方本星期應該會達成握手協議：同上。
●慶祝活動在雀森餐廳舉行：Garamendi court testimony, Garamendi v. Altus SA, et al.
●每個人都在等待的關鍵數字出爐：Eric N. Berg, "A Deal Raising Complex Questions," New York Times, August 8, 1991.
●關於奧特斯金融與阿波羅公司收購案：Confidential interview.
●加州保險局的律師卡爾．魯賓斯坦："To: Richard Baum, FM: Karl L. Rubenstein, RE: ELIC Liquidation Value, 26 September, 1991."
●「國家人壽與健保擔保協會」宣布提議接管：Richard Stevenson, "Junk Bonds Crucial in Executive Life Bids," New York Times, October 14, 1991.
●自五月以來，債券市場出現了近代歷史上最大的反彈：Letter to Garamendi from Eli Broad, Chairman and Chief Executive of Broad Inc., October 23, 1991.
●加拉門迪宣布這個變動前：Author interview with Maureen Marr (Morgenson).
●接著，阿波羅公司開始直接與NOLHGA談判：同上。
●此外，奧羅拉保險復甦計畫："Revised Executive Life Agreement Backed," UPI, December 12, 1991.
●我很高興地宣布，我們避免了：Kathy Kristof, "French Group's Executive Life Bid Endorsed," Los Angeles Times, November 15, 1991.
●根據阿波羅公司與奧特斯金融的協議：Letter to Jean-François Hénin from John Hannan, Lion Advisors, March 3, 1992.
●當時也沒公開指出「A」類債券包括：Confidential interview.
●十二月底，他請求負責監督經理人壽復甦計畫：Garamendi court testimony, Garamendi v. Altus SA, et al.
●菲爾．沃登是律師，代表一群銀行……：Author interview with Phil Warden (Morgenson).
●其他顧問也告訴加拉門迪同樣的事：Author interview (Morgenson).
●經理人壽的傳奇最值得注意但又遭到忽視的是：Amy Barrett, "In California, a Botched Buyout?" Bloomberg News, June 28, 1993.

第六章：絕非童子軍

●吉列控股旗下的韋爾度假村：Securities and Exchange Commission

filings, Form 10-K, July 31, 2006, Note 13, https://www.sec.gov/Archives/edgar/data/812011/000081201107000036/form10ka.htm.

- 一九九四年，《富比士》雜誌估計：Matthew Schifrin and Riva Atlas, "Hocus Pocus," Forbes, March 14, 1994.
- 一九九一年到二〇〇四年，凱蒂．華森：Letter from Aurora Life Insurance Co. regarding Katie Watson's account value, March 7, 2006.
- 到了一九九五年，第三隻基金已向渴望與阿波羅公司：Phillip L. Zweig, "Leon Black: Wall Street's Dr. No the Ex-Drexelite Is Waiting for the Stock Market to Tank," Bloomberg News, July 29, 1996.
- 其中一個早期投資者是「加州公務員退休基金」：同上。
- CalPERS考慮阿波羅的投資案時：Author interview (Morgenson).
- 事實證明，新阿波羅基金在同類型：Arlene Jacobius, "The Sun Doesn't Shine on Apollo," Pensions and Investments, December 14, 2009.
- 阿波羅公司藉由經理人壽的投資組合：Executive Life securities list.
- 突然有個新投資者收購原經理人壽業務三分之一的股份：Henin court testimony, Garamendi v. Altus SA, et al., Consolidated with Sierra National Insurance Holdings, Inc., et al. v. Credit Lyonnais, SA, et al.
- 根據赫寧回憶，阿波羅合夥人解釋：同上。
- 這場談判直接在美國永明人壽、阿波羅公司及保險監理官：同上。
- 一九九二年匆忙出售的債券現在的價值遠比當時高多了：Author interview with Maureen Marr (Morgenson).
- 科古特後來作證說，解決方案是讓阿波羅公司：Cogut testimony, Garamendi v. Altus SA, et al., Consolidated with Sierra National Insurance Holdings, Inc., et al. v. Credit Lyonnais, SA, et al.
- 多年後，科古特解釋當時的情況時回憶道：同上。
- 由於加州禁止投保人在保險公司破產時自行提起訴訟：Court decision dismissing Attorney General Lockyer's case.
- 其中一個隱藏的關係是西聯匯款：Confidential interview.
- 新谷公司重組時，阿波羅公司每持有價值一美元的證券：Stephanie Strom, "New Valley, Old Management," New York Times, October 9, 1994.
- 二十多年後，二〇一六年，紐約八卦專欄報導稱：Emily Smith, "This Is How an 80-Year-Old Billionaire Celebrates His Birthday," New York Post, February 3, 2016,
- 阿波羅公司現持有的其中一家公司是：Confidential interview.
- 一九九〇年八月，該公司拖欠了至少五億美元的貸款："Gillett Holdings to File for Chapter 11," Los Angeles Times, June 26, 1991.
- 布萊克熟知吉列公司的情況：Phyllis Berman and Jean Sherman Chatzky, "Warming up for the Big Ones," Forbes, March 2, 1992.
- 隨後，布萊克的團隊投入現金四千萬美元：同上。
- 二〇〇三年，阿波羅旗下的實體持有六百萬股A類股票：Securities and Exchange Commission filings and AP via Deseret News, "Apollo Dissolves Vail Resorts Stake," October 1, 2004.
- 最後，至少在一起涉及法雷公司的案件中：Confidential interview.
- 加州保險局經常向投保人隱瞞經理人壽交易的情況：California State Bureau of Audit Report on ELIC, 2008, https://www.bsa.ca.gov/pdfs/reports/2005-115.2.pdf.
- 關於出售方式、地點、買家的詳細記錄：California Insurance Department, Conservation and Liquidation Office website, https://www.caclo.org/perl/index.pl? document_id=f70aa978d186574c773826c8d368a676#start.
- 甚至還有馬里布的一座牧場：Kanter v. Kanter, Court of Appeal of the State of California Second Appellate, Dec. 20, 2011, https://www.casemine.com/judgement/us/5914f199add7b0493497c008.
- 加拉門迪是其中一名：Conservation and Liquidation Office website.
- 一九九六年十二月信託結束後：Executive Life Insurance Company Trust, Executive Life Insurance Company Real Estate Trust, Base Assets Trust, Combined Annual Report to Beneficiaries, December 31, 1996.
- 二〇〇六年三月給投保人的一封信寫道：Letter from Lisa Elder, Senior Manager, Aurora National Life Assurance Co., March 7, 2006, regarding a policyholder's account value increments.
- 二十一世紀初，有人向經理人壽前執行長佛瑞德．卡爾詢問：Confidential interview.

第七章：「重要人物」

- 到了一九九三年夏天，距瑪爾……：Author interview (Morgenson).
- 五年後，一位吹哨者提出爆炸性的詳細資料："French Whistleblower Quizzed over Executive Life," Expatica, December 3, 2004, https://www.expatica.com/fr/general/french-whistleblower-quizzed- over-executive-life-118761/.
- 《彭博新聞社》報導，由於經理人壽一案：Barrett, "In California, A Botched Bailout?"
- 加拉門迪一九九四年競選州長時，博克和他的妻子捐了將近十萬美元給他的團隊：Dan Morain, "Garamendi's Campaign Running on Lean Funding," Los Angeles Times, April 10, 1994.

- 博克聘請加拉門迪來設立猶開帕的華府辦事處：Los Angeles Business Journal, June 1, 1998, http://labusinessjournal.www.clients.ellingtoncms.com/news/1998/jun/01/wsw/.
- 收購價為每股四十九美元：Paul Merrion, "Cha-Ching! Dominick's Money Machine," Crain's Chicago Business, October 17, 1998.
- 他真的聰明，也真的饑渴：同上。
- 接著，二〇〇一年十二月，一顆震撼彈爆炸了：John Carreyrou, "Credit Lyonnais's Defense in Lawsuit Takes Blow After U.S. Financier Agrees to Testify," Wall Street Journal, December 3, 2001.
- 二〇〇二年一月，一位因這樁交易蒙受虧損而四處奔走的投保人華萊士．阿爾伯森：Letter to Attorney General Lockyer from Wallace Albertson, Los Angeles, CA, January 15, 2002.
- 洛克耶幾個月後照辦了："Attorney General Lockyer Expands Lawsuit Alleging Conspiracy to Raid Executive Life," Attorney General press release, January 30, 2002, https://oag.ca.gov/news/press-releases/attorney-general-lockyer-expands-lawsuit-alleging-conspiracy- raid-executive-life.
- 三年後，一位法官判定洛克耶沒有適當的法律地位代表投保人提起訴訟：Deborah Vrana, "Lockyer's Executive Life Lawsuit Is Tossed Out," Los Angeles Times, August 16, 2005.
- 二〇〇三年，經理人壽交易已經過去十餘年："Credit Lyonnais and Others to Plead Guilty."
- 二〇〇八年，加州政府稽核這樁讓投保人損失⋯⋯：California State Bureau of Audit Report on ELIC, 2008.
- 競選過程中，多年前處理經理人壽案的事⋯⋯："Mendoza Criticizes Garamendi's Failure to Testify at Executive Life Hearing," Insurance Journal, October 15, 2002.
- 賣掉這些資產，就算用最委婉的講法也是失職：同上。
- 其中一位顧問喬治．布爾每月拿十一萬美元：Kathy Kristof, "Adviser on Executive Life Said to Lack Experience: Securities Regulators Are Paying One Consultant $110,000 a Month to Evaluate a Junk Bond Portfolio Pivotal to the Sale," Los Angeles Times, October 23, 1991.
- 從一九九一年到二〇二〇年，加州保險局：Annual reports, Conservation and Liquidation Office website; California State Bureau of Audit report on ELIC, 2008.
- 更糟的是，某些在經理人壽託管的前幾年持續收到給付的投保人：Documents provided to policyholders reviewed by author (Morgenson). In 1999, it concluded that the notice: Gerenson v. Pennsylvania Life and Health Insurance Guaranty Association, Supreme Court of Pennsylvania, April 7, 1999,
- https://www.anylaw.com/case/gersenson-v-pennsylvania-life-and-health-insurance-guaranty- association/supreme-court-of-pennsylvania/04-08-1999/8sZgX2YBTlTomsSBw7iQ.
- 他們拒絕為經理人壽受害者：Author interview with Marr (Morgenson).
- 賈可伯森於二〇〇二年十月，因經理人壽倒閉一事："The Collapse of Executive Life Insurance Co and Its Impact on Policyholders," House of Representatives Committee on Government Reform, October 10, 2002.
- 由於這樁交易還圍繞著很多沒有解答的問題：Morgenson letter to Judge Ruth A. Kwan, Superior Court of California, County of Los Angeles, Central District, November 4, 2021.
- 我還是保險監理官時，銷毀檔案並非標準程序：Author interview with Gillespie (Morgenson).
- 莫琳為我們奮戰：Author interview with Sue Watson (Morgenson).
- 在二〇一〇年一場國會聽證會上，加拉門迪仍把華爾街⋯⋯：May 5, 2010, U.S. House of Representatives, https://www.c-span.org/video/?293330-1/house-session, at 7:46:29.
- 關於馬爾，她很清楚貪婪：Author interview with Marr (Morgenson).
- 他們就是趁夜登堂入室的賊：Author interview with Watson (Morgenson).

第八章：「牢固到站上去也沒問題」

- 二〇一九年，政府機構「美國國家經濟研究院」發布的研究：Steven J. Davis et al., "The (Heterogenous) Economic Effects of Private Equity Buyouts," NBER, October 2019.
- 馬克．坎農是新秀麗的業務代表：Author interview (Morgenson).
- 「非常適合犯罪的環境」是儲貸：Author interview (Morgenson).
- 一九九五年，銀行監理單位轉介一千八百三十七件案子交司法部起訴：Gretchen Morgenson and Louise Story, "In Financial Crisis, No Prosecutions of Top Figures," New York Times, April 14, 2011.
- 起訴的金融案件減少，整體的白領犯罪起訴案也跟著減少："White Collar Crime Prosecutions for 2021 Continue Long Term Decline," TRAC Reports, August 9, 2021, https://trac.syr.edu/tracreports/crim/655/.

●比方說，一九九六年國會通過：David Dayen, “Cut Off Private Equity’s Money Spigot,” American Prospect, July 28, 2022.
●新的法律大致上是因為共和黨掌控的參眾兩院熱中於法規：G. Philip Rutledge, “NSMIA… One Year Later: The States’ Response,” February 1998, https://www.americanbar.org/groups/business_law/publications/the_business_lawyer/find_by_su bject/buslaw_tbl_mci_nsmia/.
●一九九六年，從事收購的公司整體募得：Brad Meikle, “Through the Years with the Buyouts Newsletter,” Buyouts Insider, June 10, 2002.
●一九九七年的《納稅義務人減稅法案》：Discussion of law’s changes at Findlaw.com, https://www.findlaw.com/tax/federal-taxes/taxpayer-relief-act-of-1997.html.
●這種操作行之有年，但一九九三年時：IRS Rev. Proc 93-27, www.irs.gov/pub/irs-drop/rp- 01-43.pdf.
●但當時亞利桑那民主黨參議員柯爾絲滕．席納瑪：Brian Schwartz, “How Wall Street Wooed Sen. Kyrsten Sinema and Preserved Its Multi-Billion Dollar Carried Interest Tax Break,” CNBC.com, August 9, 2022.
●國會禁止企業針對超過一百萬美元的薪資申報稅務減免：“The Executive Pay Cap That Backfired,” ProPublica, February 12, 2016.
●這些政策讓他們的總薪酬更加膨脹，一般勞工的薪資卻停滯不前：Gretchen Morgenson, “Why Are CEOs of US Firms Paid 320 Times as Much as Their Workers?” NBCNews.com, April 7, 2021.
●隨著薪資停滯，消費者的信用卡債中位數提高了五十七％：Thomas A. Durkin, “Credit Cards: Use and Consumer Attitudes,” Federal Reserve Bulletin, September 2000, pp. 623–634.
●一九八九年時，私立大學一年的學費平均：“Here’s the Average Cost of College Tuition Every Year Since 1971,” USA Today, May 18, 2019.
●二〇二〇年，美國勞動部終於替私募股權業開了綠燈：U.S. Department of Labor Information Letter on Private Equity, June 3, 2020. Release Number 20-1160-NAT.
●在他們二〇一四年出版的《公民的那一份》：Joseph R. Blasi, Richard D. Freeman, and Douglas L. Kruse, The Citizen’s Share: Reducing Inequality in the 21st Century (Yale University Press, 2014).
●作者之一的羅格斯大學教授布拉希說：Author interview (Morgenson).
●新秀麗的源頭要講回二十世紀之交時：Journey of Discovery, The History of Samsonite (Samsonite, 2017); also Al Lewis, “Beatrice Felled Once Mighty Samsonite,” Denver Post, June 2, 2006.
●一九八五年，槓桿收購要角KKR用六十二億美元吞掉了碧翠絲食品：David Vise, “Beatrice Agrees to $6 Billion Buyout Offer,” Washington Post, November 15, 1985.
●這家新公司有個很無聊的名字叫「E-II控股（E-II Holdings）」：“In 1988, Mr. Riklis Bought Control of E-II Holdings,” AP News, January 24, 1995.
●到了一九九〇年，由於背負了德崇證券的債務：Stephanie Strom, “E-II Holdings Wins Fight for Restructuring Plan,” New York Times, May 26, 1993.
●另外還有一位投資人也跟著阿波羅一起買進E-II控股：James Kanter, “Court Clears Pinault, But His Firm Is Guilty,” New York Times, May 12, 2005, also Marc Lifsher, “Artemis to Pay in Executive Life Case,” Los Angeles Times, November 23, 2005.
●一九九三年，阿斯特朗買下新秀麗的主要競爭對手：“Samsonite’s Parent to Buy American Tourister,” Associated Press, August 4, 1993.
●一九九四年，新秀麗還沒公開發行股票：Samsonite 10-K for the year ended 1997, Securities and Exchange Commission filing, item 6, page 16.
●接踵而來的，就是逃不了的裁員：“Samsonite Plans to Cut 450 Jobs,” AP News, November 1, 1996.
●一九九八年，阿波羅宣稱正在洽談要把一半的新秀麗股份賣給不具名的投資人：“Samsonite Discusses Selling 50 Percent Stake to Pay Dividend,” New York Times, March 24, 1998.
●投資人也不喜歡這樁交易，所以他們拋售新秀麗的股票：Justin Pettit, “Is a Share Buyback Right for Your Company?,” Harvard Business Review, April 2001.
●之後又出現更多壞消息：“Beatie and Osborn LLP commences class action,” PR Newswire, September 18, 1998.
●新秀麗二〇〇〇年時針對這一樁：“Business Briefs,” Pueblo Chieftain, July 27, 2000.
●新秀麗的股價陷入向下沉淪的迴旋：“Moody’s Downgrades Samsonite,” March 25, 1999, https://www.moodys.com/research/MOODYS-DOWNGRADES-SAMSONITE-CORPS-SR- SUB-NOTES-TO-Caa1-SECURED—PR_26913.
●二〇〇一年初，新秀麗宣布把丹佛：Michael Lauzon, “Samsonite Bags Denver,” Plastics News, March 5, 2001.
●鮑伯．納普就是在這一波中：Megan Verlee, “International Trade Good or Bad for Colorado?” Colorado Public Radio, April 20, 2016.

●其他新秀麗的員工在斧頭砍下來之後：Diane Ziebarth LinkedIn page, https://www.linkedin.com/in/diane-ziebarth-6426335a/.
●到了二〇〇三年一月，該公司的淨值已經落入負值：Samsonite Form 10-K, fiscal 2004, April 26, 2004, page F-4.
●新秀麗深陷流動性危機："Private Equity Firm to Buy Samsonite," Los Angeles Times, July 6, 2007.
●這是諸多成就的起點：Apollo Global Management website, "Our History, 1995," https://www.apollo.com/about-apollo/our-history.
●特萊蒙多電視網一九九三年九月申請破產："Telemundo Files for Chapter 11," Reuters, July 31, 1993.
●阿波羅對特萊蒙多電視網的持股足以握有控制權：John Lippman, "Apollo Brings in Investors to Purchase Telemundo,"
●Wall Street Journal, November 25, 1997.
●到了一九九七年，阿波羅以及："AP Financial News at 11:10 a.m. EST Tuesday, Nov. 25, 1997," Associated Press Online.
●倫敦的《時報》報導：Garth Alexander, "Vulture Awaits Rich Pickings in the Crash," Sunday Times (London), August 11, 1996.
●阿波羅成立新的私募股權投資工具：Palico.com, https://www.palico.com/funds/apollo-investment- fund-iv/41d62bdb349549f68ee25824575cdd1b.
●這樁金額達十八億美元的合併案："GranCare, Living Centers Plan Merger," Bloomberg News, May 9, 1997.
●調查展開了，一九九九年時席維斯特承認：Mike Allen, "Ex-Treasurer in Connecticut Pleads Guilty," New York Times, September 24, 1999.
●審判期間爆出一個消息："Silvester Raised Rowland Money," Hartford Courant, September 30, 1999.
●為了好玩與追求利潤把旗下的公司丟來丟去：Mergr M&A Deal Summary, "Ontario Teachers Pension Plan and Ares Private Equity Group Acquires Samsonite International," January 1, 2003, https://mergr.com/ontario-teachers-pension-plan-acquires-samsonite-international-sa.
●接著，二〇〇七年時，旋轉門又轉了一次："CVC to Acquire Samsonite for $1.7 Billion," Reuters, July 5, 2007.
●新秀麗國際公司的股票終於在香港股市找到歸宿："Samsonite Shares Tumble in Hong Kong Debut," Associated Press, June 6, 2011.
●二〇二二年十二月，這家公司提報的銷量大幅成長："Samsonite Announces Final Results for the Year Ended 2021," press release, March 16, 2022, https://www.prnewswire.com/news-releases/samsonite- international-sa-announces-final-results-for-the-year-ended-december-31-2021-301503988.html.
●一九八〇年代在新秀麗工作的前員工坎農說：Author interview (Morgenson).

第九章：「有兩千五百個家庭要靠我們，我們得把事情做對」

●密蘇里州新馬德里人口三千人："U.S. Census Bureau QuickFacts: New Madrid County, Missouri," https://www.census.gov/quickfacts/newmadridcountymissouri.
●這座廠一年生產二六．三萬立方公噸的初級鋁："Large Explosion Rocks Southeast Missouri Aluminum Plant," AP News, August 4, 2015, https://apnews.com/article/66836feaad0245398523c341fcfbc085.
●阿波羅公司買下了這家煉鋁廠「諾蘭達鋁業」："Mine Company Sells U.S. Unit," New York Times, April 12, 2007.
●煉鋁廠是本地雇用最多人的企業："NMC R-1 to Seek Tax Hike to Balance Budget," Sikeston Standard Democrat, August 15, 2016.
●剩下的十億美元資金就由諾蘭達公司舉債："Noranda Aluminum Holding Corporation Reports Second Quarter 2007 Results," press release via Business Wire, September 19, 2007.
●有兩千五百個家庭要靠我們，我們得把事情做對："Noranda Aluminum Holding Corp.," Manufacturing Today, August 31, 2012.
●透過發行一系列的債券和股票榨乾諾蘭達公司：Steve Gelsi, "Noranda, Which Earned Apollo a 3X Return, Gets Downgraded on Low Aluminum Prices," Buyouts Insider, August 26, 2015.
●二〇〇七年一場訴訟中讓人震驚的指控："Unsealed Lawsuit Claims Private Equity 'Collusion' at Blackstone, KKR, Bain Capital," Chief Investment Officer, October 11, 2012.
●來看看黑石集團高階主管湯尼．詹姆斯：Kaitlyn Kiernan,"4 Lessons From Carlyle's 7-Year Collusion Case," Law 360, September 2, 2014.
●在收購連鎖醫院巨頭HCA一案中：Dahl v. Bain Capital Partners, LLC, et al., CIVIL ACTION NO.: 07- 12388-EFH, U.S. District Court District of Massachusetts, March 12, 2013.
●最後，二〇一四年時，隨著審判逼近：Dan Primack, "Private Equity's Giant Collusion Case Is Over, as Carlyle Folds," Fortune, August 29, 2014.
●掠奪者蜂擁搶進零售業：Ben Unglesbee, "The 'Explosion': When Private

Equity Money Came for Retail," Retail Dive, November 8, 2018.

- 私募股權「通常就是把零售業者丟下山崖」：Ben Unglesbee, "Retail's Largest Private Equity Buyouts and How They've Panned Out," Retail Dive, November 8, 2018.
- 七家背後有私募股權的大型連鎖超市申請破產：Eileen Appelbaum and Rosemary Batt, "Private Equity Pillage: Grocery Stores and Workers at Risk," American Prospect, October 26, 2018.
- 他們在二〇一九年做的分析發現："PE's Highly Leveraged Bet on Retail Puts a Million Jobs at Risk During the COVID-19 Crisis," Private Equity Stakeholder Project, July 10, 2020.
- 玩具反斗城當年繳給這座城市的稅金為二百七十萬美元：Philip DeVencentis, "Toys R Us Bankruptcy May Hurt Wayne's Credit Rating, Moody's Says," NorthJersey.com, April 25, 2018.
- 阿波羅的另一場勝利，是二〇〇三年：Rick Stouffer, "Investors Acquire GNC for $1.65B Cash," TribLIVE.com, February 10, 2007.
- 健安喜這筆交易，替阿波羅公司賺到超過一倍的報酬率：同上。
- 在收購健安喜並順利脫手之前："Apollo Global Management Acquires Linens 'N' Things," Mergr M&A Deal Summary, February 1, 2006.
- 兩年後，這家零售商倒了："Linens 'n Things Files for Bankruptcy," Reuters, May 2, 2008.
- 阿波羅二〇〇七年買下在購物商場有設點的時尚珠寶公司克萊兒飾品："Apollo to Buy Claire's Stores for $3.1 Billion in Cash," CNBC.com, March 20, 2007.
- 該公司二〇一八年也申請破產：Rebecca Shapiro, "Claire's Is Entering a New Chapter in Life: Bankruptcy," HuffPost, March 19, 2018.
- 二〇〇一年四月，阿波羅推出第五檔投資基金：Palico.com.
- 阿波羅在這段期間也成立了兩家關係企業：Palico.com and "Apollo Investment Corporation Announces Transformative Changes to Reinforce Position as a Pure Play Senior Secured Middle Market BDC," press release, August 2, 2022.
- 二〇〇七年六月，加州巨型退休基金：Jennifer Harris, "CalPERS Buys $600m Stake in Apollo," PERE News, January 22, 2013.
- 整個算起來，CalPERS在一九九八年到二〇一九年："Private Equity Program Fund Performance Review," CalPERS website.
- 但到了二〇〇九年，CalPERS投資阿波羅的六億美元表現並不佳：Jacobius, "The Sun Doesn't Shine on Apollo."
- 二〇〇八年四月，阿波羅提出申請：Peter Lattman and Heidi Moore, "IPO for Apollo Management," Wall Street Journal, April 9, 2008.
- 在其向主管機關提出的申請文件中，阿波羅誇讚……：Michael de la Merced, "Apollo Struggles to Keep Debt From Sinking Linens 'n Things," New York Times, April 14, 2008.
- 回到號稱「凡事都要講證據之州」：Thomas Bradtke et al., "What Caused the Aluminum Industry's Crisis?," BCG Global, August 20, 2020.
- 製鋁廠的多數顧客都在附近："Noranda Aluminum Holding Corp."
- 阿波羅指用電契約是諾蘭達公司獲利前景大好的原因之一：Form S-1/A Noranda Aluminum Holding Corp., Securities and & Exchange Commission, January 15, 2010.
- 重點是要把諾蘭達變成我們永遠都想為其效力的公司："Noranda Aluminum Holding Corp."
- 諾蘭達六月七日時又發行二．二億美元新債券："New Issue—Noranda Aluminum Sells $220 mln 7.5-yr Toggle Notes," Reuters, June 5, 2007.
- 二〇〇七年，也就是阿波羅回收諾蘭達投資的那一年：Jonathan Hemingway, "2021 Wrap: Issuance Records Fall in Leveraged Finance as Q4 Caps Stunning Year," S&P Global Market Intelligence, December 18, 2021.
- 阿波羅特別積極投入這種局："Leveraged Finance—US: Tracking the Largest Private Equity Sponsors; LBO Credit Quality Is Weak, Bodes Ill for Next Downturn," Sector In-Depth, Moody's Investor Service, October 18, 2018.
- 截至二〇〇八年十二月三十一日：Form S-1/A Noranda Aluminum Holding Corp., Securities and & Exchange Commission, January 15, 2010.
- 靴跟區製造業皇冠上的珠寶：Testimony of Robert Mayer, August 28, 2008, before the Missouri Public Service Commission, Utility Division.
- 阿波羅公司二〇〇八年春天向證券交易委員……：Roger Schwall, Securities & Exchange Commission, Noranda Aluminum Holding Corporation Registration Statement on Form S-1 Filed May 8, 2008, June 6, 2008.
- 二〇〇九年四月，評等機構標準普爾："S&P Cuts Noranda Aluminum Holding Facility," Reuters, May 7, 2009.
- 公司只得摸摸鼻子，拿到八千萬美元就算了：Geert de Lombaerde, "Noranda Slashes IPO Size," Nashville Post, September 27, 2022.
- 一個月後，公司在公開市場上賣掉部分阿波羅的諾蘭達持股股份："Apollo Will Sell 10M Shares of Noranda Aluminum," AP News, March 14, 2012.
- 公司估計，兩年間因為縮減職務省了二．二五億美元："Noranda Aluminum Cuts 7 Percent of Workforce," Tennessean, December 18, 2013.

●換來的是怨聲載道：Public comments, Ameren Missouri-Investor (Electric), Noranda, No. ER-2014-0258 (n.d.).
●正當委員會在權衡諾蘭達：Jeffrey Tomich, "In MO, Deep Divide Over Aluminum Maker's Plea for Rate Relief," E&E News, April 29, 2015.
●如果能如願降低兩千五百萬美元的電力成本："Noranda to Lay Off 200 in Six Months," Heartland News, September 2, 2014.
●是把財富直接從我們顧客的口袋移轉到諾蘭達的股東和債券持有人的口袋：Tomich, "In MO, Deep Divide."
●還有另一條規定也值得一提：同上。
●諾蘭達公司自己一毛錢都沒拿到：Jacob Barker, "After Ameren Rate Cut, Noranda's Biggest Shareholder Sells Its Stake," St. Louis Post-Dispatch, May 13, 2015.
●二〇一六年二月，諾蘭達說新馬德里煉鋁廠的營運閒置中："Noranda Aluminum Files for Bankruptcy," Reuters, February 8, 2016.
●計畫都做好了，我們也根據：Barker, "After Ameren Rate Cut."
●由於資金短缺，學區凍結了薪資：Jasmine Dell, "New Madrid R-1 School District Makes Up for Loss of Local Revenue," KFSV-12, August 16, 2016.
●對，重點是製鋁廠的工作是附近：Barker, "After Ameren Rate Cut."
●一位記者說，諾蘭達煉鋁廠：Brian Hauswirth, "Greitens: 'The People of Southeast Missouri Are Ready to Work,'" missourinet.com, March 9, 2018.
●但是他們都好窮：Karen Libby, "MO Gov Greitens Calls Special Session on SEMO Jobs," Ozarks First, May 18, 2017.
●諾蘭達的退休金方案裡總共有四千兩百六十位成員：Objection by the Pension Benefit Guaranty Corporation, In Re Noranda Aluminum, IN THE UNITED STATES BANKRUPTCY COURT FOR THE EASTERN DISTRICT OF MISSOURI SOUTHEASTERN DIVISION, March 21, 2016.
●一家瑞典公司「格朗吉斯鋁業」："Gränges Acquires Noranda Aluminum's US Rolling Business," Recycling Today, August 25, 2016.
●新馬德里煉鋁廠後來被納入瑞士：Geert De Lombaerde, "Noranda Has Deal to Sell Big Missouri Smelter," Nashville Post, October 3, 2016.
●達拉斯．史尼德是新馬德里當地：Barker, "After Ameren Rate Cut."

第十章：「服用了類固醇的資本主義」

●二〇〇六年時美國的醫療保健費用達二．一六兆美元：Robert Pear, "Health Spending Exceeded Record $2 Trillion in 2006," New York Times, January 8, 2008.
●一九七〇年時，醫療保健支出僅占：Bradley Sawyer, "Total Health Expenditures as Percent of GDP 1970-2017," Peterson KFF Health System Tracker, December 11, 2018, https://www.healthsystemtracker.org/chart/total-health-expenditures-as-percent-of-gdp-1970-2017-2/.
●「對醫生施壓……」：Eileen Appelbaum and Rosemary Batt, "Private Equity Buyouts in Healthcare: Who Wins, Who Loses," Institute for New Economic Thinking, Working Paper No. 118, March 15, 2020.
●該會二〇二一年提交一份報告給參議院："June 2021 Report to the Congress: Medicare and the Health Care Delivery System," MEDPAC, https://www.medpac.gov/document/june-2021-report-to-the- congress-medicare-and-the-health-care-delivery-system/.
●到了二〇二一年，美國有十一%的安養院屬於私募股權公司：Victoria Knight, "Congress, Feds Look Into Nursing Homes Owned by Private Equity," Kaiser Health News, April 22, 2022.
●身為業主的私募股權公司在設計運作架構時：Author interview with Laura Olson (Morgenson).
●舉例來說，二〇一一年時，美國政府問責署發現："Private Investment Homes Sometimes Differed from Others in Deficiencies, Staffing, and Financial Performance," Government Accountability Office, July 2011.
●二〇一七年時，荷蘭烏特勒支大學……：Aline Bos and Charlene Harrington, "What Happens to a Nursing Home Chain When Private Equity Takes Over? A Longitudinal Case Study," The Journal of Healthcare Organization, Provision and Financing, November 2017.
●湯尼．齊柯特「加州安養院改革倡議團體」的專職律師：Author interview with Tony Chicotel (Morgenson).
●二〇一五年，公司裡有三個內部人士提出詳細指控：United States of America, ex rel. Christine Ribik, v. HCR ManorCare, Inc., Manor Care Inc., HCR ManorCare Services, LLC, Heartland Employment Services, LLC, United States District Court for the Eastern District of Virginia, April 10, 2015.
●《華盛頓郵報》做了調查：Peter Whoriskey and Dan Keating, "Overdoses, Bedsores, Broken Bones: What Happened When a Private-Equity Firm Sought to Care for Society's Most Vulnerable," Washington Post, November 25, 2018.
●凱雷創辦人兼產業巨頭的億萬富翁大衛．魯賓斯坦上電台：同上。

- 曾待過凱雷的明星包括老布希總統：Oliver Burkeman and Julian Borger, "The Ex-President's Club," Guardian, October 31, 2001.
- 傑洛米．鮑爾是另一個例子：Christopher Leonard, "Jerome Powell's Fed Policies Have Boosted a System That Made Him Rich," Fortune, November 22, 2021.
- 凱雷也因為涉入一場高知名度的退休基金醜聞而蒙上汙點：Danny Hakim, "Carlyle Settles with New York in Pension Case," New York Times, May 15, 2009.
- 這樁買賣對凱雷很有吸引力：ManorCare, Form 10-K, Fiscal 2006.
- 向全美各州的監理單位保證「病患為先」："The Carlyle Group Issues 'Patients First' Pledge as Purchase of Nursing Home Company Manor Care Nears Completion," Carlyle Group press release, October 21, 2007.
- 當金融危機蹂躪全球市場與美國經濟時："Equity Firm Carlyle Calls 2008 a 'Humbling Experience,'" Reuters, May 29, 2009.
- 這樁交易替凱雷賺進了六十一億美元：Megan Davies, "HCP and Carlyle's ManorCare in $6 Billion Asset Deal," Reuters, December 14, 2010.
- 如今，曼諾必須支付高額租金：Eileen Appelbaum and Rosemary Batt, "The Role of Public REITs in Financialization and Industry Restructuring," Institute for New Economic Thinking, Working Paper 189, July 9, 2022.
- 他們最初的決定是解雇幾百位員工："ManorCare to Lay Off Hundreds," Toledo Blade, September 10, 2011.
- 幫助維吉尼亞州北部三家曼諾安養中心的住民比較像是天職：United States of America, ex rel. Christine Ribik, v. HCR ManorCare, Inc.
- 這種詐騙很容易看懂，不是什麼艱澀的火箭科學：Author interview Christine Ribik (Morgenson).
- 曼諾濫用療程：同上。
- 這不是因為曼諾的病患組成發生改變："Government Sues Skilled Nursing Chain HCR ManorCare for Allegedly Providing Medically Unnecessary Therapy," Department of Justice press release, April 21, 2015.
- 舉例來說，二〇一〇年一月，曼諾高階主管……：同上。
- 莉比克與另外兩位內部人士的指控：同上。
- 《華盛頓郵報》在二〇一八年的調查中發現：同上, Peter Whoriskey and Dan Keating, "Overdoses, Bedsores, Broken Bones: What Happened When a Private-Equity Firm Sought to Care for Society's Most Vulnerable," Washington Post, November 25, 2018.
- 凱雷回應《華盛頓郵報》的調查時：同上。
- 美國司法部在二〇一五年接下三位吹哨者的指控並控告曼諾時：United States of America, ex rel. Christine Ribik, v. HCR ManorCare, Inc.
- 我們不會懈怠，會努力阻止這些假申報騙局：同上。, "Government Sues Skilled Nursing Chain."
- 但過了兩年之後，就在審判前夕，司法部懈怠了：Author interview, Jeffrey T. Downey (Morgenson).
- 莉比克做的事，不過也只是要求強大的企業負起責任：Author interview Christine Ribik (Morgenson).
- 如今已經證明我們無罪：Alex Spanko, "DOJ Drops False Claims Act Case Against HCR ManorCare," Skilled Nursing News, November 9, 2017.
- 二〇一八年三月，該公司申請破產：Tracy Rucinski, "HCR ManorCare Files for Bankruptcy with $7.1 Billion in Debt," Reuters, March 5, 2018.
- 後來由非營利的「普梅狄卡長者照護健康醫療公司」接手：Maggie Flynn,"Promedica CEO, ManorCare President Reveal Details of $70 Million Capital Plan," Skilled Nursing News, May 8, 2019.
- 曼諾被指控的、不當對待病患：Gupta, Howell, Yannelis, and Gupta, "How Patients Fare When Private Equity Funds Buy Nursing Homes."
- 紐約大學史登商學院財務金融助理教授薩布琳娜．豪威爾：Author interview Sabrina Howell (Morgenson).

第十一章：沒有人在乎行動號召

- 醫療保健產業的淘金熱始於二〇〇五年："Global Healthcare Private Equity and Corporate M&A Report 2020," Bain & Co.
- 隨著收購熱蔓延開來："A Potential Influenza Pandemic: An Update on Possible Macroeconomic Effects and Policy Issues," Congressional Budget Office, May 22, 2006.
- 二〇〇六年，就在預算辦公室提出警示之後沒幾個月："HCA Completes Merger with Private Investor Group," HCA press release, November 17, 2006.
- 四年後，二〇一〇年時，HCA支付四十三億美元……：David Whelan, "$2 Billion Dividend Means HCA Is Not Going Public This Year," Forbes, November 9, 2010.
- 二〇二〇年八月，因為新冠疫情疲憊不堪的……：Cheryl Clark, "HCA Hospitals Accused of Requiring COVID-Infected Nurses to Work,"

MedPage Today, August 31, 2020.

●賈梅爾・布朗是一位急診室：Gretchen Morgenson, "CEOs of Public U.S. Firms Earn 320 Times as Much as Workers," NBC News, April 7, 2021.

●二〇二〇疫情那年，他們提報獲利為三十七・五億美元：Gretchen Morgenson and Emmanuelle Saliba, "Private Equity Firms Now Control Many Hospitals, ERs and Nursing Homes. Is It Good for Health Care?," NBC News, May 13, 2020.

●這些條文掛在那裡幾十年，其目的很明顯："Understanding the Corporate Practice of Medicine Doctrine," Nelson Hardiman Healthcare Lawyers, June 25, 2022, https://www.nelsonhardiman.com/hc-law- news/understanding-the-corporate-practice-of-medicine-doctrine-and-the-role-of-the-management- services-organization/.

●展望醫療保健公司和團隊健康公司都使用這類安排：Mitch Li and Robert McNamara, "The Reclamation of Emergency Medicine," Take Medicine Back, July 12, 2021.

●某些同意此等安排的醫師：Gretchen Morgenson, "Doctor Fired from ER Warns About Effects of For-Profit Firms on U.S. Healthcare," NBC News, March 28, 2022.

●展望醫療保健「把營運文件轉給拜恩簽署」：同上。

●在二〇〇九年發出的證券申報文件中提醒："State Laws Regarding Prohibition of Corporate Practice of Medicine and Fee Splitting Arrangements," Team Health Holdings, Form S-1, p. 84.

●其發言人在一項發給我們的聲明中說：Email correspondence with Blackstone, September 2022.

●最讓人不安的例子：Morgenson, "Doctor Fired From ER."

●這位醫師「動不動就反對，而不是表達支持……」：Raymond Brovont, M.D. v. KS-1 Medical Services et al, appeal from the Circuit Court of Jackson County, Missouri, October 13, 2020, in the Missouri Court of Appeals, Western District.

●急診照護公司母公司展望醫療保健的發言人在聲明中說：同上。, Gretchen Morgenson, "Doctor Fired from ER Warns About Effects of For-Profit Firms on U.S. Healthcare," NBC News, March 28, 2022.

●醫療企業化的危機：Author interview, Robert McNamara, MD (Morgenson).

●他和一個團體結盟，二〇二一年十二月時……：Gretchen Morgenson, "Doctors Sue Envision Healthcare, Say Private Equity-backed Firm Shouldn't Run ERs in California," NBC News, December 21, 2021.

●像這類在環境條件下濫用聯邦醫療保險的情形："EmCare, Inc. to Pay $29.8 Million to Resolve False Claims Act Allegations," Department of Justice press release, December 19, 2017.

●舉例來說，二〇一五年時，後來顏面盡失……："A.G. Schneiderman Announces Settlement with Aspen Dental Management That Bars Company from Making Decisions About Patient Care in New York Clinics," New York Attorney General press release, June 18, 2015.

●舉例來說，德州醫療委員會的主席薛利夫・札佛蘭：Morgenson, "Doctor Fired from ER."

●二〇一七年，耶魯大學的研究人員發表："Yale Study Sheds Light on 'Surprise' ER billing," Yale School of Public Health press release, November 17, 2016.

●他們悄悄成立了一個假的草根性團體，對抗瞄準意外醫療帳單的立法：Margot Sanger-Katz, Julie Creswell, and Reed Abelson, "Mystery Solved: Private-Equity-Backed Firms Are Behind Ad Blitz on 'Surprise Billing'" New York Times, September 13, 2019.

●例如緊急照護中心、安寧照護機構、戒癮中心以及安養院："No Surprises Act," National Association of Insurance Commissioners, Center for Insurance Policy and Research, March 18, 2022, https://content.naic.org/cipr-topics/no-surprises-act.

●黑石集團的發言人對我們堅稱：Email correspondence with Blackstone September 2022.

●在這些交易中，展望醫療保險公司：Bek R. Sunuu and Steve H. Wilkinson, "Credit FAQ: Envision Healthcare Corp.'s Two Major Restructurings in 100 Days," S&P Global Ratings, September 2, 2022, https://www.spglobal.com/ratings/en/research/articles/220902-credit-faq-envision-healthcare-corp- s-two-major-restructurings-in-100-days-12474331.

●《哈佛商業評論》報導，私募：Lovisa Gustafsson, Shanoor Seervai, and David Blumenthal, "The Role of Private Equity in Driving Up Health Care Prices," Harvard Business Review, October 29, 2019.

第十二章：「就像是一九三九年希特勒入侵波蘭」

●爵士製藥有在開發一些藥品：Jazz Pharmaceuticals, S-1 filing, March 9,

2007, p. 6.
- KKR的管理資產總額達到：Eric Mogelof, KKR & Co. Investor Presentation, September 2021, p. 15. KKR's website lists Jazz as a 2004 acquisition, https://irpages2.eqs.com/download/companies/kkrinc/Presentations/KKR%20September%202021%20Investor%20Presentation.pdf.
- 到了二〇〇七年，KKR擁有三席董事：Jazz Pharmaceuticals, DEF14A filing, April 28, 2008, p. 41.
- 二〇〇五年四月，在KKR尚未敲定收購案之前：Daniel S. Levine, "Jazz Pharmaceuticals to Buy Orphan Medical for $122.6 million," San Francisco Business Times, April 19, 2005.
- 這也就是一般所說的「孤兒藥」："Orphan Drugs," FDA/CEDR, Small Business Chronicles, July 13, 2012, https://www.fda.gov/media/83372/download.
- 孤兒醫療公司的主力產品是Xyrem："Treatment for Narcolepsy with Cataplexy and Excessive Daytime Sleepiness," https://www.xyrem.com.
- 這種藥品也稱為羥丁酸鈉："Stringent Rules for GHB for Narcopleptics," UPI, June 7, 2001.
- 但食藥局也要求要在藥品上放上所謂的黑框警示：FDA Drug Safety Communication, June 17, 2012, https://www.fda.gov/drugs/drug-safety-and-availability/fda-drug-safety-communication- warning-against-use-xyrem-sodium-oxybate-alcohol-or-drugs-causing.
- 一年後，到了二〇〇六年四月，爵士製藥……：Jazz Pharmaceuticals, S-1 filing, March 9, 2007, p.14.
- 和嘉年華會上賣蛇油的推銷員沒什麼兩樣：Alex Berenson, "Indictment of Doctor Tests Drug Marketing Rules," New York Times, July 22, 2006.
- 二〇〇六年，爵士製藥提報的營收達四千五百萬美元：Jazz Pharmaceuticals, S-1 filing, March 9, 2007, p. 41.
- 到了二〇〇七年六月一日，爵士製藥："Jazz Lowers Offering Price," Reuters, June 1, 2007.
- 但在最後一刻，《紐約時報》刊出一篇文章：Alex Berenson, "Maker of Risky Narcolepsy Drug Plans IPO,"New York Times, May 30, 2007.
- 六周之後，出現更多壞消息：Alex Berenson, "Maker of Narcolepsy Drug Pleads Guilty in U.S. Case," New York Times, July 14, 2007.
- 公司解雇了二十四%的員工："Jazz Pharmaceuticals Cuts Another 71 Jobs, CFO Leaving," Silicon Valley Business Journal, December 15, 2008.
- 爵士製藥也警告投資人：Jazz Pharmaceuticals 10-K, March 26, 2009, p. 47.
- 但哄抬藥價最惡名昭彰的："'Pharma Bro' Martin Shkreli Is Ordered to Return $64 Million, Barred from Drug Industry," Associated Press, January 14, 2022.
- 到了二〇一〇年，服用Xyrem的病患要支付的藥價：Jim Edwards, "How a Sleeping Drug Company Increased Prices 300% Without Anyone Noticing," CBS News, November 12, 2010.
- 爵士製藥很快就提報了破紀錄的營收：Jazz Pharmaceuticals, Form 10-K, February 28, 2012, p. 56.
- 迭有爭議，但爵士製藥就這樣離開美國：同上。, p. 1.
- KKR向股東報告時說，爵士製藥二〇一一年時是該公司：KKR, Form 10-K, February 22, 2013, p. 103.
- 到了二〇二一年八月，食藥局登錄：Virginia Hughes, "FDA Approves GHB, a 'Date Rape Drug' for Rare Sleeping Disorder," New York Times, August 12, 2021.
- 那麼，那位替爵士製藥推廣將Xyrem用於仿單：Ronald E. Cramer, "The Administrative State and the Death of Peter Gleason, MD: An Off-Label Case Report," Journal of Clinical Sleep Medicine, March 15, 2019.
- 二〇二一年八月，一件針對Xyrem：Blue Cross and Blue Shield v. Jazz Pharmaceutical, United States District Court, Northern District of California. 3:20-cv-04667.
- 隨著經濟繼續崩潰，又出現了另一件讓人：Gretchen Morgenson and Joshua Rosner, Reckless Endangerment (Times Books, 2011).
- 前往祖柯蒂公園表達支持的人當中：Jon Flanders, Peter Lavinia, "Class Struggle Trumps Hate," Jacobin, May 12, 2017, https://jacobin.com/2017/05/trump-momentive-strike-white-workers-cwa.
- 石集團的蘇世民在二〇〇七年二月："Inside Stephen Schwarzman's Birthday Bash," New York Times, February 14, 2007.
- 並未阻止黑石集團在當年稍後首次公開發行："The Blackstone Group Prices $4.133 Billion Initial Public Offering," Blackstone Group press release, June 21, 2007.
- 高階主管早已是妥妥當當的億萬富翁：The Blackstone Group, Form 10-K, March 12, 2008, p. 135.
- 但《富比士》雜誌仍認定："The Complete List of World's Billionaires 2008," https://stats.areppim.com/listes/list_billionairesx08xwor.htm.
- 研究這些巨頭報酬率的研究人員得出結論："The Historical Impact of

Economic Downturns on Private Equity," Neuberger Berman Private Equity Team, May 13, 2022, https://www.nb.com/en/global/insights/the-historical-impact-of-economic-downturns-on-private- equity.

- 在二〇〇〇年代的第一個十年裡：Michael Ahn et al., "Household Debt-to-Income Ratios in the Enhanced Financial Accounts," Federal Reserve Board, January 2018.
- 這條法律讓消費者更難以根據：Staff Reports, "Insolvency After the 2005 Bankruptcy Reform," Federal Reserve Bank of New York, April 2015.
- 每個家庭的平均卡債為八千六百四十美元：Bill Fay, "The U.S. Consumer Debt Crisis," Debt.org, May 13, 2021.
- 美國的貧富差距一年比一年大："Rising Wealth Inequality: Causes, Consequences and Potential Responses."
- 現制是一大筆橫財掉到社會上某些最有錢的人頭上：John Ydstie, "Senate Seeks to Close Hedge Fund Tax Loophole," Morning Edition, NPR, June 14, 2010.
- 此外，根據估計，封掉漏洞……：Dan Harsha, "Closing Loopholes and Raising Revenue, New Tax Reforms Will Be Crucial to the Success of the Inflation Reduction Act," Harvard Kennedy School, August 16, 2022.
- 其背後的推手是聖地牙哥大學法學院的稅法教授：Alec McGillis, "The Tax Break for Patriotic Billionaires," New Yorker, March 6, 2016.
- 黑石集團的蘇世民發表鏗鏘有力的言論相應和：Courtney Comstock, "Steve Schwarzman on Tax Increases: 'It's Like When Hitler Invaded Poland,'" Business Insider, August 16, 2010.
- 二〇一〇年，歷經幾次斷斷續續的嘗試之後：KKR, Form 10-K, March 7, 2010, p. 205.
- 但其他投資人則對阿波羅的上市給出倒讚："Apollo Global Management: Red Flags in the S-I," Seeking Alpha, March 28, 2011.
- 舉例來說，二〇一〇年，阿波羅被迫……："TPG and Apollo Said to Overvalue Harrah's Stake Before Failed Public Offering," YogoNet Gaming News, November 25, 2010.
- 二〇一〇年九月，為了因應動搖……："Political Contributions by Certain Investment Advisers," Securities and Exchange Commission, September 13, 2010.
- 二〇一四年出現第一個案子："SEC Charges Private Equity Firm with Pay-to-Play Violations Involving Political Campaign Contributions in Pennsylvania," SEC press release, June 20, 2014.
- 三年後，證交會雷厲風行控告十家公司："10 Firms Violated Pay-to-Play Rule by Accepting Pension Fund Fees Following Campaign Contributions," SEC press release, January 17, 2017.
- 從二〇一三年到二〇一八的上半年：Securities and Exchange Commission, Orders Under Section 206A of the Investment Advisers Act of 1940 And Rule 206(4)-5€ Thereunder Granting an Exemption from Rule 206(4)-5(A)(1) Thereunder.
- 二〇一六年四月，阿波羅一位高階主管：Securities and Exchange Commission Investment Advisers Act Release No. 5068; 803-00244, Apollo Management, L.P., November 28, 2018.
- 二〇一九年初，證交會放過阿波羅：Securities and Exchange Commission Investment Advisers Act of 1940 Release No. 5102 / January 28, 2019, in the Matter of Apollo Management, L.P., 9 W 57th Street New York, NY 10019.
- 舉例來說，二〇一九年，「投資顧問協會」：SEC Comment Letter, Vanessa Countryman, Investment Adviser Association, August 9, 2019.
- 二〇一〇年開始，阿波羅和其律師團就開始運作："Registered Funds Alert—The Evolution of Co-Investment Exemptive Orders and Why They Should Become Extinct," Simpson Thacher, October 2018.
- 在一項針對通過此法案前之產業狀況所做的："Protecting Investors: A Half Century of Investment Company Regulation," Securities and Exchange Commission, Division of Investment Management, May 1992.
- 這一條也一樣：阿波羅的律師說：同上，"Registered Funds Alert," Simpson Thacher.
- 二〇一六年三月，證交會終於讓步：同上。

第十三章：「花錢買了個寂寞」

- 塔明哥生產烷基胺：Industry ARC, Alkylamines Market—Forecast (2022- 2027), https://www.industryarc.com/Research/Alkylamines-Market-Research-500133.
- 二〇一四年起，「伊士曼化學公司」入主塔明哥："Taminco Corporation Announces Definitive Agreement to Be Acquired by Eastman Chemical Company," Taminco press release, September 11, 2014.
- 這家公司其中一個私募股權業主：Cam Simpson, "U.S. Chemical Companies Face Few Legal Risks, and the Cartels Bank On It," Bloomberg News, December 1, 2020.

●CVC資本是一家大型私募股權公司：Mergr M&A Deal Summary, July 4, 2007. https://mergr.com/cvc-capital-partners-acquires-taminco

●在完成收購之後，塔明哥就開始大力帶動化學品的銷量：Simpson, "U.S. Chemical Companies Face Few Legal Risks."

●然而，檢察官二〇一五年成案時："Allentown Company Agrees to Pay Fines and Penalties Totaling $1.3 Million for Violating Procedures Related to Chemical Shipments," Department of Justice press release, October 27, 2015.

●當時擁有塔明哥的是阿波羅：Mergr M&A Deal Summary, December 16, 2011, https://mergr.com/apollo-global-management-acquires-taminco.

●塔明哥有八百二十位員工：Form S-1 Registration Statement, Taminco Acquisition Corp., December 3, 2012, p. 92.

●根據法律，塔明哥必須確認：Simpson, "U.S. Chemical Companies Face Few Legal Risks."

●檢察官後來才知道："Allentown Company Sentenced for Violating Procedures Related to Chemical Shipments," Department of Justice press release, November 20, 2015.

●二〇一一年八月，就在阿波羅收購塔明哥之前幾個月："Allentown Company Agrees to Pay Fines and Penalties."

●阿波羅安插了五位董事：Form DEF 14A, April 23, 2014, p. 9.

●但阿波羅還是順利出場：Simpson, "U.S. Chemical Companies Face Few Legal Risks."

●這次的上市收穫並不如阿波羅預期中豐厚："Taminco Prices IPO at $15, Below $18-20 Range," Nasdaq.com, April 17, 2013.

●阿波羅在股票上市時賣掉：Form DEF 14A, April 23, 2014, p. 7.

●在阿波羅擁有塔明哥的每一年："Management Fee Agreement Among Taminco Global Chemical Corporation, Taminco Acquisition Corporation and Apollo Management VII, L.P.," February 15, 2012, p. 2; exhibit 10.6 to S-1A filing, February 8, 2013.

●塔明哥也因為收購案支付一千四百六十萬美元給……：Taminco Global Chemical Corp., Form S- 1A filing, February 8, 2013, p. F-52.

●當中最過分的，是塔明哥：Taminco Corp., Form 10-K, February 28, 2014, p. F-32.

●我們就來看看阿波羅公司一年（二〇一三年）能收進：Eileen Appelbaum, "How Private Equity Firms Defraud Investors by Extracting 'Fees' from Their Portfolio Companies," Forbes, April 29, 2014.

●付款金額已經超過塔明哥二〇一一年的淨利：Taminco Corp, Form 10-K, February 28, 2014, p. 31.

●二〇一四年九月，阿波羅用二十八億美元："Taminco Corporation Announces Definitive Agreement to Be Acquired by Eastman Chemical Company," Taminco Corp. press release, September 11, 2014.

●《彭博新聞社》報導，本調查的時間點：Simpson, "U.S. Chemical Companies Face Few Legal Risks."

●司法部二〇一五年十月針對塔明哥提出刑事告訴："Allentown Company Agrees to Pay Fines and Penalties."

●伊士曼最後無法擺脫塔明哥之前的監督者犯下的錯：同上。

●證交會廣泛調查私募股權公司的操作："SEC Issues Devastating Risk Alert on Private Equity Abuses; Effectively Admits Failure of Last 5+ Years of Enforcement," Private Equity Insights, June 26, 2020, https://pe- insights.com/news/2020/06/26/sec-issues-devastating-risk-alert-on-private-equity-abuses-effectively-admits-failure-of-last-5-years-of-enforcement/.

●黑石集團因為其監督費的操作而成為箭靶："Blackstone Charged with Disclosure Failures," SEC press release, October 7, 2015.

●阿波羅二〇一六年時必須支付五千三百萬美元："Apollo Charged with Disclosure and Supervisory Failures," SEC press release, August 23, 2016.

●在證交會針對此活動提出的所有案子中：Email correspondence with Blackstone spokesman, September 2022.

●證交會說，阿波羅沒有告知投資人：同上。

●證交會提報，阿波羅同意停止這種操作：同上。

●而這樣的檢核至少為一位參與者提供了商業機會："As Heavier SEC Scrutiny Looms, Private Equity Regulator Igor Rozenblit Launches Consultancy," Private Funds CFO, June 24, 2021.

●「賓州公立學校員工退休系統」，就是一家：Joseph N. DiStefano, "Pa. Pension Board Hires Apollo, a Fund with a History," Philadelphia Inquirer, June 19, 2017.

●根據《費城詢問報》專欄作家約瑟夫．迪斯蒂法諾的分析：同上。

●研究人員分析了兩百家公家退休基金：Christine Idzelis," $45 Billion: That's What This Study Says Pensions Lost in Private Equity Gains," Institutional Investor, February 25, 2020.

●在私募股權業任職的員工年薪在十五萬：Executive Summary, Fourteenth Annual Private Equity & Venture Capital Compensation Report, https://privateequitycompensation.com/executive-summary/.

●一九八〇年代末期，在十四個不同經濟體中：Ryan Niladri Banerjee and

Boris Hofmann, "Corporate Zombies: Anatomy and Life Cycle," Bank for International Settlements Working Papers, No. 882, September 5, 2020.

第十四章：「壓迫原住民」

●我的水費九百美元："Affordable Water for All Bayonne Residents," iPetitions, https://www.ipetitions.com/petition/affordable-water-bay1?loc=view-petition.

●貝永市的家庭所得中位數是：United States Census Bureau, Quick Facts, Bayonne, NJ, July 1, 2021, https://www.census.gov/quickfacts/bayonnecitynewjersey.

●私募股權巨頭KKR在一九八〇年代幫忙推動槓桿收購：Andrew Vitelli, "KKR Makes Splash with U.S. Water PPP Exits,"Infrastructure Investor, January 26, 2018.

●就像阿波羅把自己洗劫新秀麗公司當作成功的範例："KKR 2014 ESG and Citizenship Report, Bayonne Water and Wastewater Concession, a Public-Private Partnership," https://kkresg.com/assets/uploads/pdfs/case-studies/2014/KKR_ESG_2014_CaseStudies_ALL_v3.pdf.

●這樁交易保證該公司以及其合夥人一年的報酬率為十一%：Daniel Israel, "Board of Education Trustee Jodi Casais Leads Effort to Investigate Bayonne's Water Contract," Hudson Reporter, January 31, 2022.

●六年後，KKR把手上的貝永市水利系統：Vitelli, "KKR Makes Splash."

●然而，KKR並未從此淡出整個案子：Daniel Israel, "Come Hell or High Water," Hudson Reporter, May 19, 2021.

●如果水公司的獲利不足以支付承諾給：同上。

●不出意外，從二〇一二年到二〇二一年間：Daniel Israel, "Will Bayonne Drown in Rising Water Bills?" Hudson Reporter, July 1, 2021.

●二〇二一年時，由公用事業組成的非營利性組織：Peggy Gallos, Executive Director, "Why Ratepayers Protections Are Needed in the U.S. Water Utility Privatization Push," Association of Environmental Authorities, October 21, 2021.

●當民眾對於貝永市用水難題的怒吼聲愈來愈響亮：Israel, "Board of Education Trustee Jodi Casais."

●史密斯現在是「國土安全局」派駐在「哈德森郡警長辦公室」：John Heinis, "Letter: Bayonne's Deal with United Water/KKR Wasn't Done in a Backroom & Was Necessary," Hudson County View, February 1, 2022.

●為了解約，如今貝永市必須支付三億美元：Israel, "Board of Education Trustee Jodi Casais."

●請撤銷這份合約：同上。, "Affordable Water for all Bayonne Residents," iPetitions.

●另一個焦點是這家公司入主：KKR 2012 ESG and Citizenship Report: Case Study, "Toys R Us: Building Tools to Build Careers," https://kkresg.com/assets/uploads/pdfs/case-studies/2012/toys-r- us.pdf.

●二〇〇五年時，KKR偕同貝恩策略顧問公司：Parija Bhatnagar, "Group to Buy Toys 'R' Us for $6.6B," CNN Money, March 17, 2005.

●公司很自豪於能支援美國：同上。KKR 2012 ESG and Citizenship Report: Case Study, "Toys R Us: Building Tools to Build Careers," https://kkresg.com/assets/uploads/pdfs/case- studies/2012/toys-r-us.pdf.

●五年後，玩具反斗城破產，店面關門：Lauren Hirsch, "Toys R Us Files for Bankruptcy Protection," CNBC.com, September 18, 2017.

●這幾家公司在被一些退休基金客戶打臉之後：Ben Unglesbee, "Toys R Us Owners Announce $20M Employee Fund," Retail Dive, October 1, 2018.

●被問到在玩具反斗城倒閉事件中扮演的角色時：Matthew Heller, "PE Firms' Role in Toys 'R' Us Collapse Questioned," CFO, July 9, 2018.

●加州州立理工科技大學金融學教授布萊恩．阿亞什發現：同上。Ayash and Rostad, Leveraged Buyouts and Financial Distress. "Responsible investment is a way of doing business": Elizabeth Seeger, "What Does Responsible Investment Mean to KKR?," LinkedIn, August 9, 2018, https://www.linkedin.com/pulse/what- does-responsible-investment-mean-kkr-elizabeth-seeger/.

●二〇一九年時，KKR取得了控制權：Gretchen Morgenson, "Some Say a Local Bitcoin Mining Operation Is Ruining One of the Finger Lakes. Here's How," NBC News, July 5, 2021.

●在這個案子裡投資六十億美元：同上。

●與美國的原住民部落不同的是：Author interview with Sleydo' (Morgenson).

●這些私募股權業者妨礙了我們身為自決民族的能力：同上。

●「黃頭研究院」是由第一民族主導：Hayden King, Sheri Pasternak, and Riley Yesno, "Land Back," A Yellowhead Institute Red Paper, October 2019.

●二〇二一年底，海岸天然氣管線案的衝突核心：Author interview with Sleydo' (Morgenson).

●二〇二〇年秋天，卑詩省「環境評估處」說：Morgenson, "Some Say a

Local Bitcoin Mining Operation."
- 兩起都外漏了一百三十加侖：Amanda Follett Hosgood, "Coastal Gaslink Fined $72,500 for Environmental Infractions," The Tyee, February 25, 2022.
- ＫＫＲ自稱是高環保意識的投資人：Morgenson, "Some Say a Local Bitcoin Mining Operation."
- 從二〇一〇年到二〇二〇年間，私募股權承諾投資能源業：同上。
- 截至二〇二一年十月，前十大私募："Private Equity Climate Risks: Scorecard 2022," Private Equity Stakeholder Project, September 21, 2022.
- 私募股權公司很隱蔽：Author interview with Alyssa Giachino (Morgenson).
- 海岸天然氣管線專案替他們引來不樂見的曝光度：同上。, Morgenson, "Some Say a Local Bitcoin Mining Operation."
- 該校學生聯合其他四家克萊蒙特學院：Jenna McMurtry, "Students Demonstrate Against CMC Trustees' Fossil Fuels Investments," Student Life, October 8, 2021.
- 是五家克萊蒙特學院中「匹瑟學院」的學生馬爾坎．麥坎：同上。
- 二〇一九年發表一份報告，也是這麼說：Victoria Tauli, "Indigenous People Are Guardians of Global Biodiversity—But We Need Protection Too," Reuters Events, May 7, 2019, https://www.reutersevents.com/sustainability/indigenous-people-are-guardians-global-biodiversity- we-need-protection-too.
- ＫＫＲ的女發言人說，該公司：Morgenson, "Some Say a Local Bitcoin Mining Operation."
- 二〇二五年要畢業的克萊蒙特學院學生彼得．狄恩：McMurtry, "Students Demonstrate Against CMC."
- 至於海岸天然氣管線專案，KKR的女發言人說：Email with Kristi Huller, KKR spokeswoman, October 28, 2022.
- 有一點很重要必須提，KKR認為：Mark Armoa, "Canada Sides with Pipeline, Violating Wet'suet'en Laws— And Its Own," Grist, November 18, 2021. https://grist.org/indigenous/wetsuweten-land- defenders/.
- ＫＫＲ在二〇二一年的年報中說：KKR, Form 10-K for year ending December 31, 2021, February 28, 2022, p. 12.
- 不是所有私募股權公司都是掠奪者：Author interview with Clark Williams-Derry (Morgenson).
- 舉例來說，二〇一六年，波士頓的私募股權公司：Morgenson, "Some Say a Local Bitcoin Mining Operation."
- 二〇二一年七月，司法部控告這家煉油廠："United States Files Complaint and Reaches Agreement on Stipulation with Limetree Bay Terminals LLC," Department of Justice press release, July 12, 2021.
- 私募股權巨頭認為，他們可以多壓榨這些公司幾年：Author interview with Tyson Slocum (Morgenson).
- 燃煤電廠排放的煙灰估計導致美國一．五萬人英年早逝：Sarah McQuate, "Emissions from Electricity Generation Lead to Disproportionate Number of Premature Deaths for Some Racial Groups," University of Washington News, November 20, 2019.
- 二〇一五年，KKR連同其他三家投資人："As Climate Change Requires Cuts to Coal, Private Equity Buys More," Private Equity Stakeholder Project, June 12, 2020.
- 七年後，就算川普總統承諾要重振煤礦業：同上。
- 長景電力公司第一次："A Closer Look at the Longview Power Bankruptcy," Fox Rothchild LLC, Delaware Bankruptcy Update, September 8, 2013.
- 這座電廠樂於廣告說自己是最乾淨的燃煤發電廠：Author interview with Jim Kotcon (Morgenson).
- 讓這座電廠除役會失去一百五十個職位：Economic Value, Longview Power website, https://longviewpower.com/economic-value
- 二〇二二年八月，評等機構穆迪投資者："Longview Power, LLC—Moody's Upgrades Longview Power, LLC's Senior Secured Term Loan to B3 from Caa1; Outlook Is Stable," August 18, 2022.
- ＫＫＲ多年來深耕化石燃煤產業：PrivCap interview with Marc Lipschultz, KKR's head of energy and infrastructure, April 2013.
- ＫＫＲ啟動一項大型頁岩油和水力壓裂投資案：KKR Annual Report 2010, "The Power of Partnership," East Resources.
- 短短一年之後，KKR和裴古拉用四十七億美元：同上。
- 二〇一〇年六月，ＫＫＲ花了四億美元投資："KKR Forms Shale Partnership with Hilcorp," Reuters, June 13, 2010.
- 在這場交易中，KKR拿到十一．三億美元："KKR to Exit Investment in Eagle Ford Shale in Connection with Sale of HilCorp Resources to Marathon Oil," KKR press release, June 1, 2011.
- ＫＫＲ最大的失敗，是加入四百八十億美元：David Carey, "KKR Burnt by Collapse in Energy Prices," Australian Financial Review, August 19, 2015.
- 七年後，在天然氣價格下跌與：同上。
- ＫＫＲ第三椿能源投資案破產：同上。

●從能源未來控股公司到森松能源公司這段期間內：同上。
●私募股權利害關係人專案做了一項研究，發現森松公司：Alyssa Giachino, "KKR Energy Investments Troubled by Racial Injustice and Financial Losses," Private Equity Stakeholder Project, April 2021.
●二〇二〇年時，這家公司在艾迪郡和利亞郡：同上。

第十五章：「躲在背後，絕少負責」

●「美國聯邦醫療保險和補助服務中心」說：Briggs Net News, September 29, 2022, https://briggshealthcare.blog/2022/09/29/latest-cms-cdc-and-nhsn-nursing-home-covid-19-data- 8/.
●美國的安養院約有七十%由營利事業經營：Centers for Disease Control and Prevention, National Center for Health Statistics, https://www.cdc.gov/nchs/fastats/nursing-home-care.htm.
●加州安養院改革倡議團體的專職律師湯尼．齊柯特說：Author interview with Tony Chicotel (Morgenson).
●新冠疫情一爆發，黛博．提姆絲：Author interview, Deb Tims (Morgenson).
●吉爾羅伊中心屬於「盟約照護公司」：Covenant Care website, https://www.covenantcare.com/about/.
●提姆絲的姑姑住的安養院吉爾羅伊中心有一百三十四張床：Centers for Medicare and Medicaid Services data, https://data.cms.gov/covid-19/covid-19-nursing-home-data/data.
●政府資料顯示，二〇二〇年九月：同上。
●截至二〇二二年三月，在美國聯邦政府：Medicare.gov, Nursing Home Comparison website, https://www.medicare.gov/care-compare/#search.
●二〇二一年春天，汪達．瑪麗克：Author interview with Wanda Malik (Morgenson).
●二〇二一年時，古風安養院：Centers for Medicare and Medicaid Services data.
●十年前，美國政府問責署發現："Private Investment Homes Sometimes Differed from Others."
●二〇一七年有另一項研究：Bos and Harrington, "What Happens to a Nursing Home Chain."
●安養院病患掛急診的次數、住院的次數：Amy Stulick, "Private Equity Ownership Linked to Higher Medicare Costs, Increased Hospitalization," Skilled Nursing News, November 21, 2021.
●二〇二〇年針對紐澤西州安養院做了一項分析："Report: The Deadly Combination of Private Equity and Nursing Homes During a Pandemic," Americans for Financial Reform, August 6, 2020.
●「長照社群聯盟」是倡導更優質安養院照護：Dara Valanejad, Richard J. Mollott, and Eric Goldwein, "Meaningful Safeguards, Promising Practices and Recommendations for Evaluating Nursing Home Owners," Long Term Care Community Coalition, March 9, 2020.
●聯邦醫療保險方案裡有超過一百四十萬受益人住在安養院："Nursing Homes," United States Department of Health and Human Services, Office of the Inspector General, September 19, 2022.
●這也是艾迪．馬丁尼茲（Eddie Martinez）跟他媽媽瑪利亞：Author interview with Eddie Martinez (Morgenson).
●海倫娜．盧娜是其中一位員工：Author interview with Helene Luna (Morgenson).
●安養院另一位前任員工說：Confidential interview.
●太平洋海岸莊園總共提報了十四件和新冠肺炎有關的死亡案例，她就是其中之一：Centers for Medicare and Medicaid Services data.
●美國目前有六千家醫院，約有一半為非營利：Fast Facts on US Hospitals, 2022, American Hospital Association website, https://www.aha.org/statistics/fast-facts-us-hospitals.
●背後有私募股權公司投資的醫療保健人力資源公司「阿特昂健康公司」：Lev Facher, "Amid Coronavirus, Private Equity-Backed Company Slashes Benefits for Emergency Room Doctors," Stat, April 1, 2020.
●「美國急性照護解決方案」："US Acute Care Solutions Acquires Alteon Health," Acute Care Solutions press release, February 21, 2022.
●背後有私募股權公司投資的醫療保健系統：Author interview with Mark Reiter (Morgenson).
●來看看二〇二〇年四月二日發生在麻州東北部：Morgenson and Saleba, "Private Equity Now Controls Many Hospitals, ERs, and Nursing Homes."
●這家公司「把所有的服務都掏空了。」：Author interview with Audra Sprague (Morgenson).
●醫院如要終止某項服務或關閉某個單位，至少要在九十天前："Hospital Essential Service Closures," Massachusetts Division of Healthcare Facility Licensure and Certification, Mass.gov website, https://www.mass.gov/info- details/hospital-essential-service-closures.

- 賓州大學華頓學院的劉桐二〇二一年做了一項研究：Tong Liu, "Bargaining with Private Equity: Implications for Hospital Prices and Patient Welfare," the Wharton School, November 2021.
- 二〇二〇年與二〇二一年新冠病毒大行其道：Kaitlyn Dunn, Josphe Laska, and John LeBlanc, "Spotlight on Private Equity for FCA Enforcement in 2022," Manatt, Phelps & Phillips, LLC, https://www.jdsupra.com/legalnews/spotlight-on-private-equity-for-fca-7787443.
- 加州大學哈斯汀法學院的學者：Katherine L. Gudiksen, Alexandra D. Montague, Jaime S. King, Amy Y. Gu, Brent D. Fulton, and Thomas L. Greaney, "Preventing Anticompetitive Contracting Practices in Healthcare Markets," The Petris Center and The Source on Healthcare Price and Competition, September 2020. https://petris.org/the-source-publishes- report-preventing-anticompetitive-contracting-practices-in-healthcare-markets/.
- 在聯邦規範之下，從事收購的公司僅在價格超過："FTC Announces Annual Update of Size of Transaction Thresholds for Premerger Notification Filings and Interlocking Directorates," Federal Trade Commission press release, January 24, 2022.
- 從二〇一一年到二〇一九年，私募股權公司：Molly Redden, "Private Equity Is Gobbling Up Hospice Chains and Getting Involved in the Business of Dying," HuffPost, December 21, 2021.
- 二〇一三至二〇二〇年之間，有二十五家背後："Money for Nothing: How Private Equity Has Defrauded Medicare, Medicaid, and Other Government Health Programs, and How That Might Change," Eileen O'Grady, Private Equity Stakeholder Project, February 2021.
- 有五十一％在過世時已經是登記有案的安寧照護病患：MedPAC Report, "Hospice Services," March 15, 2021, https://www.medpac.gov/document/chapter-11-hospice-services-march-2021-report/.
- 紐約「西奈山伊坎醫學院」的研究副主任瑪麗莎．奧卓芮琪："Hospice Tax Status and Ownership Matters for Patients and Families," JAMA Internal Medicine, August 1, 2021.
- 二〇〇八年時被黑石集團收購的阿帕瑞集團："Blackstone Completes Acquisition of Apria Healthcare Group Inc.," Blackstone Group press release, October 28, 2008.
- 到了二〇二一年，阿帕瑞集團董事會：Apria, Inc., Form S-1, January 15, 2021, pp. 124-125.
- 收購交易達成時，他們收取了一千八百七十萬美元：Merger agreement between Blackstone Management Partners V LLC and Apria Healthcare Group, Section 1, June 18, 2008.
- 接下來是管理費：同上，Section 4.
- 之後，阿帕瑞每年還要支付七百萬美元：同上。
- 二〇〇七年，阿帕瑞還沒有被黑石集團收購：Apria Healthcare Group, Form 10-K/A, September 11, 2008, p. F-4.
- 績效不彰的情況繼續：Apria Healthcare Group, Form 10-K, March 11, 2013, p. 38.
- 阿帕瑞在被黑石集團收購之後的：United States of America et al., ex rel. Martinez, v. Apria Healthcare Group, Inc. and Apria Healthcare LLC, Complaint in Intervention of the United States, United States District Court for the Southern District of New York, December 21, 2020.
- 政府在訴狀裡說，「阿帕瑞內部普遍都知道」少做了訪視：同上。
- 司法部對阿帕瑞的指控：同上。
- 二〇一四年四月起，該公司的高階主管：同上。
- 也因此，當年八月，阿帕瑞的資深高階主管：同上。
- 找到大量新使用者的業務人員拿到高額的年度獎金：同上。
- 為了租出最大量的非侵入式呼吸器：同上。
- 該公司的員工並沒有做該做的確認必要性訪視：同上。
- 阿帕瑞對聯邦醫療保險提出幾千件不實的申請案：同上。
- 二〇二〇年十二月正值疫情期間："Acting Manhattan U.S. Attorney Announces
- $40.5 Million Settlement with Durable Medical Equipment Provider Apria Healthcare for Fraudulent Billing Practices," Department of Justice press release, December 21, 2020.
- 阿帕瑞也和衛生與公眾服務部簽署了企業誠信協議：Corporate Integrity Agreement Between the Office of Inspector General of the Department of Health and Human Services, Apria Healthcare Group, Inc., and Apria Healthcare LLC, December 14, 2020.
- 阿帕瑞這個案子，是檢察官第二度追查黑石集團旗下的醫療保健實體："Vanguard Health Systems, Inc. Agrees to Pay $2.9 Million to Settle False Claims Act Allegations," Department of Justice press release, June 15, 2015.
- 私募股權公司可以做出非常、非常可怕的行為：Author interview with Laura Olson (Morgenson).
- 二〇二一年二月，就在阿帕瑞和檢察官："Apria Announces Pricing of Initial Public Offering," Apria Inc., press release, February 10, 2021.

●到了當年十一月，黑石集團在公開市場：Apria Inc., Form S-1, November 8, 2021, p. 29.
●從二〇一七年到二〇二一年，監管機關的文件中顯示：Apria Inc., Form 10-K, March 1, 2022, and Apria Inc., Form S-1, January 15, 2021.
●即便阿帕瑞被指控詐欺也簽了企業誠信協議：Email correspondence with Blackstone spokesman Matthew Anderson (Morgenson).

第十六章：「既特殊也共生」

●二〇〇九年開始，在房貸危機的嚴重餘波之中：Juan Carlos Arancibia, "Athene Continues Rapid Climb from Its IPO," Investors Business Daily, December 30, 2016.
●雅典娜保險公司跟經理人壽的業務相同：Athene website landing page, https://www.athene.com/.
●也向「洛克希德馬丁」和「必治妥施貴寶」等公司買進幾十億美元的退休金義務："Athene Announces $4.9 Billion Pension Risk Transfer Transaction with Lockheed Martin," Apollo press release, August 3, 2021; "Athene Completes Significant Pension Risk Transfer Transaction with JCPenney," Apollo Press Release, April 1, 2021.
●舉例來說，二〇一九年，雅典娜支付給阿波羅：Gretchen Morgenson, "As Insurance Companies Take Over Pension Plans, Are Your Payments At Risk?" NBC News, June 14, 2020.
●二〇一九年十月，布萊克講到阿波羅和雅典娜的關係時："Athene and Apollo Announce Transaction to Strengthen Strategic Relationship and Eliminate Athene's Multi-Class Share Structure," Apollo press release, October 28, 2019.
●二〇二〇年，雅典娜控股公司旗下主要的保險公司：Morgenson, "As Insurance Companies Take Over Pension Plans."
●反之，雅典娜的競爭對手「保德信年金人壽保險公司」：同上。
●雅典娜也提報，其手上持有七%的阿波羅股票：同上。
●舉例來說，雅典娜積極利用再保險公司：同上。
●與其他較保守的保險公司相比：同上。
●在雅典娜年金人壽保險公司的再保險與共保險交易中：同上。
●相對之下，穆迪與標普評等最高：同上。
●母公司雅典娜控股公司以及其再保險公司的總部：同上。
●雅典娜每年呈報給百慕達的文件只有五頁：同上。
●確實，一件由某退休基金代表雅典娜股東對阿波羅提出的訴訟：Mark Vandevelde and Sujeet Indap, "Bermuda Court Orders Halt to US Lawsuit Against Apollo," Financial Times, July 15, 2019.
●畢拉迪之前是「美國陽光人壽保險公司」的高階主管：Jim Belardi, "Our People," Apollo biography, https://www.apollo.com/about-apollo/our-people/jim-belardi.
●當你檢視這些人使用的業務模式，在我看來：Zachary Mider, "Apollo-to-Goldman Embracing Insurers Spurs State Concerns," Bloomberg News, April 22, 2013, https://www.bloomberg.com/news/articles/2013-04-22/apollo-to-goldman-embracing-insurers- spurs-state-concerns?sref=lnrir5K3.
●到了二〇一三年，該公司又以六十一億："Athene Holding Ltd. to Acquire Aviva's U.S. Annuity and Life Business," Athene press release, December 21, 2012; "Athene Holding Ltd. to Acquire Liberty Life Insurance Company," PR Newswire, October 22, 2010; "Athene Holding Ltd. Acquires Investors Insurance Corp., Will Target Retail Fixed Annuity Sales," Business Wire, July 19, 2011.
●又過了四年後，二〇一七年時：Morgenson, "As Insurance Companies Take Over Pension Plans."
●頂尖的保險公司評等機構「貝氏評等」說：Jennifer Johnson and Jean-Baptiste Carelus, "Private Equity Owned U.S. Insurer Investments as of Year End 2020, Capital Markets Special Report," National Association of Insurance Commissioners, 2021.
●二〇一三年，「美國保險監理官協會」組成一個工作小組：Leah Campbell and Allison J. Tam, "NAIC to Consider Private Equity Investments in Life and Annuity Insurers," Client Memorandum, Willkie Farr & Gallagher, May 20, 2013.
●美國財政部也有其顧慮："Annual Report on the Insurance Industry," Federal Insurance Office, U.S. Department of the Treasury, September 2014, https://home.treasury.gov/system/files/311/2014_Annual_Report.pdf.
●就連平常渾渾噩噩的聯準會，都對私募股權業者收購保險公司敲響警鐘：Nathan Foley-Fisher, Nathan Heinrich, and Stephane Verani, "Are Life Insurers the New Shadow Banks?," SSRN, September 10, 2021, https://papers.ssrn.com/sol3/papers.cfm?abstract_id=3534847.
●退休金與投資雜誌》裡的一篇報告提到：Sonali Basak and David Carey, "As Apollo's Cash Cow Plans IPO, Questions Linger on Ties," Bloomberg News, November 28, 2016, https://www.bloomberg.com/news/

articles/2016-11-28/as-apollo-s-cash-cow-plans-ipo-questions- linger-on-close-ties?sref=lnrir5K3.

- 喬瑟夫・貝爾斯是印第安納大學保險學榮譽教授：Author interview with Joseph Belth (Morgenson).
- 到了二〇二二年中，約有四十一萬位："Pension Group Annuities," Athene website, https://www.athene.com/pension-group-annuities.
- 本項交易中所涵蓋的退休基金參與者請放心："Athene Announces $4.9 Billion Pension Risk."
- 一九九八年有一樁代表後者一千五百名退休金請領人：Bussian v. RJR Nabisco Inc, 21 F. Supp. 2d 680 (S.D. Tex. 1998) No. CIV.A. H-91-1533, United States District Court, S.D. Texas, September 2, 1998, https://law.justia.com/cases/federal/district- courts/FSupp2/21/680/2577701/.
- 一九八六年秋天，雷諾納貝斯克公司：同上。
- 雷諾納貝斯公司退休金的受益人知道自己：同上。
- 德州南區地方法院審理此案法官的結論是：同上。
- 二〇二一年三月，阿波羅和雅典娜兩者合併："Apollo and Athene to Merge in All-Stock Transaction," Apollo press release, March 8, 2021, https://www.apollo.com/media/press-releases/2021/03-08- 2021-120032339.
- 和德州州政府簽下了合意處分令：Official Order of the Texas Commissioner of Insurance, Athene Annuity and Life Company, 7700 Mills Civic Pkwy, West Des Moines, Iowa 50266-3862, Consent Order TDI Enforcement File No. 13589, February 1, 2021, https://www.tdi.texas.gov/commissioner/disciplinary-orders/documents/20216674.pdf.
- 在該合併案前一年和雅典娜達成了和解：Annual Report 2020, New York State Department of Financial Services, p. 10, https://www.dfs.ny.gov/system/files/documents/2021/10/dfs_annual_rpt_2020.pdf.
- 最後，二〇二一年九月，各州的財政局：Letter to Marty Walsh, Secretary, Department of Labor, September 16, 2021, from Michael W. Frerichs, Illinois State Treasurer; Sarah Godlewski, Wisconsin State Treasurer; and David L. Young, Colorado State Treasurer, https://www.apolloathenewatch.org/wp-content/uploads/20210916-Treasurer-Letter-to-DoL-Sec.- Walsh.pdf.
- 隔年夏天，保險監理官協會任務小組："Turning Up the Magnification: Regulators Have Pe-Controlled Insurers Under the Microscope (Again)," National Law Review XII, no. 275 (October 2, 2022).
- 一家備受尊敬的「威凱律師事務所」在附註："NAIC Developments on Private Equity Ownership of Insurers," Client Alert, Willkie Farr & Gallagher, July 11, 2022, www.willkie.com/-/media/files/publications/2022/naicdevelopmentsonprivateequityownershipofin surers.pdf.

第十七章：「沒有證據指向有行為不當之處」

- 黑石集團的總裁二〇一七年湯尼・詹姆斯在法說會上就對記者說：Transcript, Blackstone First Quarter 2017 Earnings Media Call, April 20, 2017, https://s23.q4cdn.com/714267708/files/doc_events/BLACKSTONE-Q1-2017-Media-Call-Transcript.pdf.
- 詹姆斯的合夥人蘇世民成為川普的重要經濟顧問之一：Israan Srivastava, "Stephen Schwarzman, '69, to Advise Trump," Yale Daily News, December 5, 2016.
- 從二〇二〇年七月十九日到二〇二一年三月，蘇世民捐了："Blackstone's Stephen Schwarzman Has Repeatedly Supported Donald Trump Despite His Growing Hate Speech, Calls for Violence, and Authoritarianism," Private Equity Stakeholder Project, January 13, 2021, https://pestakeholder.org/news/blackstones-stephen-schwarzman-has-repeatedly-supported-donald-trump-despite-his-growing-hate-speech-calls-for-violence-and- authoritarianism-2/.
- 川普輸掉二〇二〇年的大選之後：Andrew Edgecliffe-Johnson and Mark Vandeveld, "Stephen Schwarzman Defended Donald Trump at CEO Meeting on Election Results," Financial Times, November 14, 2020.
- 人民可以支持總統：Daniel Gieger and Casey Sullivan, "Blackstone Billionaire Stephen Schwarzman Defended His Support for Trump," Business Insider, January 12, 2021.
- 發起散戶投資人退休帳戶的企業："Prudence and Loyalty in Selecting Plan Investments and Exercising Shareholder Rights," A Proposed Rule by the Employee Benefits Security Administration, Federal Register, October 14, 2021.
- 但川普任內的勞動部改變了局面："U.S. Department of Labor Issues Information Letter on Private Equity Investments," Labor Department press release, June 3, 2020, https://www.dol.gov/newsroom/releases/ebsa/ebsa20200603-0.
- 記者大衛・席洛塔當時寫道：David Sirota, "Trump Just Fulfilled His Billionaire Pal's Dream," BillMoyers.com, June 15, 2020.
- 勞動部發函是為了回應了川普的要求："U.S. Department of Labor Issues Information Letter."

●發布資訊函文時，勞動部說他們會：同上。
●川普任內的證交會主席傑．克萊頓：同上。
●二〇二一年三月時加入阿波羅的董事會："Apollo Appoints Jay Clayton as Lead Independent Director," Apollo press release, February 18, 2021.
●在一份公開的備忘錄中，布萊克："Next Steps," Letter to Apollo Board of Directors from Leon Black, March 21, 2021.
●強而有力的第一炮，是紐約南區："Caveat Venditor: Sellers (and Their Directors) Beware, Nine West Has an Important Message for Boards Considering an Exit," Ropes & Gray Alert, December 10, 2020, https://www.ropesgray.com/en/newsroom/alerts/2020/12/Caveat-Venditor-Sellers-and-their-Directors-Beware-As-Nine-West-Has-an-Important-Message-for%E2%80%AF%E2%80%AF%E2%80%AF.
●用二十億買下玖熙鞋業：同上。
●拉科夫說，這還沒完：同上。
●拉科夫說，董事「很輕率」：同上。
●自二〇〇六年以來，持有低成本股票市場指數基金的股份："Public Versus Private Equity Returns: Is PE Losing Its Advantage?," Bain & Company, February 24, 2020.
●他們成立了一個團體「把行醫搶回來」：Mitch Li and Robert McNamara, "The Reclamation of Emergency Medicine," Take Medicine Back White Paper, July 21, 2021.
●當年稍後，一個醫師聯合團體提出訴訟控告：Gretchen Morgenson, "Doctors Sue Envision Healthcare," NBC News, December 21, 2021.
●由拜登總統任命的琳娜．汗：Lina Khan, memo to staff on priorities, September 22, 2021,www.ftc.gov/system/files/documents/public_statements/1596664/agency_priorities_memo_from_ chair_lina_m_khan_9-22-21.pdf.
●傑．克萊頓離開證交會加入阿波羅後：Thomas Franck, "Gensler Says SEC Is Weighing New Rules, Greater Disclosure from Private Capital Funds," CNBC.com, January 10, 2022.
●證交會也實施新規則，禁止「提早收取監督費」：Chris Witkowski, "SEC Crosses the Rubicon, Proposes an Outright Ban on Certain PE Practices," Private Equity International, February 2022.
●光二〇二一年，黑石集團就在遊說上花了：Open Secrets website, https://www.opensecrets.org/orgs/blackstone-group/summary?id=D000021873.
●在黑石集團旗下的公司中，團隊健康二〇二一年的遊說費用最高：Open Secrets website, https://www.opensecrets.org/federal-lobbying/clients/summary?cycle=2021&id=D000021873.
●二〇二〇年向聯邦醫療保險方案報假帳的阿帕瑞醫療：同上。
●KKR花了四百五十萬的遊說費用：Open Secrets website, https://www.opensecrets.org/orgs/kkr-co/lobbying?id=D000000358&lobbillscycle=2021; https://www.opensecrets.org/federal-lobbying/clients/summary?cycle=2021&id=D000000358.
●而阿波羅全球管理公司在遊說狂潮中力壓群雄：Open Secrets website, https://www.opensecrets.org/orgs/apollo-global-management/lobbying?id=D000021845.
●遊說人士努力奔走的議題，都圍繞在聯邦醫療：Open Secrets website, https://www.opensecrets.org/federal- lobbying/bills/specific_issues?id=hr5376-117&client_id=D000021845&cycle=2022.
●私募股權公司整合醫院，對民主黨與共和黨：Richard Blumenthal, "Treating the Problem: Addressing Anticompetitive Conduct and Consolidation in Health Care Markets," Statement Before the House Judiciary Committee Hearing, April 29, 2021.
●私募股權公司白人男性主導的模式："How Private Equity Can Catch Up on Diversity," BCG Global, May 25, 2021, https://www.bcg.com/publications/2021/how-pe-owned-companies-can-catch-up- on-diversity.
●發現私募股權公司比較少有鼓勵："How Private Equity Can Catch Up on Diversity," BCG Global, May 25, 2021, https://www.bcg.com/publications/2021/how-pe-owned- companies-can-catch-up-on-diversity.
●指出性別多元化是另一個問題："Preqin Impact Report: Women in Alternative Assets 2021," March 8, 2021, https://www.preqin.com/insights/research/reports/preqi-impact-report-women-in- alternative-assets-2021.
●美國企業界在性別平等方面不算典範："Women in the Workplace 2021," Leanin.org and McKinsey & Company, https://womenintheworkplace.com/.
●KKR於二〇一五年買下一家做住家與商用車庫門的製造商：Press release, "KKR to Acquire C.H.I. Overhead Doors From FFL," KKR website, June 23, 2015.
●奇捲門有八百名員工：Press release, "KKR and C.H.I. Employees Prove 'Ownership Works' With Sale of C.H.I. Overhead Doors to Nucor," Businesswire, May 16, 2022.
●KKR於二〇二二年五月出售奇捲門：同上。
●從二〇一一年到二〇二二年中，該集團根據：同上。

●這篇報告二〇二一年十月發表於《金融研究評論》：The Review of Financial Studies, Vol. 34, No. 10, October 2021, Oxford University Press.
●舉例來說，二〇二二年二月，阿波羅成立了：“Apollo Launches ‘Apollo Opportunity Foundation’ to Advance Economic Prosperity and Expand Opportunity,” Apollo press release, February 22, 2022.
●基金會官網上寫滿了陳腔濫調：https://www.apollo.com/esg-corporate-social- responsibility/our-esg-initiatives/the-apollo-opportunity-foundation.
●二〇二一年秋天，亨利．克拉維斯和喬治．羅伯茲：Josh Kosman, “KKR Pioneered the Private Equity Business: Here Are Its Hits and Misses,” New York Post, October 11, 2021.
●美國現在有超過五千家私募股權公司：Will Jackson-Moore and Vicki Kerrigan, “Can Private Equity Save the World Through ESG Investing?” PriceWaterhouseCoopers, January 18, 2021.
●就連名人金．卡戴珊：Sophie Kiderlin, “Kim Kardashian Launches Private Equity Firm,” CNBC.com, September 8, 2022.
●二〇〇九年，一般的收購案價格：Sebastien Canderle, “Private Equity: Market Saturation Spawns Runaway Dealmaking,” CFA Institute Enterprising Investor, February 9, 2022.
●二十年前，一檔一般的收購基金通常投資十到十二家公司：同上。
●賽巴斯汀．坎德里是一位私募資本業的顧問：同上。
●二〇二一年，全球這種謀私交易收購的總金額達到：同上。
●當然，交易的當事方早就替這個問題準備好答案了：Author interview with Joanna Rose, Apollo spokeswoman (Morgenson).
●二〇二一年，阿波羅就做了一樁這類交易：Sabrina Willmer, “Private Equity Powerhouse Books $1.6 Billion Profit Selling Hospital Chain—to Itself,” Bloomberg News, July 29, 2021.
●阿波羅買下這家公司時才花了不到十億：同上。
●遺憾的是，CalPERS拒答我們的提問：Author email to CalPERS press department (Morgenson).
●阿波羅的女發言人被問到生活要點健康交易中潛在的利益衝突時：同上，Sabrina Willmer, “Private Equity Powerhouse Books $1.6 Billion Profit Selling Hospital Chain—to Itself,” Bloomberg News, July 29, 2021.
●二〇二一年七月，他決定反控之前的情婦：Josh Kosman, “Leon Black Slaps Back at Ex with Suit Denying Rape, Claiming Extortion,” New York Post, July 19, 2021.
●布萊克提出新的法律文件，控告共事非常久的同事：Heather Perlberg, “Billionaire Leon Black Accuses Josh Harris of Trying to Destroy Him,” Bloomberg News, January 24, 2022.
●哈里斯的反應是，說這些指控「非常可悲且完全不實」：Alan Gallindoss, “Leon Black–Josh Harris Feud Heats Up,”Jewish Business News, January 26, 2022.

結語

●二〇二二年中，新冠疫情消退：Gretchen Morgenson, “An Unusual Deal Gave Virginia Gov. Glenn Youngkin $8.5 million in Cash,” NBC News, July 11, 2022.
●文件中詳細列出細節：同上。
●代表退休基金受益人控告凱雷的律師在訴狀中說：同上。
●一位楊金的發言人在一項聲明裡說：Author email exchange (Morgenson).
●二〇〇九年，羅德島民主黨參議員傑克．瑞德：“Reed Introduces Bill to Regulate Hedge Funds,” press release, Jack Reed, United States Senator from Rhode Island, June 16, 2009, https://www.reed.senate.gov/news/releases/reed-introduces-bill-to-regulate-hedge-funds.
●二〇二一年，美國參眾兩院都引進了瞄準私募股權：117th Congress, Elizabeth Warren, Stop Wall Street Looting Act, October 21, 2021.
●私募股權業的遊說團體美國投資委員會：Nathan Williams, “Deep Dive: Ignoring Private Equity’s Critics Is No Longer an Option,” New Private Markets, March 9, 2020.
●對商界很友善的「美國商會」，也發表了：“Economic Impact Analysis of the Stop Wall Street Looting Act,” Center for Capital Markets Competitiveness, Fall 2019.
●我們曾經和幾位幫忙起草《阻止華爾街掠奪法案》或提供諮商的前幕僚人員談過：Author interview (Rosner).
●我們大概不會認為伊莉莎白．華倫：Jane Coaston, “Tucker Carlson on Why Conservatives Should Crack Down on ‘Vulture Capitalism,’” Vox, December 10, 2019.
●歐倫．克斯在貝恩資本工作十年：Oren Cass, https://orencass.com/.
●《美國展望》雜誌執行編輯兼私募股權：David Dayen, “Cut Off Private Equity’s Money Spigot,” American Prospect, July 28, 2022.
●二〇二一年十月，川普指派的證交會委員：“Going Dark: The Growth

of Private Markets and the Impact on Investors and the Economy," Allison Herren Lee speech, October 12, 2021.

●演講之後，二〇二二年二月時：Franck, "Gensler Says SEC Is Weighing New Rules."

●有一封提交給證交會表達支持新規的信函：https://www.sec.gov/comments/s7-03-22/s70322-20127744- 288929.pdf.

●這個案子是《西維吉尼亞州等控告環保署等》：The United States Supreme Court, West Virginia et al. v. Environmental Protection Agency et al., October Term 2021, Argued February 28, 2022—Decided June 30, 2022, https://www.supremecourt.gov/opinions/21pdf/20- 1530_n758.pdf.

●美國投資委員會利用這項判決發了另一封信函給證交會：Comment Letter, July 27, 2022, https://www.sec.gov/comments/s7-03-22/s70322-20134888-306017.pdf.

●證交會一位內部人士告訴我們：Confidential interview.

●為了調整五位委員的工作負擔以求達到最高效率：同上。

●如果發生某個重大議題關係到之前已經下放給事務官的權力：同上。

●二〇二一年秋天，汗在一份送給：Khan, memo to staff on priorities.

●二〇二二年六月，聯邦貿易委員會宣布了：Press release, "FTC Acts to Protect Pet Owners from Private Equity Firm's Anticompetitive Acquisition of Veterinary Services Clinics," Federal Trade Commission, June 13, 2022.

●愈來愈多私募股權公司從事匯總收購：同上。

●二〇一八年，司法部罕見地針對："Compounding Pharmacy, Two of Its Executives, and Private Equity Firm Agree to Pay $21.36 Million to Resolve False Claims Act

延伸閱讀

＊以下書單如有中文版本，則以正體中文資料為準。

1《……並免去他們的債：借貸、止贖與贖回，從青銅時代到基督教的禧年傳統》（*... and forgive them their debts: Lending, Foreclosure and Redemption from Bronze Age Finance to the Jubilee Year*），邁克爾．赫德森（Michael Hudson）著，(Islet, 2018)。

2《銀行詐欺：德崇證券、垃圾債券與收購》（*Banking on Fraud: Drexel, Junk Bonds and Buyouts*，暫譯），瑪莉．蔡伊（Mary Zey）著，（Routledge, 2017）。

3《門口的野蠻人——歷史上最經典的公司併購爭奪戰》（*Barbarians at the Gate: The Fall of RJR Nabisco*），布萊恩．伯瑞（Bryan Burrough）、約翰．赫萊爾（John Helyar）著，左岸出版。

4《泡沫破裂的世界》（*A Bubble That Broke the World*，暫譯），加雷．加勒特（Garet Garrett）著，（Little, Brown, 1932）。

5私募基金風暴：華爾街地下帝國交易實錄（*The Buyout of America*），喬許．科斯曼（Josh Kosman）著，財信出版。

6《公民的那一份：縮小二十一世紀的貧富不均》（*The Citizen's Share: Reducing Inequality in the 21st Century*，暫譯），約瑟夫．布拉希（Joseph R. Blasi）、理查．佛里曼（Richard D. Freeman）和道格拉斯．克魯斯（Douglas L. Kruse）著，（Yale University Press; 1st edition, June 24, 2014）。

7《債的歷史：從文明的初始到全球負債時代》（*Debt: The First 5,000 Years*），大衛．格雷伯（David Graeber）著，商周出版。

8《賊巢》（*Den of Thieves*，暫譯），詹姆斯．B．史都華（James B. Stewart）著，（Simon & Schuster, 1992）。

9《瑪門的魔力：資本主義如何成為現代宗教，暫譯》（*The Enchantments of Mammon: How Capitalism Became the Religion of Modernity*），尤金．麥克拉赫（Eugene McCarraher）著，（Belknap Press, 2019）。

10《道德淪喪：私募股權對美國醫療體系的衝擊》（*Ethically Challenged: Private Equity Storms U.S. Health Care*，暫譯），蘿拉．奧爾森（Laura Olson）著，（Johns Hopkins University Press, 2022）。

11《私募股權的運作真相：當華爾街掌控民生經濟》（*Private Equity at Work: When Wall Street Manages Main Street*，暫譯），艾琳．阿佩包姆（Eileen Appelbaum）、蘿絲瑪莉．巴特（Rosemary Batt）著，（New York, Russell Sage Foundation, 2014）。

12《給後來者言：商人與企業家的社會責任》（*Unto This Last and Other Writings*），約翰．拉斯金（John Ruskin）著，網路與書出版。

13《你的金錢和你的生活》（*Your Money and Your Life, a Manual for "the Middle Classes*，暫譯），吉爾伯特．塞爾德斯（Gilbert Seldes）著（Classic Reprint, 1938）。

14《戰爭與和平與戰爭》（*War and Peace and War*，暫譯），彼得．圖爾欽（Peter Turchin）著，（Plume, 2006）。

from 162

財富掠奪者

私募股權投資基金如何欺詐全球市井小民的錢

These Are the Plunderers: How Private Equity Runs—and Wrecks—America

作者：葛雷琴．摩根森Gretchen Morgenson、約書亞．羅斯納Joshua Rosner
譯者：吳書榆、廖綉玉
責任編輯：張晁銘
美術設計：張巖
校對：李亞臻
內頁排版：蔡煒燁

出版者：大塊文化出版股份有限公司
台北市105022南京東路四段25號11樓
www.locuspublishing.com
讀者服務專線：0800-006689
TEL：(02)87123898
FAX：(02)87123897
郵撥帳號：18955675
戶名：大塊文化出版股份有限公司
法律顧問：董安丹律師、顧慕堯律師

印務統籌：大製造股份有限公司
總經銷：大和書報圖書股份有限公司
新北市新莊區五工五路2號
TEL：(02) 89902588 FAX：(02) 22901658

初版一刷：2025年9月
定價：新台幣500元
ISBN：978-626-433-066-4
Printed in Taiwan

國家圖書館出版品預行編目（CIP）資料

財富掠奪者：私募股權投資基金如何欺詐全球市井小民的錢/葛雷琴.摩根森(Gretchen Morgenson), 約書亞.羅斯納(Joshua Rosner)著;吳書榆, 廖綉玉譯 譯. 一 初版. 一 臺北市：大塊文化出版股份有限公司, 2025.9
面； 公分. 一 (from ; 155)
譯自：These are the plunderers : how private equity runs - and wrecks - America.
ISBN 978-626-433-066-4(平裝)

1.CST: 基金 2.CST: 投資 3.CST: 金融史 4.CST: 美國
563.5 1140115042

LOCUS

LOCUS

LOCUS

LOCUS